实习律师指南

GUIDEBOOK FOR TRAINEE LAWYERS

(第三版)

(THIRD EDITION)

薛晓蔚 / 著

法律出版社
LAW PRESS·CHINA
——北京——

第三版序

《实习律师指南》是我年轻时写的书，三十多岁写起，拖拖拉拉写了十多年，到 2013 年 12 月出第 1 版。2016 年再版时，基于法律的修订增加了些内容，但没有作多大的修改。这几年，知道这本书一直在热卖，便有了大修一次的想法。固然有法律多次修订的原因，如《民法典》颁布了、最高人民法院对《行政诉讼法》有了新的司法解释、又修订了《关于民事诉讼证据的若干规定》，特别是 2018 年《刑事诉讼法》修订确立了认罪认罚程序，直接导致律师辩护重心的转移。斗胆预测，在刑事案件律师辩护全覆盖后，律师的大部分工作将放在审查起诉阶段。这些法律的修订使程序发生了变化，本书自然也应作相应修改。

计划认真修改的核心原因，还是感觉到书中的许多内容需要进一步完善。现在看来，书中的一些段落论述得还不是很细致，给人囫囵吞枣的感觉，这一次删去了重新来写。这些段落往往是律师实务技能中重要的环节，写细致了，能更好地指导年轻律师的实践。一些段落现在读来，感觉幼稚了许多，也需要重新写过，将岁月的沧桑添加进去。还有一些段落，当年写的时候并没有太深的领悟，老了才找到感觉，需要将现在的感觉告诉年轻的律师。有些问题，当年还没有意识到是问题，二十年过去了，才感觉仍然有和年轻人讲的必要。某不才，大半辈子已经过去，无所建树，只希望把这件事做好，于社会有所贡献。

本书名为《实习律师指南》，其实并不局限于实习律师，而是写给年轻律师读的。开始律师实习，不妨加个班，熬个夜，一口气将本书读完，就大体知道了当律师是怎么回事。但仅靠这一次的阅读远远不够，知识转化为能力,需要经验的体会。经是经历,验是验证。老师传授的知识,学习者只有自己经历了,自己验证了,才能变成学习者自己的能力。没有经过验证消化的知识,依然是知识,即使记在了脑中,仍然不是学习者的能力。因此,第一次的阅读仅是掌握知识的过程。之后,需要边阅读,边验证,边实践。我提出"阅卷三步法":全文浏览划重点,时空纵横大事记,正反对比找差异。知识点非常容易记忆,但是否实用,就需要去验证,需要去实践。按图索骥做上几次,才能够领会掌握,才能变成自己的能力。今天去看守所会见犯罪嫌疑人,不妨在出发前翻翻本书,简单记一下会见的要点,你就知道见到犯罪嫌疑人该问什么话,不该问什么话,该做什么事,不该做什么事。下次再去会见,心中会更有数。如此不断地实践验证,书中的知识就变成了你的能力。我真诚地希望,在最后扔掉本书之前,不妨再读一次,同样的段落,同样的话语,由于你阅历的增长一定会有新的收获,新的感悟。大道至简,如果最后能领悟出几条简单的道理来,外化为行动的指南,包括本书在内的所有律师实务之类的书就可以扔掉了。

本书的一个缺陷,就是没有大量的案例,也是作者有意为之。多写了案例,书自然厚了许多,但会增加阅读者的困难,减少阅读的快乐。我也深知,法律的生命不在于逻辑而在于经验,生动的故事比枯燥的说教更能留下深刻的印象。但这个缺陷,只能在下本书中弥补。做了大半辈子律师,经历了许许多多的案子,存下来各种各样精彩无比的故事,一定写出来,给追求上进的年轻律师。

新冠肺炎正在2020年的春节肆虐,政府号召大家能不出门就不出门,于是少了许多过年的乐趣,少了走亲访友喝大酒;含饴弄孙之余,每天来到山西仁鑫律师事务所的办公室,一个人静静地完成了本书修改的任务。

薛晓蔚

二〇二〇年二月五日

再 版 序

《实习律师指南》在 2013 年 12 月出第 1 版。2015 年年初,先是在微信上有文章称律师人手必备的 15 本书,这本小册子忝列第 9 本。后来,在一些法律网站上,也看到了这份书单。

我知道这不可当真。这份书单不是通过一定程序评选出来的,也不是某些名人推荐的,自己当真了,以为这书确实人手必备,一定会招来讥讽。

但我由此知道,这本书一定有人愿意读。

现在写书的人确实多,有的为了赚钱,有的为了升职称。为了赚钱,难免粗制滥造,剪刀糨糊,粘贴复制;为了职称,也是粗制滥造,把话说得一般人看不懂,再加上许多的引文、参考资料,看起来内容丰富,但这些书,或者翻翻就扔了,或者连翻翻的欲望也没有。于是,我一直想写些有人愿意看而且能够看得懂、看得轻松的书。

法律出版社编辑在去年年底来电说要加印,我说需要修改。在这两年中,《行政诉讼法》修改了,且最高人民法院出台了司法解释。《民事诉讼法》在第 1 版时已经大修,但最高人民法院的司法解释则是 2015 年 2 月发布的。尽管律师实务不同于诉讼程序法,但律师实务毕竟与诉讼程序法有着千丝万缕的联系。一些地方不修改过来,恐怕贻误他人。

薛晓蔚

二〇一六年一月十三日

序　言

这本书,我写了十多年。

2000年出版我的第一本法学专著《劳动教养制度研究》后,就开始写这本书。从太原师范学院的中文系转行到政法系后,领导考虑我在做律师,于是安排代"律师学"的选修课程。找来些教材,不是太满意,大部分把律师和公证合在一起,有关律师制度的内容又占了许多,至于律师实务的部分,不仅少,而且空洞无物。我从1996年开始实际从事律师业务,做了几年有了些感觉,于是产生研究如何做律师的念头。这样,一边做律师,一边教书,一边写。在2002年左右,这本书的框架就出来了。

首先,听到这本书内容的是我的学生们。尽管课时有限,但我力图在有限的时间内告诉学生们如何做一个律师,如何修炼成一个好律师。当然,我也知道,许多同学未必毕业以后去当律师。对现有的法学教育,素来有看法,常常喜欢这样对比,一个理发店的学徒工,在三年学徒期满后,学会如何理发,可以独立开业,但我们四年的法学教育,学生毕业不知道如何做律师,无法给社会提供法律服务。因此,在这本书里,把什么是律师、律师事务所之类的律师制度与管理的内容全部砍掉了,实打实地告诉学生,如何做一个律师。在传销犯罪活动中,常常见到传销者编制的手册,告诉传销者在打电话诱人上当时的每一个细节和处理方式。我想,我们培养律师其实也应当如此。

其次,部分听到这本书内容的是山西省每年新入行的律师们。连续多年,山西省律师协会聘请我给实习律师讲课。每年两次,一次在实习初,一次在实习即将结束时。这样的培训时间很短,每次三小时,只能将本书中的主要内容浓缩了,精练出来讲给他们听。律师们听了,很感兴趣,向我索要讲义,我说将来会出书的。

与其他律师对阵法庭时,我常常喜欢研究对方律师法庭上的言行。开完庭,和助手们沟通,告诉他们,哪些言行合乎律师的规矩,哪些言行则没有规矩。我国的一些老律师许多没有受过正规的法学教育培训,没有规矩可以理解。近些年法学院系毕业的学生,依然没有规矩。这几年接触了不少正规法学院系的毕业生,向他们询问在大学期间是否有老师讲授律师实务之类的课程,回答往往令人失望。这些都促使我腾出时间来,一定要把这本书尽快写完,早早出版。

真正的第一个读者,是我的孩子。女儿正经学法律出身,硕士毕业后开始实习做律师,恰逢本书杀青,于是第一个给女儿读,捎带请她核对新修改的法律,找找错别字,避免出差错让人笑话。

设想着,数年后在法庭上被人击败,对方律师很客气地过来握手说,薛老师,我读过您的书。

薛晓蔚

二〇一三年八月十四日

目录

第九章 刑事案件侦查阶段的律师辩护 / 124

第十章 审查起诉阶段律师的辩护 / 139

第十一章 公诉案件审判阶段的调查研究 / 154

第一章　民事案件的咨询与接案

要　目

一、电话约见	六、接案
二、约见前的准备	七、办手续
三、倾听	八、收费
四、判断	九、差旅费
五、建议	

一、电话约见

或许有一些当事人是在律师事务所直接找到律师的，但更多时候，当事人是通过电话来约见律师。

这大多是当事人和律师的初次接触。也许因为律师电话中的表现，当事人打完这个电话后再也不愿意给律师打第二个电话，而转身去找别的律师。原因很简单，他从电话中就否决了你，这是当律师的失败。我们希望的是，当事人在与你通电话时，心里就窃喜：我终于找到满意的律师了，这个官司非他莫属！

当事人通过电话看不见你，但可以听见你的声音，他会通过声音来判断你是否是他所寻找的律师。所以，你在电话中要学会用声音来表现出你是最好的律师，千万不要咕咕哝哝，腔调中没有一点自信。这时候，你需要的是听，仔细理解当事人表达的意思，不要太多地表现自己，要学会用简短而有力的话与当事人沟通。

一些当事人急于在电话中把全部的事情讲给你听,难免啰唆,而你要学会既适时地让他简短地把案情讲出来,又不能显示出你已经不耐烦。比如,你可以说:“你的意思我已经大概了解,具体情况我们见面再细讲,好吗?”最后的“好吗”我认为很重要,你传达给对方的信息是:我在征求你的意见。另有一些当事人拨通电话后,对案情只字不谈,只要求和你见面,这时你应该主动问对方:“可以告诉我案情的大概吗?”简单了解案情,可以提前思考问题,会提高咨询的质量,增进当事人对你的信任。

约见的地点原则上应该在律师事务所,特别是初次见面的当事人。有些单位希望你去他的办公室,这也未尝不可,特别是一些老顾客或者法律顾问单位的领导,他们希望对律师有招之即来的感觉,我们不妨稍稍满足一下他们的自尊。有些当事人会有意把会见的地点安排在饭店里,不要贪图一时的享受,应该婉言拒绝当事人的要求。

约见的时间根据你和当事人的时间安排。当事人往往急于见到律师,约见时间的安排随律师而定。律师则要考虑是否有空闲的时间,不要与开庭时间或者其他业务相冲突。一方面,我认为应当尽早安排,不然夜长梦多,长时间见不到你,当事人可能会对你失望,去找别的律师;另一方面,为当事人安排足够的时间,匆匆忙忙的一次短暂会见,会使当事人认为你很忙,没有足够的时间投入他的案子中去,特别是一些标的不大的案子。

放下电话前不要忘记提醒当事人两件事:第一,带上所有的与案件有关的文字材料;第二,一定要按时赴约。再加个微信,将律师事务所的位置发给当事人,可以省去他寻找的麻烦。

二、约见前的准备

约见时对案情有所了解,是对律师非常有好处的。每一个律师都不是万能的,不可能什么都懂。你所掌握的法律知识有限,但当事人所咨询的问题却无限。如果事先一点准备都没有,你可能会哑口无言,不知所措。

强调在电话中要大概了解案情的用意正是如此。如果是常见的法律关系,相关法律也比较熟,你可以不做任何准备;如果案情比较复杂,所涉及的法律不是很熟,你应该抓紧时间翻阅相关资料,尽可能地了解相关的法律规定,虽然是临时抱佛脚,但是很管用。

律师的穿着应当稍微讲究一点。男律师最好西装革履,女律师也应庄重得体。搞艺术的人可以扎辫子剃光头,人们说是有个性,但社会却不会容忍律师这样。在一般人的眼中,律师是有地位、有财富的阶层,你的穿着应该显示出你的能力。但是,不应过度地炫耀财富,炫耀满身的名牌和珠光宝气。仪表整洁,理顺头发,给当事人一个精明强干的印象。满脸疲惫,衣服上溅满油星的律师是难以给当事人信心的。

律师应该培养自己严格的时间观念。如果在当事人指定的场所会见,律师应该准时出现在约定的场合。不要过早地出现,也许当事人还有别的事务要处理,过早到来会打乱当事人的安排。但切记不能晚到,等人向来是令人心烦的事。有意地踏着时间点出现,暗示当事人你很有时间观念,也许能增强当事人对你的信心。

三、倾听

初次见到律师的当事人都有一种强烈的欲望,急于告诉你所有的一切。我的建议是在当事人开讲之前,先拿过他所带来的材料浏览一次。因为你已经事先知道一些简单的情况,翻翻材料后自然对案情有了进一步的了解,然后再细心听取当事人的叙述。在耐心地倾听的过程中,同时应该仔细地再次阅读手头的材料,把当事人的叙述与材料的记载联系起来,进一步加深对案情的了解。不要轻易打断当事人的叙述,应该有耐心地听当事人把话说完。但可以就当事人叙述不清的地方提问,加深对整个案情的了解。年轻律师应当准备一个笔记本,在当事人叙述的过程中,将核心内容简单记录下来。我现在的做法是在一张 A4 纸上记核心内容,如时间、人名、数字等,当事人说,自己记,这样对理解当事人陈述的事实有很大的帮助。

在当事人叙述之前和叙述过程中,不妨以委婉的方式告知当事人:律师应该知道事情的真相。我个人认为这样的告知非常必要。许多当事人由于种种原因未必愿意把所有的情况都告诉律师,特别是初次与律师接触的当事人,双方之间还没有建立足够的信任,一些秘密,特别是一些隐私,当事人是不会讲给一个初次见面的陌生人听的。我们不能强求当事人讲出一切,但应该告诉当事人只有了解事情的真相,律师才能作出正确的判断。同时告诉当事人你对所知道的一切秘密有保密的义务,是一个值得信赖的人,不要担心秘密从律师嘴里泄露出去。

同时,律师还应该委婉地告诉当事人,律师只希望听到事情的经过,而不希望听到当事人对事件的评论。一些当事人不是急于告诉你事情到底是怎么回事,而热衷于大讲特讲他对案情的评论、见解。这些评论、见解有些是有用的,但律师不宜在刚开始接触案件时知道,这会影响律师的独立思考,甚至还可能把律师引入歧途。你应该微笑着告诉你的当事人:你只需要讲故事,判断对错是非是你找律师的目的,是律师的任务。

四、判断

有些案情简单,听了当事人的叙述,看了相关的材料,前因后果就清清楚楚明明白白了;而有些案情复杂,或者是个别细节不清楚,或者只知道个大概,甚至越听越糊涂。但无论是否完全听明白,律师都应该给当事人一个解释。当事人需要的不是一个倾诉的对象,而是一个能给他提供法律帮助的人。

如果案情简单,材料也齐全,法律关系非常简单明确,相关的法律规定律师也非常熟悉,律师应该给当事人一个明确的答复,告诉当事人这个纠纷谁有理,如果进入诉讼程序结果可能会是什么样。当事人感兴趣的主要是官司会赢还是输,律师不要轻易肯定地说官司一定能赢。律师只能告诉当事人,官司应该能赢。不要夸口说一定能赢,否则可能会搬起石头砸自己的脚。

如果只了解案情的大概,当事人提供的材料也不齐全,律师则必须向当事人申明,仅仅是就所知道的事实作出判断。这种判断或许是正确的,或许是错误的,因为律师不了解全部的事实。最忌讳的事是,律师只了解案件的皮毛,根本不知道事情的全貌,就夸夸其谈讲了许多,且言语中有太多肯定的判断。如果深入了解之后,发现事情并非如此,律师会很难堪。

有些来找律师的人并不是当事人,他也是只了解一些零碎的细节,律师一细问,他便回答不上。对于这种情况,律师的判断也只能是简单的。

如果当事人的问题所涉及的法律关系律师并不熟悉,一时不知如何回答,没有必要逞强,不要担心当事人会小瞧律师。任何一个律师都不是万能的,不可能什么都知道。不妨真诚地告诉当事人:“这个问题很麻烦,我需要仔细考虑,需要查阅有关法律,我们重新约时间,我会给你一个答案的。”你不是草草看过后就轻易下结论,你的慎重会让当事人感激。

对于案件的判断,我认为在此阶段应该向当事人讲清楚:“我的判断仅仅建立在目前所掌握的材料和证据上,新证据的出现极有可能修正我的观点。”有时候,即使没有新证据出现,律师也可能在进一步思考之后,改变原来的观点。不要过于自信,否则会使当事人以为你在吹牛拉官司。最恶劣的做派是,有个别律师案情懒得细听,材料懒得细看,先关注的是在哪个法院管辖,然后告诉当事人,不要操心,尽管办委托手续交钱好了,院长、庭长、法官全是我哥儿们,只要委托了我,一定为你摆平。

五、建议

如果当事人是想提起诉讼的人,即所谓原告,律师在经过判断之后,首先,要确定这个官司能不能打。律师要考虑原告是否与本案有利害关系,换句话说,是否是案件涉及的法律关系的主体。这是一个首要的问题,原告有资格提起诉讼,才能得到法律的支持。不然,辛苦一番,法院说你不具备原告的主体资格,这个事与你没有关系,要么不予立案,要么立案后驳回,对于律师都是很丢面子的事。其次,要考虑是否有足够的证据。有时候我们听当事人讲事情的经过会觉得他很有理,但大部分属口说无凭的故事,没有相应的证据来证实,这样的官司打起来会很吃力。如果一方当事人在法庭上陈述的事实对方当事人矢口否认,官司就可能输。最后,在夯实事实的基础上,律师还要考虑是否有法律依据,或者说从法律上讲当事人是否有理。这是检验律师理论水平的关键。有理的事你告诉当事人说无理可讲,当事人找别的律师把官司打赢了,会永远瞧不起你这个律师;无理的事,你信誓旦旦说一定会赢,鼓励当事人去打官司,最后输了,当事人也会骂你骗人。当然,还有一条律师要注意,要考虑当事人的诉求是否属人民法院管辖。哪些属于刑事案件,哪些属于行政案件,大部分律师还是能分清楚的。但是,一些纠纷法院不管。一些纠纷由于《民事诉讼法》及相关的司法解释没有明确的规定,学校里不讲,课本里没有,但冷不防哪就会冒出一个红头文件,说这个纠纷人民法院不受理。告诉你一个简单的办法,最高人民法院有一个关于民事案由的规定[1],你可以逐条去找,如果在上面找不到,那么律师就要谨慎了,说不定就是人民法院不管的事。在考虑上述因素之后,律师给当事人的首要建议就应该明确,官司到底能不能打。要打,有哪些有利因素,有几成赢的把握;不能打,告诉当事人不能打的理由,由当事人自己去定夺。

有理的官司未必一定去打,还有一个值不值得打的问题,这也是需要律师注意的。比如,马路上有人踩了你一脚,甚至踩得很重,皮破了,出血了,可恶的是踩人者不仅不道歉赔礼,反说你影响他走路。你要和他计较,这官司多半你会赢,让他给你道歉,赔你二块二毛五,但这官司不值得打。中国古代的讼师在历史上有个恶名叫唆讼,就是教唆人打官司。是事儿不是事儿,动辄就对簿公堂的人,古人叫刁民。在古代人的价值体系中,没有人认为到公堂上打官司是个好事。现代人批评古人不懂法,鼓励人们为陈芝麻烂谷子的事而走上法庭,且美其名曰法律意识提高了,这是错误的。任何事情都有一个成本的问题,诉讼也同样如此。诉讼要花钱,要花时间,要花精力。如果预计付出的会很多,得到的却有限,我们就要考虑这个官司值得不值得打。对于有"不蒸馒头争口气"观念的人来说,这个问题更重要。当然,是否提起诉讼是当事人自己的事,律师把该说的话说到,但不要鼓励当事人去打官司。如果律师给当事人留下为了挣钱而唆讼的印象,对律师整个行业的发展都是不利的。

当然也有当事人在已经提起诉讼之后才来找律师,这时候起诉状已经递交法庭,甚至开庭的日子都已经排定。当事人原以为自己不含糊,有没有律师都一样,或者囊中羞涩,请不起律师,但到开庭时,当事人又对自己没有信心,才感觉到没有律师不行,想要请一个律师。到这个地步再考虑官司能不能打,值得不值得打就有些多余了。但如果律师认为这个官司的提起是绝对错误的,依然应该建议当事人撤回起诉或者想别的办法摆脱困境。

与原告代理不同的是,大部分作为被告的当事人在找到律师时,诉讼就已经开始,当事人已经成为被告。如果说原告在起诉之前求助于律师,

---

〔1〕《民事案件案由规定》(法〔2011〕4号)。

最先希望律师帮助决策官司应该不应该打的话，那么，被告在被起诉之后找到律师，则最先希望律师帮助决策该如何应诉。

律师在经过一番分析之后，对案件的基本情况有了初步的了解，就可以预测诉讼的未来，并就被告应该采取的策略为当事人提供建议。

如果律师认为原告的主张理由充分，被告显属无理，将来官司必然会输，律师可以为被告指出如下出路：

第一，接受原告的请求，庭外和解，原告撤诉。这是一条不错的出路，既然官司一定会输，坚持打下去并没有什么好处，最终官司输了，原告的请求法院会满足，诉讼费被告还得负担。如果在法院执行没有什么难度，诉讼费数额又比较大的情况下，这种积极的和解策略益处更多。况且和解可以缓解双方当事人之间的紧张关系，为以后的发展创造一个相对宽松的外部环境。而且如果原告撤诉，对外人来说也能多少给被告争一点面子。

第二，不出庭，由法院缺席判决。如果出庭的成本比较大，如开庭法院离被告所在地比较遥远，被告不堪承受差旅费，就可以考虑不去参加法庭审理。或者被告已经一无所有，无论法院怎么判都一样，根本不担心法院强制执行，这种情况下千里迢迢火车汽车奔过去开庭也没有什么意义。但不出庭不等于完全置之不理，律师应该建议被告在答辩期间向法庭提交书面答辩状，讲一讲自己仅有的一些理由。

第三，应诉。既然已经进入司法程序，也不妨把官司打下去，说不定在诉讼的过程中能找到于自己有利的点，说不定官司还能赢。

如果原告的诉讼请求部分有理，部分无理——这事实上也是大多数诉讼的形态，律师可以建议的出路是：

第一，寻求庭外解决，减少被告的损失。如果双方当事人的关系还不是很僵，或者有中间人愿意出面调停，不妨进行协商，在谈判中拒绝对方的无理要求，答应对方的合理要求，并进而要求对方减少请求，最后达成和解。基于执行的难度，原告很可能会答应少要些钱。

第二，积极应诉，驳回原告的无理请求。如果当事人已经翻脸，关系已经很僵，根本没有协商的可能，被告只能积极应诉，准备充足的证据，在法庭上驳回原告的无理请求。这种情况下被告绝对不可不应诉、不出庭，缺席判决对被告非常不利,法院一般情况下会支持原告的全部诉讼请求。

如果原告诉讼请求显属无理,或者案件根本不属于人民法院管辖,那么被告唯一的出路就是积极应诉,请求人民法院驳回原告的诉讼请求或者驳回起诉。

六、接案

有些当事人一走就如黄鹤一去不复返,你的工作就全白做了。曾经有人说,当事人咨询完之后,律师应该收取咨询费。如果严格按法律讲,收取咨询费是对的,但有时候会起到相反的效果,把当事人赶跑,甚至让当事人再也不愿上门。

律师每天会面对众多纠纷,但对于当事人来讲,他一生可能就只打这一次官司,因此会非常慎重。他可能会不辞辛苦到处转,目的是要找一个好律师。他不断地进进出出律师事务所,听不同律师的不同判断,最后才会下定决心签约委托。律师动辄开口要咨询费,不是一个明智的选择。

有律师喜欢在当事人走后打电话给当事人,催着交钱办委托手续,这也是不可取的。来者自来,去者自去,当事人对选择律师有自己的考虑。如果当事人不选择你,打电话可能会自讨没趣。

偶尔有黄鹤远去的现象倒也不足为奇,不必在意。不过,如果常有这样的事,律师就应该反思自己。

如果当事人在初步接触律师以后感到满意,很快就会找到律师,告诉你他准备聘请你帮助他打赢官司。当事人对律师信赖,律师应该高兴,但高兴归高兴,是否接手案件还应该仔细考虑。

如果案情非常简单,当事人明显有理或者明显无理,律师不妨向当事人讲清楚,是否有律师参与意义不大。赢自赢,输自输,不请律师可以省去许多费用。

如果所涉及的法律关系是律师不太熟悉的领域,我认为律师也不应盲目接手案件。临阵磨枪的办法,对于简单的案件可以,对于复杂的案件则可能失灵,律师很难在短时期内真正掌握其精髓。不分青红皂白先接受委托收了钱,然后再想办法,这种做法,对当事人极不负责任,时间长了,也会损害律师个人的声誉,甚至损害整个律师行业的声誉。

古代中医有“看活不看死”的说法。医生被病人亲属请到家以后,首先诊断的是该病人是否有救。有救,开处方拿药;无救,抬屁股走人。对于有一线生机的危急病人,医生会开上一服药,告诉亲属尽快服下,一炷香的工夫,看病人有什么反应。有救,再来找我开第二服药;如果没有任何反应,则告知需另请高明。对于病入膏肓的病人,医生号完脉就收拾家什抬屁股走人,药方都不愿开。医生回天无力,最好的办法是不做无谓的努力。不然,吃药病人会死,不吃药病人也会死,但一些病人亲属却可能会把责任推到医生头上。救死扶伤的确是医生的天职,但对于病入膏肓的病人,医生"见死不救"似乎能更好地保护自己。个别被别的医生判了"死刑"的病人,有的医生却能从中看到生的希望,一服药下去起死回生,这便是名医,病人会送匾说妙手回春。

律师接手案件也是这个道理。败迹非常明显的案子,还是不接的好。案子本就是输,律师一接手输了,当事人就会认为是律师水平不行把官司打输了。但如果一个案子,当事人已经找过许许多多律师,大家都认为没有赢的迹象,你看了,别出心裁说案子能赢,最后真的赢了,你就是大律师。

忌讳的事情是,律师心里也清清楚楚知道案子不会赢,但嘴里却牛皮吹破天,为了赚取当事人的代理费而巧舌如簧。这样的做法,确实能骗得几个当事人,但骗得几个以后,上当的人自然会越来越少。

更不能做的事情是律师代理虚假诉讼案件。一些当事人基于非法的目的,采取伪造证据、虚假陈述等手段,捏造民事法律关系,虚构民事纠纷,向人民法院提起虚假民事诉讼。这种现象已经引起了国家的高度重视,通过刑法修正案将虚假诉讼列为刑事犯罪。最高人民法院又出台司法解释,明确律师作为代理人与委托人同谋提起虚假诉讼,构成共同犯罪。律师如果明知故犯,则可能面临刑事惩罚。如果在与当事人的接触中,敏锐地发现当事人在捏造事实准备提起虚假诉讼,律师应当劝阻。劝阻不成,则不能接受委托。如果事情败露,即使以没有通谋为自己辩解,也会惹火烧身。

七、办手续

当事人愿意请律师,律师愿意接案子,接下来的事便是办理委托手续了。

委托手续好办,麻烦的是钱。按我国法律的规定,律师不能私自接案,因此委托合同应该由律师所在的律师事务所和当事人签订。一般情况下,律师和当事人达成合意后,律师就将当事人介绍给律师事务所的工作人员,由工作人员负责办理相关手续。律师要向工作人员交代清楚本案双方当事人的名称、案由、诉讼标的、管辖法院及收费的办法。如果当事人不亲自到律师事务所办手续,律师也可以在律师事务所办好之后再带给当事人签字,但合同的内容必须事先告知当事人。

确定办理委托合同后,当事人要为律师提供授权委托书。在填写授权委托书时律师应该注意授权范围的填写。如果当事人能出席法庭,原则上应该填"一般授权",如果当事人不出席法庭,则原则上应该填"特别授权",且必须明确特别授权的范围,习惯的写法是"有权代为承认、放弃、变更诉讼请求,进行和解,提起反诉或者上诉"。因为经过特别授权的律师所承担的责任远远大于没有特别授权的律师,因此,律师应该把特别授权的意义和当事人解释清楚,但不建议主动向当事人索要特别授权。

在2019年修订的最高人民法院《关于民事诉讼证据的若干规定》中,第5条第1款规定:"当事人委托诉讼代理人参加诉讼的,除授权委托书明确排除的事项外,诉讼代理人的自认视为当事人的自认。"这就意味着,即使律师为一般授权,其自认行为也视为当事人的自认。谨慎从事,我们建议在授权委托书中,无论是一般授权还是特别授权,均注明"排除律师自认"。赋予律师有自认的权利并没有多大的好处,但如果律师陈述不实,一句话就可能输掉一场官司。

八、收费

委托合同的一个关键内容是代理费的收取方式和数额。

一般情况下,在签订委托合同之时,当事人就应该向律师事务所交纳代理费,代理费的交纳与最后的诉讼结果并没有关系。大多数情况下,当事人在签订委托合同时就支付了代理费,但有时候由于种种原因当事人可能在签订合同之后才支付代理费。律师对自己的当事人应该有个基本的估计,大部分当事人为了让律师安心工作,绝不愿拖欠律师一分钱代理费,但有些当事人则使律师头疼,他会想尽一切办法编造各种理由拖延交费,甚至拖到开庭之后,有时连人影也找不到。特别在败诉的情况下,律师更不要想得到分文了。因此,对付这些当事人的最好办法是,委婉地反复提醒当事人律师事务所有严格的纪律,不交纳代理费,律师事务所不出具介绍信就无法开展调查活动,不开出庭函无法以律师身份出庭。

律师收费的标准原先我国实行的是政府指导价,现在已经完全放开,由市场调节。另外,涉及财产关系的是以案件涉案金额收费,采取累进制的办法。10 万元以下是一个标准,10 万元至 50 万元是一个标准,50 万元至 100 万元是一个标准,100 万元至 1000 万元是一个标准,1000 万元以上是一个标准。一些律师事务所有自己的标准,每个律师也可以自己把握。收取代理费的数额,有时不是一次见面协商就能确定的,律师在每次洽谈时应当记录自己提出的数额,防止再次见面协商时律师要求的数额与之前的数额矛盾。

律师也可以进行所谓的风险代理,即根据诉讼的结果决定收费的多少。风险代理的方式中,当事人可以事先交纳部分手续费,也可以一分钱不交,在官司胜诉之后一并收取,但收取的代理费一般要比正常收费高。是否采取风险代理完全取决于和当事人协商的结果。如果当事人经济紧张,在签订委托合同时不能支付代理费,或者当事人积极主动要采取协议收费方式,律师就可以考虑这种方式。当然,采取风险代理方式时,律师必须对诉讼结果有清楚的认识,另外,律师还必须考虑即使官司胜诉,代理费能否顺利收回。既然称为风险代理,就有一定的风险,律师也许能多得到一部分代理费,也许辛苦忙碌之后什么也得不到。

我个人认为,律师最好不要积极主动要求当事人以风险代理的方式签订委托代理合同。律师所看好的案件,必然是把握性比较大的案件,如果当事人完全可以正常交纳代理费,律师为了多得钱,唆使当事人签订风险代理合同,我认为是不道德的行为。

另外需要注意的是,不是所有的案件都可以风险代理。国家发展和改革委员会、司法部颁布的《律师服务收费管理办法》第 11 条明确规定:“办理涉及财产关系的民事案件时,委托人被告知政府指导价后仍要求实行风险代理的,律师事务所可以实行风险代理收费,但下列情形除外:(一)婚姻、继承案件;(二)请求给予社会保险待遇或者最低生活保障待遇的;(三)请求给付赡养费、抚养费、扶养费、抚恤金、救济金、工伤赔偿的;

(四)请求支付劳动报酬的等。”第 12 条同时规定:“禁止刑事诉讼案件、行政诉讼案件、国家赔偿案件以及群体性诉讼案件实行风险代理收费。”且规定:“实行风险代理收费,最高收费金额不得高于收费合同约定标的额的 30%。”

九、差旅费

在委托代理合同中另一项有关钱的内容是差旅费。

差旅费的收取也是当事人比较关注的问题。按规矩,律师在签订委托合同时预收差旅费,案子了结后再与当事人算总账,多退少补。因此,律师在刚接手案件的时候,需要初步估计案件的难度及所需要的时间。差旅费如果预收的少了,办案过程中再次开口向当事人要差旅费往往令当事人不快,怀疑律师乱花钱。差旅费预收多了,他会认为律师在借口多收钱,甚至认为律师在私自收钱。

每个律师自己要有个标准,比如在本地办案一般收多少,外地办案一般收多少。许多情况下,特别是在外地办案时,往往有当事人陪同,相关费用自然由当事人支付,不需要律师自己掏腰包。至于在本地办案,也就没有多少差旅费,偶尔打个车也花不了多少钱,律师没有必要与当事人斤斤计较,把所有的费用都让当事人报销,这样未免显得太小气。

大部分当事人心中有数,在案子了结前都会付给律师差旅费,且往往比律师垫付得多。不要不加推辞一概收下,适当的拒绝也许能增进当事人对你的好感。即使预付多了,一般的当事人在案件了结后往往也不好意思再要回去,律师常能占点小便宜。

但需要注意的是,有些律师和当事人协商,把代理费减少,差旅费增加,这样律师交到事务所的钱就少些,自己得到的就多些,这是一些不良律师耍的小心眼。在我看来,倒是容易被当事人小看,影响律师的声誉。

委托合同签订之后,律师和委托人的关系正式建立,律师就应开始工作了。

第二章　调查取证

要　　目

律师与委托人建立委托代理关系后，应该立即开展工作，拖延没有任何好处，还可能会贻误时机，失去委托人对你的信任。一些律师在接受委托后，马上撰写起诉状，匆忙到法院立案。其实，除非案情简单，律师在接案时已经了解了所有的情况，否则立即撰写起诉状就是不明智的选择。律师这时的首要工作应该是调查取证，正如毛泽东所说没有调查就没有发言权，只有经过细致的调查取证后，律师才能确立自己的诉讼方向，决定诉讼策略。

一、会见纠纷涉及的所有人

在与委托人的谈话中，我们应该区分纠纷中涉及的人，哪些是当事人，哪些是知情人，在此基础上确定调查的对象。对纠纷中所涉及的人，律师原则上都应该会见。有时候，我们单方面听取委托人对纠纷的陈述就可以了解事情的所有细节,但更多时候,或者是委托人自己也只知道个大概,或者委托人自以为知道一切,其实他对个别细节的了解也是错误的。因此,不要仅听了委托人的陈述就想当然地认为已经知道了一切,不要自作主张认为某人见不见无所谓,明智的做法是会见纠纷中涉及的所有人。

当然,不一定纠纷中涉及的所有人都能见到,都愿意向律师提供情况,但是律师不能在事先想当然地把他们排斥在外。也许有些人并不能给律师提供新的情况,但这个结论只有在会见之后才能得出。

为了使会见顺利,律师首先应该谨慎选择陪同律师会见的人。一般情况下,律师不宜单独去会见,面对一个陌生的律师,许多人什么都不愿意讲。因此,应该由委托人或者相关人员陪同律师前往。但对选择陪同律师会见的人应该有所考虑,应该选择与会见对象比较熟悉,有一定的交际能力、善于周旋的人陪同,有利于会见的顺利进行。如果陪同人与会见对象不认识,甚至陪同人对会见对象有成见,则无益于会见。

会见前需要考虑的另一问题是,是否提前与会见对象联系,提前约定会见的时间和地点。如果不提前联系就贸然前往,会见对象不在,只能浪费律师的时间和当事人的金钱。但也可能因为提前联系,欲会见的人闻风而走,让你吃个闭门羹。因此,在决定会见之前,应该与委托人共同分析会见对象的情况。如果属于愿意提供情况的人,则应该提前约见;如果属于不愿意提供情况的人,不妨来个突然袭击,把他堵在家中或者其他地方,也许能探听出一些有价值的东西。

二、适当的寒暄

在见到会见对象之后,陪同律师前往的人会简单向对方作介绍:“这是我们请的律师,我们的那个事情你也知道,现在要打官司了,律师找你了解些情况。”律师也应该客气地向对方问好:“我是某某律师事务所的律师,今天来打扰你了。”有时候律师需要出示律师执业证,大多数情况下用不着,对方相信陪同你前往的人超过相信律师执业证。

简单的介绍之后,免不了一番客气让座,端茶倒水。坐定之后,律师不要急于进入取证状态,不要单刀直入直奔主题,不妨寒暄聊一会儿天。比如,今天天气很冷,是入冬以来最冷的一天。律师应该揣摩对象的身份、地位、兴趣等，设法找一个能够调动会见对象积极性的话题。律师这时候还真需要点儿"见什么人说什么话"的本事，对老人不妨说您老身体真好，对农民则问问今年收成如何。千变万化，全靠律师的观察和应变。

在聊天的过程中，律师应该分析你面对的是哪一类人：是非常愿意提供情况的人，是在犹豫徘徊的人，还是不愿合作的人；是性格豪爽，还是天性谨慎。这些分析非常有利于以后的谈话，有利于调查的进行。

寒暄聊天的目的是活跃气氛，松弛一下会见对象紧张的神经。老百姓平时很少接触律师，且许多人认为律师与警察、检察官、法官均属司法人员，猛一见律师不免心惊肉跳。适当的寒暄之后，律师就应该切入主题。对于配合的对象，可以直接谈我们所要了解的情况，事情比较简单。对于犹豫徘徊的对象，律师还需要耐心细致地做思想工作，打消其顾虑。对于不合作的对象，律师也不要轻易放弃，绝对不合作的人现实中很少见，来者是客，很少有人轻易宣布你为不受欢迎的人，把你从家中赶走。只要他在和你谈话，律师便应该设法从对方嘴里套出你想要的东西。即使对方不会为你详细讲他所知道的一切，但律师依然可以引导他谈一些细节，或者干脆讲出你所了解的事实，让对方核实。真正不吐露一字的人是很少见的。

三、在倾听中寻找捕捉

如果会见的对象愿意为律师提供情况，他往往会问律师想知道什么。确实，每个律师此时都有最想知道的事情，但最好不要直接提出问题来，不妨让他就其所经历或者知道的事慢慢道来。不给会见的对象划定谈话的范围，也许会有意想不到的收获。

在他叙述的过程中，律师的任务是静静地听，细细地想，努力捕捉你不知道的事，或者与你知道的事不一致的细节。律师这个时候不像当初接案时听委托人叙述时那样一无所知，律师来之前其实对大部分事实已经清楚，甚至已经了解了全部的事实，来会见他人更多的是为了证实某些事实或者是为了要求证人作证。但有的时候，委托人陈述的事实未必是真实的，律师通过调查了解之后，能更全面地把握纠纷的全过程。

对于律师感兴趣的一些细节，律师可以引导对方详细地叙述。有些细节，可能会见的对象认为价值不大，会一语带过，言之不详。律师这时候就需要适度提醒对方,将某些事实细致地陈述。

四、书面证言

也许,听完会见对象的陈述,他的话没有什么价值,没有必要做记录,将来也不需他出庭作证;也许,他的话为律师提供了许多东西,但这些东西是否有价值暂时不能确定,最好不要着急做笔录写材料。如果全部调查完以后,发现早已做好的材料中,有些其实不是事实,提交法庭后可能会被对方抓住把柄,再去找证人要求删去某些话就不太合适了,甚至还会给律师自己带来麻烦。不过,如果证人属于犹豫徘徊类型的人,最好还是把他的话尽快变成文字,以免夜长梦多。

如果会见对象的陈述中有律师感兴趣的东西,或者说证实了律师原本准备让他证明的内容,律师就应该考虑将他的陈述变成文字。应当注意的是,这样的要求不要在会见对象一开始陈述的时候提出,看见律师又是纸又是笔地摆开架势,许多人会变得非常谨慎而推脱说好多事都忘了。在证人陈述完之后,律师可以以商量的口气说:"你的有些话对我的委托人非常重要,我希望你能为他做个证明,帮他一把。"

把证人的话变成文字的办法有两种:一是由证人亲笔书写证言;二是律师制作调查笔录。

书面证言是由证人亲笔书写的证言。这是把证人的话变成文字的最好的办法,如果证人有文化能书写最好采用这种办法。证人在下笔之前往往会征求律师的意见,要求律师给予指导。就书面证言的基本格式,律师可以进行指导。就书面证言的内容,则没有必要让证人把知道的全部事实都叙述出来,只要把律师想要向法庭证明的事实叙述清楚即可。可以先打一个草稿,律师大概看过之后,再让证人抄一次。律师对书面证言内容的指导,仅限于该材料的基本结构,不能把律师的意思强加给证人,更不能愚弄证人把本不是证人的话插进去。永远把握一个原则:材料中的每一句话都是证人陈述的事实,是证人的真实意思表示。

书面证言的基本结构为:首先是介绍证人的基本情况,如姓名、出生年月、身份证号、单位及住址、联系方式;其次是表明自己如实陈述事实的态度,并保证对所陈述的事实负责,不说假话;再次是陈述所证明事实,事实陈述的部分,应当是一篇小小的记叙文,时间、地点、人物、事件均应该叙述得清清楚楚;最后是证人的签名和书写该材料的时间。

一些证人在律师要求他提供证言的时候,往往会要求律师代写一份由他抄,或者是让律师口述,证人根据律师的口述再写。一些证人也许是好意,认为只是让律师组织语言,让证词看起来更符合事实。但律师应当永远记住,这样的事情绝对不可以做!即使所写的均为证人陈述的事实,以后若有变故,证人会说证言不是他的意思,他是照律师写的抄了一遍,或者说是律师说他写的。他如果有鼻子有眼地以此为理由推翻自己的证言,律师就会陷入有苦说不出的境地。因此,律师绝对不要为证人起草好证言让他照着抄,律师也不要为证人口述书面证言的内容,避免不必要的麻烦。

还有三个细节需要记住。一是书写工具最好用中性笔,不要使用圆珠笔,因为圆珠笔留下的笔迹不易保存,曾有法官以此为由判决用圆珠笔书写的证据不予采纳。二是要求证人在书面证言上签字后按上指印。尽管我国法律上从来没有规定指印的法律效力,但许多法官认为签名可以伪造指印无法伪造。在律师的公文包中应当永远准备一盒印泥,随时可以拿出来使用。三是复印一份证人的身份证。

五、调查笔录

如果证人不会书写或者不愿书写,那么律师可以将他与证人的对话记录下来,形成调查笔录。

调查笔录的开头应该写明调查的时间、地点、调查人、被调查人和记录人。在调查笔录中,律师与被调查人的对话应该这样展开:

律师:我是某某律师事务所律师某某,我们所接受张某的委托参与诉讼,今天想就张某与李某合伙经营商店的事向你了解一些情况,你同意吗?

被调查人:同意。

律师:你的话会在法庭上作为证据,我们希望你如实陈述你所知道的事实,不要做虚假陈述,否则要承担法律责任。你能保证你讲的全部是实话吗?

被调查人:我保证我讲的全部是事实。

之所以要强调这些,是因为法律规定律师调查取证应该取得调查对象的同意,在笔录中写进相应的话能使证言从程序上更加合法,不要留下瑕疵。

以下的对话就是所要证明的事实,律师可以用关于什么事情“你看见了什么”“你知道什么”之类的话引出被调查人的话,让他把事情的经过比较完整地叙述一次。然后,就某些细节问题,律师再通过提问的方式让被调查人回答,进一步证实某些事实。这部分内容应该是纠纷双方有争议的部分,对双方没有争议的内容,没有必要浪费笔墨纸张,一带而过即可。

在调查笔录的最后,应该写上:你看一下我做的记录是否全是你说的话。如果没有错误,请在笔录后面签字确认。被调查人回答:以上所记录的没有错误,是我的话。最后被调查人签字捺指印。如果调查笔录不止一张纸,被调查人应该在每一张调查笔录上捺指印。律师在记录时有修改的地方,也应该让被调查人捺上指印。在捺指印时,律师应该留心一下,注意让被调查人把指印捺完整、清晰,不要模模糊糊看不清楚。

如果被调查人没有文化一字不识,则不能采用上述办法。事后有了麻烦,律师说他看过,他说我没有文化;律师说我给他念过,他说写的和念的不一样,这样对律师是非常不利的。最好的办法是邀请被调查人的亲属到场,在制作完笔录后念给他们听,然后要求其亲属作为见证人签字。同样,调查结束时,律师也需要复印一份被调查人的身份证,作为调查笔录的附件。另外,还需被调查人签署一份保证书备用,如果该调查笔录作为证据使用,按照证据规则需要向法院提交保证书。

六、录音或者录像

在信息技术发展迅速的今天,律师完全可以用录音或者录像的办法来固定证言。智能手机的功能已经越来越完善,无论是录音还是录像,效果都不错。律师也应该更新观念,学会使用科技的手段来固定证据。

在征得证人的同意后,律师可将和证人对话的过程录下来,这样可以清楚地反映律师取证的过程,以证明律师取证的合法性。另外在某些情况下,律师也可以悄悄地录音。这是在要求证人书写书面证言或者调查笔录的过程中,律师为了避免事后证人改变证言的自保手段。有极个别证人,在给律师出具证言后便后悔,或者基于某些压力试图改变证言,往往将律师作为牺牲品,说他给律师出具的证言是受律师蛊惑的结果,不是真实意思的表示。律师就可以拿出录音来证明自己的清白。如果不是基于这样的目的,即使律师将整个取证过程录音,也不要轻易向法庭出示,不要提供给委托人,毕竟该录音没有经过证人的同意。

如果律师准备将录音、录像作为证据使用提交法庭,就需要准备一份复制件,从设备中拷贝下来一份。同时把原始版本保存好,不要随意删除,以备法院核查。同时,将其中的对话转换成文字打印出来,作为该拷贝的文字版提供给法官,这样更有利于法官对证据的理解。

七、提出出庭的要求

按照《民事诉讼法》的规定,凡是知道案件情况的单位和个人,都有义务出庭作证。经人民法院通知,证人应当出庭作证。只有符合法定情形且经人民法院许可,证人才可以通过书面证言、视听传输技术或者视听资料等方式作证。可见,经人民法院通知的证人应该出庭作证,以接受对方的质证。证人出庭是证人作证的基本形式,采取书面作证方式是特殊情况下的例外。而实践中却正好相反,采用书面方式作证是常规,而证人亲自出庭反成了例外。

律师了解这一现状之后,则根据证人的情况决定是否让其出庭。如果纠纷双方的争议点主要在事实部分,证人的证言对原告所主张的事实有决定性的意义,则证人一定要出庭。证人敢于出庭,敢于面对法官,敢于接受被告的质询,体现了原告的信心。因此,律师在证人提供书面证言之后,应该提出希望出庭作证的要求。如果证人不愿意出庭,律师以及委托人需要做工作,打消证人的思想顾虑。

律师在劝说证人出庭时,应当告知证人,其因履行出庭作证义务而支出的交通、住宿、就餐等必要费用以及误工损失,可以由委托人先行垫付,最后在法院判决后由败诉的一方当事人负担,这是劝说证人出庭的一个理由。事实上,如果证人同意出庭,因此产生的交通、住宿、就餐等费用必然是律师的委托人承担。需要注意,支付证人的必要费用要在申请证人作证时预缴到法院,不要直接给证人,以免留下拿钱买证言的把柄。

如果证人确实因其他原因不能出庭作证,律师则应转而收集证人有正当理由不能出庭的证据,即证人因健康原因、路途遥远交通不便或者因自然灾害等不可抗力不能出庭的证据。在经人民法院许可后,可以通过书面证言、视听传输技术或者视听资料等方式作证。

八、单位证明

按照《民事诉讼法》的规定,单位也可以作为证人作证。尽管我国学术界对此有异议,有学者认为单位作为证人的规定是不科学的。但是,单位对某些事实的证明力远远大于自然人,不能轻易否定。

某些与行为人所在组织密切相关的事实,如某人是否曾经为某单位的职员,某人在该单位的出勤情况,某人从该单位领取的报酬,某人在该单位是否有住房等,均需要以单位的名义予以证明。

律师到单位提取证明,必须携带律师事务所出具的调查专用函和律师执业证。到取证单位后,如果该单位规模较大,应该找与所调查事情相关的主管部门,如有关工资情况应该找人事部门,有关住房情况则应找房产部门。如果单位规模不大,内部没有专门的机构,则应直接找办公室。若单位的工作人员不予配合,不妨直接找该单位的负责人。

需要单位证明的事实一般应该是单位的档案中所记载的事实,所以律师最好复印该档案。复印后盖上该单位的公章,并注明出处。在该档案无法复印,或者是该单位不愿让复印的情况下,律师可以要求该单位的工作人员根据档案的记载出具证明材料。因此,证明材料中应该写明所依据的档案,以及档案中所记载的事实。单位出具的证明材料除应该由单位盖公章外,该单位负责人和制作该证明材料的人员均应在证明材料上签字。

九、书证、物证

大部分纠纷中总是有些书证的,这些书证又大多保存在当事人的手中,因此,调取这些证据没有什么困难,当事人往往在委托律师时就已经提供给了律师。

需要注意的是,律师在取得这些书证后,应该立即复印两份,然后将原件还给当事人。律师之所以不要保存书证的原件,是因为这些原件只有一份,且它们对当事人的诉讼又至关重要,万一律师不慎遗失,就将承担责任。将原件返还给当事人时,律师应该与当事人清点清楚,且叮嘱当事人谨慎保存,不要随时带在身上以防丢失,在开庭时再带到法庭。复印两份是准备一份将来起诉立案或者开庭时提交给法庭,一份律师留着入卷。

律师应该仔细研究书证的原件,复印时查看复印件是否与原件一致,一些细微的地方是否复印清楚。有时候复印件墨色太重,黑乎乎一片,什么也看不清楚;有时候则又墨色太淡,原件上本来就不太清楚的地方更加模糊;也有时候可能漏掉一些边角,使复印件失去原貌。

有些书证则保存在其他人手中,需要律师提取。更多的时候,这些书证保存在某些单位。对于保存在某些单位的书证,一般情况下,该单位不会允许将书证的原件交给律师,因此,最好的办法是复印。负责的工作人员是不会让律师自己拿着原件出去复印的,往往是利用本单位的复印机。如果要出去复印,也必须由工作人员亲自前往,不允许律师单独出去复印,以防止个别不道德的律师偷偷篡改。复印好之后,律师千万记住让该单位在复印件上注明:该复印件复印于本单位的档案(或其他文件),经核对无误。并由核对人即该单位的工作人员签字,再盖上该单位的公章。如果是多张复印件,还应该盖骑缝章。

到单位取证时律师必须有足够的耐心。也许是因为工作繁忙,也许是怕惹事,也许是工作人员的惰性,许多单位的工作人员对律师的取证表现出明显的不耐烦,会找种种借口打发走律师,如工作忙、管事的人请假、钥匙不在等。如果律师听信了他们的话转身就走,就是律师的失败。或者需要浪费时间重来,或者永远取不到这些证据。因此,律师应该能够平心静气留下来与其周旋,用些“见风使舵”的本领,软磨硬泡,也许能达到目的。

律师要了解企业的情况,去得最多的单位原来叫工商局现在叫市场监督管理局,许多涉及企业的案件都需要去该局调取该企业的档案。一些市场监督管理局接待律师有固定时间,律师去以前要打听好什么时间接待律师。律师还要带齐必要的证件,律师证和事务所的介绍信。在进入诉讼程序以前,没有法院的立案通知,有些市场监督管理局不准查阅企业的档案原件,只能在计算机上查阅该企业的基本情况。当然,这条规定并非严格被执行,一些没有将企业资料录入计算机的市场监督管理局,在法院没有立案的情况下,也是可以查阅档案的。

每个市场监督管理局的查阅程序有所不同。有些需要主管副局长批准,有些需要科长或者处长批准,有些则在办公室登记即可。领导批准后,市场监督管理局一般还要求交纳一定的费用,二三十元不等。但如果市场监督管理局和某些企业联手,只能到该企业查阅档案,律师再向该企业"咨询",费用则会增加许多。

至于物证,在民事诉讼中不是很多。小的物证大多保存在当事人的手中,律师看过之后,不要自己保存,仍然交当事人保存。应该叮嘱当事人妥善保管,不要破坏物证的外部特征。一些大的物证,不宜搬移或者不宜保存的,律师可以拍照片或者录像。如果以不动产作为证据,也应当通过拍照片或者录像等影像资料的方式提交证据。如果静态的图像可以反映出要证明的内容,应该拍照。多拍几张,拍一些反映整体的照片,也拍一些反映细节的照片。如果需要动态的内容,则一定是录像。照片在法庭审理中容易出示举证,也容易在案卷中保存。

十、视听资料、电子数据

如果一个案件当事人有视听资料作为证据是再好不过的事,因为视听资料作为新科技的产物,在复原已经发生的事实这一功能上相比其他证据更为形象、直观,也更有力度。

现在监控探头无所不在,在证明某些事实时,律师应想到用监控视频来证明某些事实。当事人自己安装有监控设备的,调取视频不存在问题。如果要调取其他单位的监控视频,也许存在些麻烦。不过,律师首先应当想到用监控视频来证明某些事实,如果自己无法调取,可以立案后申请法院调取。

手机的普及和功能的加强,使录音成为一件非常简单的事。对于某些当事人之间无法用书证、物证等证明的事实,许多当事人自然想到将当事人之间的对话偷偷录下来作为证据。有些当事人甚至购买微型录像设备来偷偷摄录一些过程。尽管这些动作没有经过对方的同意,但我们并不认为该证据的取得违法。这就需要把握一个关键点,如果偷录的一方将偷录设备悄悄地放置到对方控制的领域,就涉及侵犯他人利益。如果偷录设备放置在自己的领域,如在自己的身上、办公室里,我们认为没有侵害他人的利益,不存在违法的问题。但偷录对方当事人和己方的活动与偷录证人的话不是一个范畴的问题。对证人的取证,应当取得证人的同意。但偷录己方和对方当事人之间的活动,是对自己行为的记录,不存在侵害他人利益的行为。某些不讲诚信的当事人，一上法庭就信口雌黄，顺口胡说，否认任何对他不利的事实，在庭前将他对某些事实的陈述录下来，也不失为一个好办法。

律师查验过当事人提供视听资料后，要初步判断该视听资料是否有价值，是否能够证明一些事实。只要和所涉及的纠纷有关，就不妨保存起来，避免因技术不熟练而误删。即使里面有一些对己方当事人不利的事实，也提醒当事人一定不要修改，保留该证据的原貌至关重要。到举证阶段律师经过全面考虑后，再决定该证据是否提交以及如何提交。

视听资料更多地通过声音、图像来记录事件的过程，而电子数据则依赖电子技术手段来记录文字、图形符号、字母、数字。这也是随着电脑等现代化的电子手段发展所形成的新的证据类型，并在《刑事诉讼法》和《民事诉讼法》的修改中新增加为证据的种类。由于电脑、手机等电子设备已经成为现代人日常生活不可或缺的组成部分，许多交往是通过电脑、手机等来完成的，这些交往的过程自然会被记录在电脑、手机等电子设备中。事后，我们就可以借助电子设备来阅读其中的内容，并可以将这些内容作为证据提交法庭。

如果当事人告诉律师有些内容记录在电脑或者手机中，律师就要提醒当事人注意保存好设备中的原始记录，防止关键信息被删除。比如短信的内容就有可能因为短信的增加而被手机自动删除。手机中的通话记录也存在同样的问题。律师可以提醒当事人注意修改手机的相关设置并暂时停用该手机，避免到举证时从手机中找不到需要的内容。一些网站上的内容，当事人自己无法固定的，甚至可以考虑聘请公证机关进行证据保全。

十一、鉴定

一些民事诉讼中常常涉及鉴定。有些鉴定可以通过司法鉴定机构来完成，但也有一些需要鉴定的内容并不属于司法鉴定的范畴，或者找不到相应的司法鉴定机构来进行鉴定。

在各省的司法厅下属有司法鉴定管理局，负责全省司法鉴定机构审核登记、司法鉴定人执业登记及监督管理工作，律师可以从其网站上了解到每个司法鉴定机构的业务范围，对司法鉴定机构的鉴定事项有大致了解。在接受案件后,律师就需要判断哪些事项必须通过司法鉴定机构来鉴定,并考虑选择一个信誉好的鉴定机构进行鉴定。

对所鉴定的事项,律师要有一个大致的了解,再决定是否申请鉴定。尽管律师不可能什么都懂,但也应该通过各种手段对所鉴定的事项作大致的判断。比如人身损害的伤残程度鉴定,律师要了解被鉴定的伤情,而且要学会自己通过比对伤情和《道路交通事故受伤人员伤残评定》或者《劳动能力鉴定职工工伤与职业病致残等级》的规定,大致判断被鉴定人属于伤残几级。如果律师不帮助当事人进行初步的判断,只是一味地让当事人去鉴定,结果却根本构不成伤残,当事人白白花了鉴定费,会怪罪于律师。对于一些更专业的问题,律师不妨和当事人一起共同找专家咨询,或者律师阅读一些专业书籍,以对鉴定事项有更深入的了解。

有一些事项不属于司法鉴定的范围,而是在政府的行政机构中有专门的部门或者组织进行鉴定。比如,刑事案件中涉案物品价值的鉴定,就不属于司法鉴定的范畴。在各级政府的物价部门下设有价格认证中心,专门就涉案财物的价值进行鉴定。

另外需要考虑的问题是,在法院立案前鉴定还是在法院立案后鉴定?从理论上讲,当事人有权在提起诉讼之前进行鉴定,一些问题需要在起诉之前就确定,如伤残等级的鉴定涉及原告方的诉讼请求。但也有一些人认为,在起诉前一方当事人申请的鉴定,另一方可能不认可而需要重新鉴定。为了避免重新鉴定,有人主张在起诉后再向法院申请鉴定。

十二、考察纠纷发生的地点

许多纠纷都发生在一些特定的地点,或者一些纠纷与特定的地点有关。比如,交通事故的现场、发生工伤的现场、双方打架的现场等就是纠纷发生的特定地点,而房屋租赁合同涉及的房屋、煤矿联营合同涉及的煤矿等就是与纠纷有关的特定的地点。律师应该在委托人的指引下考察这些地点。

对于纠纷发生的特定地点进行考察是必不可少的。一个情节一个故事总是发生在特定的时间、地点和人物之中。我们不能仅仅依靠委托人的口头叙述去想象纠纷发生的环境,只有实地考察之后,才有助于对纠纷的整体把握。律师考察过现场后,对当事人陈述的事实更容易理解。如果没有对现场的感觉，律师可能会想当然地设想出一些与事实不符的情节。

如果是刑事案件的现场，侦查机关要制作勘验笔录。有些民事纠纷的现场，对证明当事人的主张有一定价值的，律师也应该制作勘验笔录。条件允许时，律师可以用照相机将现场拍照，也可以用摄像机将现场录下来。照片或者录像同勘验笔录形成一个整体，更能说明问题。

十三、绝不伪造证据

伪造证据的念头有时候是委托人产生的，有时候则是律师的主意。有些是在真实的诉讼中伪造一两份虚假的证据，有些则全案都是由虚假证据构成的虚假诉讼。

对于律师来讲，产生伪造证据的念头是非常可怕的。如果一个律师一遇到比较麻烦的案件，就试图用伪造证据来赢得诉讼，也许他能赢得个别诉讼，但天长日久终有失手的一天，而这就意味着终身的执业禁止。没有证据或者证据不足输了官司，明理的委托人不会怨律师；但是依靠伪证赢了官司，明理的委托人也会从心里瞧不起律师。委托人不会终生守口如瓶，时间久了，他们会乘着酒兴大讲特讲你赢得官司的窍门。日子长了，所有的人都会知道你所谓的本事。传到法官的耳中，就会对这样的律师提高警惕。终有一天，你会砸了自己的饭碗。而律师参与到虚假诉讼之中，与委托人共谋伪造证据，是涉嫌刑事犯罪的。

对于委托人伪造证据的念头，律师应晓之以理，动之以情，劝其打消念头。凡伪证，必有虚假之处，而假与真永远是一对矛盾。因此，虽不排除少数伪证确能蒙混过关的情况，但大多数伪证在真实的阳光下必会暴露无遗。伪证在被揭露之后，会直接影响到整个案件的判决。对于一些执拗的当事人，律师的态度应该是：一不参与，不为其伪造证据提供帮助；二不举证，不经由律师之手提交法庭作为证据，辩论时也应有意避开；三不揭发，律师的角色定位决定了不能主动告诉法官证据是伪证。

有时候当事人是瞒着律师伪造证据的，因此，律师对于当事人提供的证据应该认真分析，发现其可疑之处，让当事人解释清楚。如果律师没有发现证据的虚假，当事人也没有告知律师，当庭让对方揭露出来，律师会阵脚大乱。

第三章　撰写民事起诉状和立案

要　目

一、查清基本的事实

在一番调查取证之后，纠纷的事实基本清楚，原告的律师就可以考虑撰写起诉状了。必须在查清纠纷基本事实的基础上才可以撰写起诉状，因为实践中一些律师太过于着急撰写起诉状，往往一接受委托，简单听听委托人的陈述，看看委托人提供的材料，就下笔千言。下笔千言固然容易，但极有可能离题万里。法院审理是围绕着原告起诉状主张的事实和理由以及诉讼请求进行的，如果立案之后，律师发现原先了解的事实有误，法庭上律师再试图改变起诉状中的陈述，就会为对方留下攻击的缺口。

查清纠纷的基本事实，其实不单单意味着事实的清楚，更关键的是，应该考虑支持这些事实的证据是否确实、充分。律师在起草起诉状时所依据的事实应该是有证据支持的事实，而不仅仅是原告陈述的事实。

二、查清当事人底细

如果委托人是自然人,这种查验工作非常简单。让委托人带来身份证,看看身份证就解决了一切问题,只要不出现冒名顶替的笑话,就没有什么大事。将委托人的身份证复印两份,一份立案时提交法院,另一份律师卷宗里留存。

如果委托人是单位,我们需要首先分清是企业还是事业单位、行政机关或者社会团体。

如果委托人是企业,一定有营业执照。从企业的营业执照上我们还可以知道企业的性质、注册资金、营业范围、法定代表人等信息。法人拥有的是法人营业执照,而其他组织形式的营业执照上只有“营业执照”四个字,没有“法人”二字。另外,要注意该营业执照是否经过年检。经过年检的营业执照上面盖有行政机关的年检章。没有年检的营业执照,也不等于这个企业不存在。没有年检的企业,过两年后会吊销其营业执照,但即使是被吊销营业执照的企业,仅是失去继续经营的权利,依然是存在的企业,依然有权提起诉讼。

如果是行政机关、事业单位或者社会团体,没有营业执照,但有组织机构代码证。组织机构代码证是国家市场监督管理总局颁发给每个在我国依法注册、依法登记的机关、企事业单位和群团组织的在全国范围内唯一的始终不变的代码标识,相当于单位的身份证。不仅是事业单位有,企业除营业执照外,也有组织机构代码证。我们可以通过审查组织机构代码证来知道其是否确实为独立的法人单位,而不是法人的内部机构。这种查验工作之所以重要,是因为确认原告诉讼主体资格是整个诉讼取得胜利的前提。

我们强调要查验营业执照和组织机构代码证,是要破除大家对单位公章的迷信。每个单位设立后,经过公安机关审批,都会刻公章。许多人看到盖有公章,便视为该单位的行为。但实际上刻一枚假公章太容易了,多花几个钱要什么公章有什么公章。因此,律师不要太迷信公章,不能看到有公章盖在起诉状上就以为一定是个有资格提起诉讼的单位。律师一定要让委托人提供营业执照或者组织机构代码证以确定其诉讼主体资格。

如果原告是单位,其实真正的委托人是该单位的法定代表人或者负责人。法定代表人或者负责人代表单位来行使发言权,是法定代表人或者负责人委托律师来进行诉讼。因此,律师还应该查清楚该单位的法定代表人或者负责人是谁。之所以强调这一点,是因为实践中一些单位的真正行使权力的人和法定代表人或者负责人并不是同一人。如果根据章程已经决定了要变更法定代表人或者负责人,但没有到市场监督管理局办理变更登记的,律师还应该要求该单位提供变更的文件,向法庭作出说明,同时督促单位尽快办理变更手续。

原告律师应该查清自己当事人的底细,当然更应该查清对方当事人的底细。人民法院立案的条件之一是有明确的被告,因此,律师要明确被告是谁,个人还是单位。如果是自然人,要明确姓名,准确地讲应该明确身份证上的姓名,不要使用乳名或者别名;年龄、职业尽可能查清,查不清不妨模糊些;住址一定要查清楚,住址不清,会影响人民法律文书的送达。如果是单位,则必须是法人和其他组织,不能把单位的内部机构或者派出机构作为被告。要明确该单位的全称,明确该单位注册的名称。要明确该单位的住址,如果登记注册的住址和实际的住址不一致,应该以实际的住址为准。律师可以利用网络查询系统了解该企业的基本情况,必要时也可以到市场监督管理局查询档案。

三、确定法律关系

在调查清楚纠纷的基本情况之后,律师就可以开始进行法律分析了。我们平常说打官司要有理有据,这据当然是证据,这理自然是法理。律师在完成证据的调查工作之后,就应该依据事实探讨法理了。老百姓要打官司自有百姓的道理,但百姓的理终归是百姓的理,百姓的理简单、不成体系,有时候还是歪理。百姓知道自己的理终究摆不上台面,于是就花钱请律师去法庭上讲理,把百姓的理变成法理。诉讼的胜败很大程度上取决于律师对事实的法理分析。理讲对了,就是个别法官心里真有点"小九九",在真理面前毕竟有些底虚;理讲错了,再遇上"葫芦僧"法官,案子自然成了"葫芦案"。

律师对纠纷的法律分析的关键是找对纠纷的法律关系。只有在确定正确的法律关系的基础上,才能明确案件的主管,才能明确适用的法律,最终才能得到公正的判决。

确定法律关系的第一步是分清案件的实体法律关系是民事法律关系、行政法律关系还是刑事法律关系。这一步直接影响到案件是民事诉讼、行政诉讼还是刑事诉讼。不同的法律关系适用不同的法律,适用不同的诉讼程序,一点也含糊不得。

在确定案件的实体法律关系是民事法律关系的基础上,下一步则是依据民法理论来确定属于哪种民事法律关系。这就看律师的民法功底如何了。人们说民法博大精深,此言不虚。庸医把所有的发烧都诊断为感冒,一律予以退烧处理。如果你把民法看简单了,所有的纠纷都拿民事法律中有限的条款去套,说明律师功底还有些肤浅。

最高人民法院发布有《民事案件案由规定》。《民事案件案由规定》以民法理论对民事法律关系的分类为基础,结合现行立法及审判实践,将案由的编排体系划分为人格权,婚姻家庭继承,物权,债权,劳动争议与人事争议,知识产权,海事海商,与铁路运输有关的民事纠纷,与公司、证券、票据等有关的民事纠纷及适用特殊程序案件案由等共十大部分,作为第一级案由。在第一级案由项下,细分为三十类案由,作为第二级案由。在第二级案由项下又列出了三百六十多种案由,作为第三级案由,第三级案由是实践中最常见和广泛使用的案由。在部分第三级案由项下又列出了部分第四级案由。

律师应该在掌握民法基本原理的基础上认真研究这个司法文件,深入理解每一种法律关系的特征,从而对当事人所诉争的法律关系准确地定位。律师只有在正确确定法律关系的基础上,才能相应地确定所适用的法律条款,对纠纷的把握才能正确。

有时候在一个纠纷里不仅仅存在一个法律关系,而是交错着几个法律关系,在这些法律关系中,必然存在一个主要的法律关系,律师只有正确确定这个主要的法律关系,才能理顺其中的关系。

确定法律关系和确定当事人是密切相关的。只有首先是某种法律关系中的主体,才能成为纠纷的当事人。如果某人根本就与他人没有任何法律上的联系,律师凭着感觉或者自己想象的法律关系硬把他扯到诉讼中来,使得他又是请律师又是劳神费钱,这个人会恨律师,律师也可能承担不必要的风险。

四、确定诉讼请求

诉讼请求是原告向法院提出的请求法院予以判决的诉求,当事人希望法院对其请求作出与之相应的确认、给付、形成等具体的判决。因此,诉讼请求应当与诉的种类相一致。如果提起的是确认之诉,诉讼请求应当是请求法院确认在原被告之间存在或者不存在某种民事法律关系。如果是形成之诉或者变更之诉,诉讼请求应当是请求法院改变或消灭其与对方当事人之间现存的民事法律关系。

需要注意的是给付之诉的诉讼请求。给付之诉是指当事人请求人民法院判令对方当事人为一定行为之诉,在《民法典》第 179 条规定的承担民事责任的 11 种主要方式中,其实主要是针对给付之诉的规定。但具体到某一类纠纷,法律特别规定了具体的承担法律责任的方式。适用于侵权纠纷的法律责任,未必适用于合同纠纷。适用合同纠纷的法律责任,未必适用于侵权纠纷。总之,实体法针对每一种纠纷,都规定了相应的民事责任,律师应该认真学习,深入掌握。律师应该正确选定承担民事责任的方式,避免提出法律上没有规定的方式,避免错用承担民事责任的方式。

在给付之诉中,律师在确定要求被告承担民事责任的方式之后,另一个需要考虑的问题是程度问题。涉及程度的主要是赔偿损失的程度,其他如消除影响、恢复名誉,尽管也涉及程度,但其实无关紧要。赔偿损失则不然,要求赔偿的额度的大小,直接影响到诉讼费和律师费的多少,因此,律师应该谨慎为之。有些案件原告的经济损失在立案前并没有确定,需要在法院受理立案之后,通过法院委托鉴定来确定具体的数额,可以先估计一个大致的数字,写在诉讼请求中,鉴定后再根据情况决定增加或者减少赔偿数额来变更诉讼请求。

一些当事人喜欢狮子大张口,把赔偿的数额尽可能往上写。他们之所以这样做,是把市场上砍价的经验用到了法庭上,想着我多要点,你拦腰一刀砍去一半,剩下的也能达到目标。更有些人,喜欢炒作,要么赔偿金要得极低,写上"一元钱",意思意思;要么赔偿金要得极高,动辄几十万元或几百万元。其实,作为律师应该实事求是,应该根据法律和司法实践合理估计可能获得的赔偿。可以适当地提高一些赔偿要求,但不能过分。

如果最后判决的赔偿数额,还不够支付诉讼费,未免贻笑大方。

五、考虑诉讼时效

诉讼时效是律师必须考虑的问题。其实,对该问题的考虑在律师接案时就应该引起律师足够的注意。不然,当事人交了钱办了手续,陪着你跑前跑后折腾了一圈,你才说诉讼时效过了,担心对方提出诉讼时效的抗辩,当事人会认为律师在折腾人。律师一定要念好诉讼时效这本经。

没有超过诉讼时效的,问题不大;超过诉讼时效的,律师就需要与当事人一起找出中断的事由,把时效续上。千万要注意,若当事人委托时在诉讼时效之内,但律师没有意识到必须立即提起诉讼,拖拖拉拉磨磨蹭蹭,等到写好诉状起诉时,发现诉讼时效正好过了。这个责任就全在律师,当事人可能会要求律师赔偿。《民法总则》将诉讼时效由原来的两年改为三年,律师应当谙熟《民法典》及司法解释中有关诉讼时效的各种规定,避免因自己的理解错误而作出错误的判断。

续诉讼时效的办法就是找到证据证明当事人在诉讼时效内向对方主张过权利。证据最好是书证、对账单或者发票什么的,最好为对方当事人书写或者有对方的签名。现在有些人赖账的办法就是设法拖过诉讼时效,无论如何不给你留文字东西。

有时候,当事人没有任何证据来证明他主张权利的过程,特别是一些债务纠纷,当事人当初未必想到打官司,也没有想到刻意留下些文字做证据。这种情况下,如果超过诉讼时效,官司不是不可以打。不可以打,是因为如果被告明白诉讼时效的意义,拒不承认你主张权利的事实,法官会以超过诉讼时效而驳回诉讼请求;可以打,是因为也许被告就不清楚诉讼时效是什么,或者不愿意睁着眼睛说瞎话,对原告主张权利的事实当庭予以承认。被告不提诉讼时效的抗辩,人民法院不能主动适用诉讼时效的规定。如果律师认为诉讼时效超过了,又没有证据来证明中断的事由,律师在讲明各种可能性以后,是否提起诉讼,由当事人最后定夺。

六、明确管辖法院

民事诉讼管辖的基本原则是原告就被告,但大多数纠纷中管辖法院不仅仅为被告所在地,还可以是其他法院。可以理解,许多当事人都希望在自己的地盘上打官司。律师应该理解当事人的心理,尽可能在原告所在地起诉立案。

看看如此多的有关管辖的司法解释,就会知道确定管辖是挺麻烦的事。律师应该认真学习《民事诉讼法》中有关管辖的规定,并通过具体的案例及司法解释加以深入理解,在掌握管辖理论的基础上正确选择法院。如果案件本不应该由原告所在地管辖,律师牵强附会硬在原告所在地立案,被告一旦提出管辖异议,法院就得移送。这样的做法只会浪费时间,是不可取的。至于有些律师,只会在律师事务所所在地代理诉讼打官司,于是千方百计把案子立在当地,甚至采用一些手法立假案,把真正的被告作为第三人扯进诉讼,更是不可取。新律师绝不可以学此类歪门邪道。

每个省份的级别管辖略有不同,如果到外地起诉,律师应该查阅有关资料,了解当地级别管辖的规定。案件能立到较高一级法院的,不要往低一级的法院立。高级别的法院相对法官素质比较高,判决时受到的人为干扰也许比较少,更有利于案件的公正判决。

七、起诉状的基本格式

考虑清楚上述问题,我们就可以提笔撰写起诉状了。尽管法律规定可以口头起诉,但实践中没有一个法院愿意接受口头起诉。因此,必须撰写起诉状,特别是有律师代理的案件,为当事人撰写起诉状是律师的当然义务。

起诉状的名称为"民事起诉状",不要单写"起诉状",也不要写"经济起诉状"。不加"民事"二字有些简单,另用"经济"则属多余。把纠纷分出经济是否恰当且不论,诉讼程序则绝对没有经济诉讼法。现在已经将法院全部的经济庭改为民事庭,不存在民事案件与经济案件之分,因此,以后更不应该有"经济起诉状"了。

题目之下是当事人。原告、被告如果是自然人,有几个事项是必须要写清楚的,姓名自不必说,写明出生年月日,是为了表明当事人的行为能力。如果是未成年人,则必须有法定代理人参与诉讼。另一项是住址,填明地址是送达法律文书的需要,有时候需要分清户籍所在地和经常居住地。现在人员流动频繁,写上户籍所在地,但实际没有居住在此,将影响法律文书的送达。当事人如果是法人或者其他组织,则必须按营业执照或者组织机构代码证上写明全称。住址也应该是营业执照或者组织机构代码证上登记的住址。如果实际的住址变更,但没有到行政机关做相应的变更,则应该写实际的地址,不然会影响到法律文书的送达。法人和其他组织还应该有法定代表人、负责人,应该是营业执照或者组织机构代码证上登记的人。如果营业执照上的法定代表人、负责人不履行职务,更换为他人,必须有相应的文件证明。法定代表人不必列年龄、住址等,只需要一个职务足矣。

诉讼请求应该简单明了。注意不要把不同的诉讼请求列在一起,如同一个请求里又有赔礼道歉又有赔偿损失。诉讼请求应该具体,如赔偿损失的确切数额、赔礼道歉的方式和范围。诉讼请求的用词一定要符合法律的规定,如"赔偿"和"返还",用"赔偿"的场合一定用"赔偿",用"返还"的场合一定用"返还",二者不可混用。"返还""赔偿""支付""补偿"等用词,都有固定的适用背景,律师一定要准确使用。律师应当养成这样的习惯,写任何一个诉讼请求的时候,都找到某法律支持该诉讼请求的具体条款,严格使用该条款的用词,确定自己的诉讼请求。在被告众多的诉状中,诉讼请求一定要和具体的某个被告相联系,请求每个被告承担各自不同的民事责任,一定要写清楚。常见这样的起诉状,罗列了甲乙丙三个被告,但在诉讼请求中则只用一个"被告"词,无法区分被告甲承担什么责任,被告乙和被告丙承担什么责任。人们习惯于在最后一项写上"诉讼费由被告承担",但我个人认为这一项完全可以省掉。严格来讲,诉讼费的承担方式是诉讼法所规定的,由法官根据判决的结果确定,不必由当事人请求,也不属于当事人诉讼请求的范围。

事实和理由部分其实是由两部分组成,即事实部分和理由部分,在起草诉状时应该有意识区分开。事实部分实质上是一篇简单的叙事文,应该具备叙事的基本要素,如时间、地点、人物、事件。之所以说它是简单的叙事文,是因为叙事不能用倒叙、插叙等手法,最好按照事情发生的时间顺序平铺直叙,也不要运用比喻、象征、夸张、拟人等手法虚张声势,甚至连修饰语也尽量少用,只要事情的大概过程,不要细节的描绘。如果律师有文学才华,可以去写诗散文小说,但不要把它运用在写起诉状上。质木无文也许是起诉状的最好风格。叙述事实的内容一定要繁简得当,能够支持原告诉讼请求的事实一定要写清楚,与诉讼请求无关的事实则应当省去。对事实的详略感觉,年轻律师需要读大量的资深律师起草的起诉状逐步养成。需要注意的一点,就是律师对某些事实把握不清的时候,一定要在起诉书中回避,否则律师胡写,对方认可,就构成了证据规则中的自认。

理由部分要简单、明了。没有必要洋洋洒洒展开论述,这是法庭辩论中的事,律师只需要根据以上叙述的事实讲出提出诉讼请求的理由,包括所依据的法律即可。如果是合同违约,只需要说:原告认为,双方签订的合同合法有效,被告故意不履行合同,其行为违反了合同的约定,应当承担违约责任。因此,依据《民法典》的规定,特提起诉讼,希望人民法院支持原告的诉讼请求,以维护原告的合法权益。如果是合同无效,则应该说:原告认为,双方签订的合同无效,被告应该返还由此取得的财产,且由于造成合同无效的过错在被告,因此被告应该承担赔偿责任。如果是侵权纠纷,则应该说:被告的行为侵犯了原告的什么权,应当停止侵权,并因此赔偿给原告造成的经济损失等。因此,理由部分其实讲的是结论,是原告对本案的基本认识。至于为什么能从事实部分得出这样的基本认识,则不属于起诉状中的事,留待法庭辩论中再发挥。但是对诉讼请求中的每一个请求,需要在这一部分讲出你的依据来。针对每一个被告,律师需要讲出把这个主体列为被告的理由,要求他承担民事责任的理由和法律依据。特别是被告众多的起诉状,每个被告承担不同的民事责任,就应当在理由部分写出要求不同被告承担不同法律责任的理由和法律依据。所有理由的阐释应当在案由所确定的法律关系中,适用的基本法律是同一个体系。有些律师概念不清,常常在一份起诉状中既引《合同法》,又引《侵权责任法》,思路不清,适用法律就会相互矛盾。坚决避免的一种情况是,写完事实部分后不写理由部分,这样做导致的结果是法官不知道你提起诉讼的法律依据,就失去了影响法官的一次机会。更可怕的是你自己就没有想清楚,自己就不知道怎么写。在起诉状中写理由也是为了律师自己能厘清思路。

事实和理由之后,另起一行写:此致某某人民法院,即管辖法院。最后的落款为具状人某,亦可写原告某。还有年月日。

在法院印制的规范空白起诉状上有证据一栏,要求罗列证据和证据来源以及证人姓名和住所。如果原告立案的证据少，可以附在后面。如果证据多，律师可以另行起草一份证据目录。

八、立案

起诉状写好之后，最好让当事人过目，征求当事人的意见，防止事实的描述出现错误。当事人看过没有异议之后，就可以打印了。律师向法院递交的诉状，最好用电脑打印整齐，并由律师亲自校对。校对时应当特别留意起诉状中涉及的时间、地点、数字、姓名、法律条款等关键字词，尤其是诉讼请求中的数额，点对小数点，不要写错请求金额数字后的人民币面值。例如，100 万元人民币，漏写了“万”就变成了 100 元人民币。一般情况下“人民币”三字可略去，但起诉状中涉及外币的则必须加上。有些事情不能完全放手让他人去做，必要的检查不能少。确保起诉状没有错误，再去打印。

起诉状打印的份数随被告人数的多少而有所不同，但其中有些是不变的：律师自己留一份，当事人留一份，法院一份。打印好起诉状之后，如果是自然人的起诉状，律师应该让原告在每份起诉状落款处亲自签字。如果当事人连自己的姓名也不会写的，可以捺手印或者盖名章，但律师不能代签或者让旁人代签。如果是单位的起诉状，盖上单位的公章即可。有的私营企业老板名下公司甚多，公司的公章一抽屉，办公室员工不负责任随手取个公章就盖上，导致起诉状末尾所盖公章与起诉状中所述起诉人名称不符，这样的笑话我就遇到过，一定要注意。

原告如果是个人，应该将身份证复印一份；如果是单位，则将营业执照或者组织机构代码证复印一份。

再准备一些证据的复印件，足以说明纠纷的存在以及原告与本案有利害关系就可以了。法律要求原告在向人民法院起诉时应当附有符合起诉条件的相应证据，没有要求把所有的证据在立案时都提交法院。至于什么是相应的证据，法律又没有明确的规定。律师凭自己对案件的把握，事先准备一些证据用于立案，但把全部的证据备用。立案庭的法官需要什么，律师随手就递交过去，避免来回跑得麻烦。

在准备好上述材料后，就可以去立案了。既然接受代理，立案就是律师的事。律师带齐材料，可以直接到立案庭办理立案的手续。正常情况下,如果立案很顺利,立案庭收下材料进行审查后,通知原告交纳诉讼费。诉讼费一交,立案的任务就完成了。需要提醒一点:现在每到年底各级法院忙于结旧案,此时立案可能比较困难,但这种现象也许将来情况会改变。

有时候,立案庭的法官会要求补充一些证据,也会对起诉状不符合格式的提出修改要求。如果法官的要求是正确的,不妨根据法官的要求去做。如果立案庭的法官经过审查之后告知不予立案,并向律师或者当事人阐释了不予立案的理由,律师应该慎重考虑法官提出的理由。不予受理的理由法律有明文规定,律师应该熟悉这些法律。在法官提出这些理由之后,律师就应该重新对本案进行分析研究,考虑法官的话是否有道理。如果没有道理,是立案法官的认识错误或者有意阻挠立案,律师应该据理力争,坚决把起诉状递交法院,并要求在接到起诉状的 7 日内裁定不予受理。原告对不予受理的裁定不服的,可以在收到裁定书之日起 10 日内向上一级人民法院提起上诉。法院有裁定不予受理的权力,但绝没有不接受起诉状的权力。

法院在决定受理案件后,会通知原告交纳诉讼费。在互联网上有各种诉讼费计算器,输入起诉的金额,很容易就得出诉讼费的数额。律师应该帮助当事人依据收费标准核实法院要求交纳的诉讼费的数额。核实无误,则督促当事人按期交纳,不要耽误期限;有误,则和法官说明,要求予以更正。如果法官坚持要按错误的计算收费,律师也没有任何办法,因为法律就没有规定原告可以拒绝交纳计算错误的诉讼费。不按法院要求的数额交付,法院就会按自动撤回起诉处理。

2000 年 7 月 27 日,最高人民法院发布了《关于对经济确有困难的当事人提供司法救助的规定》,在《人民法院诉讼收费办法》和《〈人民法院诉讼收费办法〉补充规定》的基础上更加明确了享受司法救助的可以缓交、减交、免交诉讼费用的条件。律师应当知道可以享受司法救助的十四种当事人的条件,及时向当事人提出申请司法救助的建议。如果当事人符合缓交、免交、减交诉讼费的条件,律师应当为当事人撰写申请书。该申请书主要阐述两大理由:一是充分证明自己的合法权益受到了侵害;二是经济确有困难。简单可以概括为有理但无钱。律师还应当为当事人收集证明确有经济困难的证据材料，提交法院。

司法救助的请求由负责受理该案的法官提出意见，再经庭长审核同意后，报主管副院长审批。数额较大的，报院长审批。

九、保全和先予执行

在律师的头脑中应该有诉讼保全这个概念。现在执行难已经成为一个大问题，许多当事人尽管拿到了判决书，官司也赢了，但诉讼的结果却一直得不到实现。于是财产保全就成为确保执行顺利的一个强有力的手段。律师在对被告方考察的过程中，就应该时时刻刻想着对方有哪些财产，能否采取财产保全措施。有些当事人在决定是否起诉时，重在考虑对方是否有财产可供执行。有财产，能通过财产保全将对方的财产查封，就值得提起诉讼。没有财产，即使官司打赢了，也是一张白纸，当事人就不愿意再花诉讼费和律师费。

律师在起诉之前就应该仔细了解被告的财产状况，了解在银行的账号及存款，了解有哪些不动产，有哪些动产，有哪些知识产权，甚至还要了解被告有哪些到期应得的收益，对第三人有哪些到期债权。如果只是些不动产，一般也不必着急去申请诉讼保全，判决生效后再申请强制执行也不迟，但要注意当事人是否有转移财产的动向。如果有动产，如汽车之类，可以考虑在立案以后申请诉讼保全。如果发现银行存款，或者可以立即转移的动产，或者被告马上要转移处分财产，律师就应该及时向你的当事人提出建议，申请诉前财产保全措施。

律师要帮助当事人起草诉前财产保全申请书。在申请的理由里首先要简单陈述双方的纠纷过程，并指出自己的理由，达到让法官认为你官司会赢的印象。其次要阐释清楚“情况紧急，不立即申请财产保全将会使其合法权益受到难以弥补的损害”的详细理由。并向法院提供担保，愿意承担因申请错误导致的被申请人损失的赔偿责任。如果当事人有不动产、存折之类的财产，可以拿自己的财产提供担保。如果自己没有财产，社会上也有专门提供担保的公司，但需要支付一定的费用。

因诉前财产保全是在紧急情况下采用的措施，因此律师也应该高度重视。知道紧急情况出现后，律师应该停下手头的其他工作全力以赴处理这件事。尽快写出申请书，如果手头没有打印设备不妨直接手写，准备好担保的材料,如房产证、银行存折之类。立即到法院的立案庭递交材料,要求法院尽快作出裁定,同意采取诉前财产保全措施。法律规定对申请人提出的诉前保全申请,人民法院必须在48小时内作出裁定,但如果情况真正紧急,根本不可能等两天,到48小时的时候,恐怕财产都已经转移了。如何让法官能够及时地作出裁定,及时开始执行裁定,恐怕还需要律师说服法官的功夫和律师的魅力。

作出财产保全的裁定之后,律师的工作还没有完。律师还应该承担起为法官指路的义务,尽快把执行裁定的法官引到财产所在地,看着法官执行了裁定,该贴封条的贴封条,该扣押的扣押,该冻结的冻结。在这个过程中,律师可以陪着法官,但不要多嘴,说三道四,不然对方当事人会反感。在执行保全裁定的过程中,常常可能出现冲突,律师不可随意冲上前去出头。当事人在阻止法官时还有些畏惧,换成律师,畏惧便少了许多。法官打不得,律师就未必了。

人民法院采取诉前财产保全措施之后,律师应当立即着手立案事宜,尽快办理立案手续,切忌一开始不着急,想着反正有30天时间,不会耽误,万一中间出个什么意外,会非常着急。

我倒奉劝律师不要轻易采取诉前财产保全的措施。如果不是确实情况紧急,人民法院也不会接受申请。但如果确实情况紧急,律师往往也是刚接触案件,匆匆翻翻材料,在没有仔细调查研究的情况下急急忙忙下结论,恐怕未必能准确把握。如果保全申请错误,或者最后申请人的诉讼请求被驳回,申请人就得赔偿被申请人的损失,律师恐怕就有责任。

因此,正常情况下还是采用诉后的财产保全。在立案之前律师对案件已经有了充分的把握,证据材料也已经齐备,如果律师把握正确的话,败诉的概率也比较小,申请错误的概率也相应小。况且,在立案的同时提出财产保全的申请也不见得误事。如果对方在知道起诉后要处分转移财产时,律师也可以以情况紧急为由,要求法院尽快作出裁定并立即开始执行。

财产保全的裁定被执行以后,律师不要以为就万事大吉高枕无忧了。一些被申请人或者千方百计找关系疏通要求解除财产保全,或者想方设法转移、隐匿、出卖或者毁损财产。因此,律师还得多留个心眼。如果察觉法官有解除财产保全的意思,律师要了解准备解除的原因,提出自己的意见。如果当事人转移、隐匿、出卖、毁损财产,应该及时向法院报告,督促法院采取强制措施,排除妨害行为。

上文所讲的保全,主要是财产的保全。其实,除财产保全外,法院还可以责令被告作出一定的行为或者禁止一定的行为,这也是保全的范围。

许多当事人头脑中有保全的概念,律师即使没有想到,当事人也会提醒律师要求申请保全。但先予执行则未必每个当事人都知道,需要律师提醒。对于特殊案由的诉讼,律师应当想到采取先予执行的手段,尽早追索回赡养费、扶养费、抚育费、抚恤金、医疗费用以及劳动报酬,以解当事人的燃眉之急。除这两类案由外,法律还规定了情况紧急也可以申请先予执行,2015 年施行的最高人民法院《关于适用〈中华人民共和国民事诉讼法〉的解释》第 170 条详细规定了"情况紧急"的情形,但实践中适用的并不是很多。律师如果建议当事人适用情况紧急申请先予执行,除考虑"当事人之间权利义务关系明确"和"被申请人有履行能力",更关键的需要考虑"不先予执行将严重影响申请人的生活或者生产经营的"。如果律师收集的证据足以证明以上事实,也许法官会考虑。

第四章　被告律师的应诉代理

要　　目

一、研究起诉状	六、深入研究案情
二、听取当事人的陈述	七、确定答辩思路
三、判断诉讼的未来	八、撰写答辩状
四、提出合理建议	九、需要考虑的其他问题
五、办理委托手续	

一、研究起诉状

被告的代理与原告的代理不同的是,大部分被告找到律师时,诉讼已经开始,被告已经收到了起诉状。如果说原告在起诉之前求助律师,是希望律师帮助决策官司应不应该打的话,被告在收到起诉状之后找到律师,则是希望律师帮助决策如何应诉。

当事人在约见律师要求咨询时,律师要告知被告带齐所有的资料,特别是原告的起诉状。当事人见到律师后往往会急于讲述事情的经过,急于倾诉自己的不满,可以告诉他,不着急,慢慢来,在看完原告的起诉状后再听他陈述也不迟。

首先把起诉状从头到尾看一遍,我们就知道了事情的大概。然后再第二次看起诉状,这就需要边看边分析了。希望大家养成这样一个习惯,就是沿着起诉状的顺序来考虑问题:第一,看到民事起诉状这几个字,考虑本案是否是民事诉讼;第二,看到原告、被告的基本情况时,考虑原告、被告诉讼主体资格是否适格，是否有无关的当事人，是否有遗漏的当事人；第三，考虑案由是什么，甚至看看法院的立案通知，看法院以什么案由立案；第四，看诉讼请求是否合理、合法；第五，看原告在起诉状中描述的事实是什么；第六，看原告提起诉讼的法理是什么，引用的法律依据是什么；第七，看立案的具体法院，是否符合管辖的规定；第八，最后从落款的时间、立案时间看诉讼时效是否超过。沿着这八个角度思考，我总结为八角度分析法。这么一路看下来一路思考，诉讼中的基本问题都会涉及。养成习惯，便不会漏掉问题。

二、听取当事人的陈述

在对原告的起诉状有了一个大概的了解后，律师需要细细地倾听被告陈述。有些当事人急于讲述自己的观点，急于反驳对方的主张，律师要告诉他不着急，先说说事情的整个经过。在听当事人讲述的过程中，再一次阅读起诉状中原告方的陈述，看当事人的讲述与起诉状中的陈述有何差异。

律师这个时候还可以要求当事人将带来的材料交给律师，律师可以一边听取当事人的陈述，一边翻看证据，看不懂的地方，可以要求当事人作进一步的解释。

在完全了解事情的经过后，律师再要求当事人讲讲自己的观点，从当事人自己的看法中，律师会得到一些启发。

三、判断诉讼的未来

在看完起诉状和证据并听完当事人的陈述后，经验丰富的律师对案件便有了一个基本的判断。许多当事人这时候最想听的就是这个官司能不能打，结果会如何。律师也有义务给当事人做些初步的判断。但必须给当事人讲清楚，这种判断是建立在当事人所陈述的事实和所提供的证据基础上，且是初步的判断，不是认真考虑深入研究的结果。

为了对当事人负责，律师需要在作出判断前进一步查阅自己把握不准的法律。我们建议律师在办公室会见当事人，就是因为办公室有许多的便利，可以及时上网或者查阅书籍，找到需要的资料，给当事人一个明确的答复。现在许多律师随身带笔记本电脑，也可以随时上网查阅资料。

律师不应该告诉当事人官司会输还是会赢，因为官司的输赢掌握在法官的手中,而不在律师的手中。一个官司的输赢取决于诸多的因素,第一取决于事实本身;第二取决于证据的收集;第三取决于律师能否把全部的理讲出来;第四取决于法官;第五取决于社会的大背景。律师能起到的主要作用是帮助当事人收集齐全证据并在法庭上把全部的理讲出来。因此,律师对当事人只能讲你的官司有几分理,而不能讲官司会输还是会赢。律师可以基于掌握的事实,基于掌握的证据,基于自己的法律判断,告诉当事人有几分理,但官司的结局掌握在法官手中。律师认为有理的案子,法官不买账判输的事也是常有。因此,律师还需要告诉当事人可能存在的风险,即自己的道理不被法官采纳所带来的风险。

在这个过程中,最忌讳的事情是律师的夸口,告诉当事人官司会赢,特别是告诉当事人只要你请了我官司一定会赢。这样的做法对于个别从来没有打过官司的当事人还有些诱惑,如果当事人有一定经验,他是不会轻易相信律师的承诺的,因为他知道律师在诉讼中的作用。这样的当事人更多地希望知道律师的分析,而不是律师的许诺。律师的虚假承诺可以一时骗得当事人的信任,但承诺兑现不了,律师的名声也就毁了。

一些律师主张在这个阶段不给当事人讲出自己的全部分析,认为一些当事人以签订委托合同为诱饵,今天找这个律师,明天找那个律师,骗取律师的分析,最后谁也不请,自己去出庭。这样的事情不能说没有,但是极少。许多当事人不断找律师咨询,是在听哪个律师讲得有道理,谁有道理,他请谁。如果你不把理由讲好,当事人就不会考虑请你。律师不必吝啬自己的思想,全盘托出反而会获得当事人的信任。另有极个别的当事人在见律师之前就看了许多的法律书,一知半解地懂了一些法律的条文。他会找出许多的理由讲原告是错误的自己是正确的,你反驳他一句,他会用十句话来回敬你。这样的当事人律师代理时应谨慎,他已经建立了对自己理解的法律的自信,别人轻易无法改变。

四、提出合理建议

当事人在听取律师对案件的分析后,还希望听听律师的建议。

如果律师认为这个案件被告显属无理,则应劝被告接受现实,做好官司输的打算。律师可以建议被告和原告庭外和解,请求原告撤诉。如果缺乏沟通的渠道,诉讼成本大,律师还可建议被告方不应诉,任法院缺席判决。这样的建议多半是原告在外地起诉,被告去应诉不仅减少不了损失,反而要贴上差旅费,多增加损失,因此如果原告方的诉讼请求是合理的,不妨让法院缺席判决。当然,如果当事人不在乎差旅费,也可以去应诉,在诉讼中寻求和解或调解的机会。

事实上,被告一点反驳的道理都没有的案子非常少见,许多原告总会提出些额外的请求,因此需要被告认真对待。这类案子被告绝对不可以不应诉,缺席判决会导致原告的一些无理请求得到法院的支持。因此,应当建议被告积极应诉,当然也可在应诉中寻求和解或调解的机会,以减少被告的损失。

如果律师认为原告的请求显属无理,律师的唯一建议是积极应诉,努力寻求彻底打败对方的机会。

五、办理委托手续

律师往往在回答完上述咨询后,当事人才决定是否和律师签订委托合同,聘请律师为他打官司。

有些律师不加选择,对当事人的聘请一概应诺。我则认为,律师需要考虑哪些官司接受委托,哪些官司则推脱不接受委托。被告请律师不同于原告,原告打官司必然认为自己有理,被告被拉入诉讼,肯定有完全无理的被告。有些案件,律师在分析之后,得出的结论是完全没有任何抗辩的理由,原告的主张法院几乎会全部支持。像这样的案件,即使当事人要请律师,律师也应该和当事人讲清楚,请律师的意义不大,甚至会白浪费当事人的钱,而起不到多大的作用。

我认为,好律师的秘诀并不在于努力打赢所有案件,而在于接案环节。一个其他律师看来必输无疑的案件,一个律师能够寻找出赢的理由,并最终将官司打赢,固然是好律师。但再好的律师也无法保证任何案子都能赢。只有在接案环节把好了关,胜诉率才能提高,口碑才能保证。

六、深入研究案情

律师在决定代理被告的案件以后,首要的工作是再次研究起诉状。

律师要研究起诉状上的原告是否有资格提起诉讼。首先,应该考虑原告是否是实体法律关系的主体,或者是否与实体法律关系的主体有其他法律关系,从而与本案有直接利害关系。其次,应该考虑原告是否有诉讼行为能力。如果自然人为未成年人或者精神病人,则应该由他的监护人代表进行诉讼。但16岁以上不满18岁的未成年人以自己的劳动收入作为主要生活来源的,民法上视为完全民事行为能力人,可以视为具有诉讼行为能力的人。如果原告被伤害后变成植物人,也没有诉讼行为能力,需要监护人提起诉讼。如果是单位,要研究是法人还是其他组织,该单位是否合法存在,要看到该单位的营业执照或者组织机构代码证,确保是合法存在的主体。即使是被吊销营业执照的单位,律师也应该心中有数。如果某单位被撤销停办,那么应该考虑该单位实体权利义务由谁承继,有权提起诉讼的人应该是谁。需要提醒的是,律师还应该考虑诉讼是否是由该单位的法定代表人或者负责人提起的。因为单位作为一个组织自身没有思维不会讲话,他必须依赖于法定代表人或负责人来进行自己的诉讼活动。如果单位的其他人员利用手中的公章来行使法定代表人的职权,严格地讲是不对的。诉讼如果不是由该单位的法定代表人或负责人来提起的,也存在原告不适格的问题。

律师要研究起诉状所列的被告是否与本案有联系,是否应该承担民事责任的主体;法院对原告起诉时对被告的要求仅仅是"明确"二字,但律师考虑的则不应该限于此。首先,律师应该考虑被告与原告是否有实体意义上的法律关系,双方是否为实体法律关系的主体;或者被告并不是实体法律关系的主体,但因为与发生纠纷的法律关系的主体有其他的法律关系,要为他承担法律责任。如一个企业的司机,在单位的运输活动中撞伤他人。就纠纷的主要实体法律关系而言,司机是主体,是过错方,但司机因为在履行职务,司机与企业是劳动关系,因此不应该是民事诉讼的被告,司机所在的单位应该是被告。其次,如果被告与原告没有任何实体法律关系,被告当然不应该承担任何责任。在被告与原告存在法律关系的前提下,律师下一步考虑的则是是否应该承担民事法律责任。这需要联系纠纷的事实和相关的法律予以综合考虑。最后,如果律师认为被告不应当承担责任,那么还应当考虑应该由谁来承担责任,是否还有别的被告,考虑是否需要申请法院追加被告。

律师要研究起诉状所明确的案由是否正确,进而考虑本案是否属于人民法院主管,是否属于民事案件。人民法院在送达起诉状时会附带一些应诉通知书之类的材料，上面会列明本案的案由。律师看法院所列的案由是否能在最高人民法院制定的《民事案件案由规定》中找到，并进而判断该案由是否正确。

律师要研究起诉状提出的诉讼请求，研究原告所请求的事项是否属于法律容许的范围，是否与案由相一致，是否合理合法。不同的案由，有不同的诉讼请求。诉讼请求应当与案由保持一致。律师进而判断，哪些诉讼请求是合理合法，应该认可的，哪些应当提出抗辩，是要求人民法院予以驳回的。

律师要研究起诉状中陈述的事实，注意其与你的当事人陈述的事实的异同，特别注意与你的当事人不同的陈述。如果起诉状中陈述的事实没有错误，律师就不必要下大功夫进行取证了。如果当事人不认可其中的部分事实，律师就需要和当事人沟通，通过取证来否认对方主张的事实。

律师要研究原告立案时向法院提交的证据和原告可能持有的证据，分析这些证据对被告的"杀伤力"。原告在立案时必然向法院提交部分证据，律师在接受代理后应当到法院复印这些证据，研究这些证据。

律师要研究原告起诉状中明确的法律依据，看是否与原告确定的案由一致，是否能分析起诉状中的事实，能否支持原告的诉讼请求。有些起诉状中明确写明了主张权利所依据的法律条文，有些则笼统地说依据法律规定，律师要分析对方依据的法律是否正确。如果不正确，要考虑正确的法律是什么。

律师要研究受诉的法院，看该院是否有管辖权。管辖权从两个角度考虑：一是级别管辖；二是地域管辖。

律师要研究原告向人民法院递交起诉状的时间，看原告是否在诉讼时效之内提起诉讼。注意起诉状上所列的时间未必是递交起诉状和立案的时间。

律师应该养成这样的习惯，拿到起诉状以后从上到下逐步分析，不遗漏任何一项。发现问题以后进行集中的研究，并有针对性地进行调查取证，获得相应的证据，以支持自己的观点，并在此基础上确定答辩思路。

七、确定答辩思路

在深入研究的基础上，律师就会形成答辩的基本思路。

(一)驳回起诉

律师的抗辩思路其实是有先后的,首先是驳回起诉,其次是驳回诉讼请求。如果一个案件法院原本就不应当受理,律师自然应当首先考虑抗辩驳回起诉。驳回起诉意味着这个案件法院原本就不应当受理,在立案环节把关不严,已经立案后,被告可以主张驳回起诉。

驳回起诉的情形,主要规定在《民事诉讼法》第 122 条和第 127 条之中。第 122 条是从正面规定了民事案件受理的条件,第 127 条则从另一个角度,规定了不应当受理的情形。不应当受理的案件受理了,被告就可以主张驳回起诉。

律师应当主要考虑以下问题:

1. 原告是否具备诉讼权利能力和行为能力。如果人民法院在立案审查时,对原告的诉讼权利能力和行为能力审查不严,就会导致不具备诉讼权利能力和行为能力的原告进入审理程序。如以已被市场监督管理局注销的公司名义起诉,以早已死亡的公民名义起诉等。

2. 原告是否是与本案有直接利害关系的当事人。所谓"有直接利害关系",是指原告在其诉称事实所反映的民事法律关系中享有权利或负有义务,反之,则不具有原告资格。如母亲以原告身份向已离婚的配偶主张孩子的抚育费,母亲就不具备原告主体资格。

3. 案件如果属于行政诉讼范围,人民法院错误立案的,应当主张驳回起诉。如公民、法人和其他组织对人民政府或者主管部门就有关土地的所有权或使用权归属的处理决定不服,或对人民政府或其主管部门就房地产问题作出的行政处罚决定不服,而向人民法院提起的诉讼。又如行政机关及其工作人员在行使国家管理职权的过程中作出的具体行政行为违法,给公民、法人或其他组织造成损害的,受害方向法院提起的赔偿诉讼等,皆属行政诉讼范畴。

4. 如果双方当事人之间达成书面仲裁协议,约定不得向人民法院起诉的,也应当予以驳回起诉。律师要留心合同中是否有关于仲裁的约定,或者是否另行达成仲裁协议。但仲裁条款、仲裁协议不成立、无效、失效或内容不明确无法执行的除外,当事人选择的仲裁机构不存在或选择裁决的事项超越仲裁机构权限的除外。

5. 应当由其他机关处理的争议,不属于人民法院主管工作的范围,当事人向法院起诉的,也应当驳回起诉。例如,属于历史遗留的落实政策性质的房地产纠纷,因行政指令而调整划拨、机构撤并分合等引起的房地产纠纷,因单位内部建房、分房等而引起的占房、腾房等房地产纠纷,均不属于人民法院主管工作的范围。这些规定往往见于最高人民法院的一些非正式司法解释如会议纪要中,律师要注意收集。

6. 未经劳动仲裁的劳动争议案件或虽经劳动仲裁但不属于人民法院受理的劳动争议。对未经劳动仲裁的劳动争议案件,人民法院不能直接受理,已经受理的应裁定驳回起诉。在《劳动争议调解仲裁法》中规定了部分劳动争议属于终局裁决,裁决书自作出之日起发生法律效力,用人单位只有在法定情形下才可以提起诉讼要求撤销该裁决书。不符合法律规定的情形,用人单位无权提起诉讼要求撤销。

7. 涉案的纠纷是否已经过处理,如果有发生法律效力的判决、裁定、调解书,当事人又起诉的,除人民法院准许撤诉的裁定外,应当驳回起诉。

8. 是否属于当事人不得在一定期限内起诉的案件,在不得起诉的期限内起诉的,应当驳回起诉。如《民法典》第 1082 条规定:“女方在怀孕期间、分娩后一年内或者终止妊娠后六个月内,男方不得提出离婚;……”受理后发现属于此种情况即予驳回起诉。

9. 是否属于判决不准离婚和调解和好的离婚案件,判决、调解维持收养关系的案件,没有新情况、新理由,原告在 6 个月内又起诉受理的,应当主张驳回起诉。

在人民法院立案审查时,不予受理的情形还有“没有明确的被告”和“无具体的诉讼请求、事实和理由”。当然,这些问题一般会在受理环节解决,起诉状到达律师手中时,一般不会出现这些问题。

(二)驳回诉讼请求

驳回诉讼请求不同于驳回起诉,律师在理论上必须分清两者的区别,准确运用这两个概念。驳回诉讼请求,是指人民法院对原告的诉讼请求或被告的反诉请求及有独立请求权的第三人提出的诉讼请求,经立案审理或者合并审理后,依照法律规定对上述诉讼主体的全部或部分诉讼请求判决不予支持。因此,律师的驳回诉讼请求的抗辩可以分为要求驳回全部诉讼请求的抗辩和驳回部分诉讼请求的抗辩。驳回部分诉讼请求,意味着原告的部分诉讼请求是正确的,被告予以认可。因此,在决定抗辩驳回部分诉讼请求时,律师一定要和当事人充分协商,征得当事人的同意。

主张驳回诉讼请求的角度有以下三个方面:

1. 原告所主张的诉讼请求无事实依据。

律师应该将起诉状中所陈述的事实和当事人所陈述的事实相比较,并以当事人的陈述为标准,列出所有与当事人陈述不一致的陈述,并以律师调查取证的结果来初步判定起诉状中错误的陈述。对有些错误的陈述,如果对被告有利,被告的律师不妨不予理会。对不利的错误陈述,则必须旗帜鲜明地予以批驳。

2. 原告的诉讼请求无法律依据。

律师应当特别留意原告在起诉状中引用的法律条文,琢磨对方的思路。如果原告适用的法律是错误的,指出其错误,希望人民法院以原告的主张没有法律依据驳回其诉讼请求。如果原告在起诉状中没有明确所适用的具体法律条款,律师也需要指出其诉讼请求没有法律依据,其主张不能获得支持,应当予以驳回。

3. 当事人的起诉超过诉讼时效。

最高人民法院《关于审理民事案件适用诉讼时效制度若干问题的规定》对诉讼时效有新的规定,肯定了债权请求权可以适用诉讼时效抗辩,但个别情形,如支付存款本金及利息请求权,兑付国债、金融债券以及向不特定对象发行的企业债券本息请求权,基于投资关系产生的缴付出资请求权,均不适用诉讼时效抗辩。对返还不当得利和无因管理纠纷,均可以提出诉讼时效抗辩。但对撤销合同的诉讼请求,只能适用一年除斥期间的规定,而不能提出诉讼时效的抗辩。另外,就合同无效所涉及的诉讼时效问题,最高人民法院依然在征求意见,没有作出最后的决定。律师不妨主张,但是否采纳由法院定夺。需要注意的是,法院不可以对诉讼时效进行释明和主动适用,因此,如果由于律师的疏忽,没有提出诉讼时效抗辩,将会造成当事人的损失。

以上三点,仅是考虑问题的角度,但笔者不主张律师一张嘴就是以上三点,答辩的具体理由应当随案由的不同而不同。

以最常见的侵权纠纷与合同纠纷为例。

如果是侵权纠纷,应该首先考虑是否构成侵权。如果纠纷根本不构成侵权,则答辩不承担民事责任,希望人民法院驳回原告的诉讼请求。如果构成了侵权,被害人对侵权的发生有过错,则考虑答辩不应该承担全部的责任,只承担部分责任。如果被告承认自己有责任,应该承担民事责任,则考虑答辩承担民事责任的方式,特别是赔偿经济损失的项目和数额。

如果是合同纠纷,则首先考虑答辩合同是否成立,如果合同根本就不成立,则原告以合同成立为前提的诉讼请求均不应得到支持。如果合同成立,则考虑合同是否有效。其次考虑答辩合同是否有效,如果合同无效,则原告以合同有效为前提的诉讼请求均不应得到支持,只应承担导致合同无效的过错赔偿责任。如果合同有效,则考虑是否构成违约。如果构成了违约,则考虑答辩赔偿的数额的多少。

以上答辩思路,可以同时进行。如答辩合同不成立,也可以继续答辩即使合同成立也无效,还可以答辩即使合同有效也不构成违约,甚至可以答辩即使违约也不应当承担如此高的违约金。但这样的答辩是分层次的,必须先答辩合同不成立,再答辩合同无效,顺序不可以颠倒。不能仅答辩其中的一点,如果这一点答辩理由法官不采纳,其他问题法官就看不到被告的意见,就会视为被告认可。

八、撰写答辩状

《民事诉讼法》规定,被告应当在收到起诉状之日起 15 日内提出答辩状,但同时又规定,被告不提出答辩状的,不影响人民法院审理。这样造成许多律师不愿意在法定期限内提交答辩状,喜欢当庭提出答辩意见,打原告一个措手不及。最高人民法院《关于民事诉讼证据的若干规定》第 49 条规定:“被告应当在答辩期届满前提出书面答辩,阐明其对原告诉讼请求及所依据的事实和理由的意见。”但没有规定被告不提出书面答辩的法律后果。

无论在不在法定期限内提交答辩状,律师都应该撰写答辩状。在确定答辩思路之后,答辩状的撰写就非常简单了。

答辩状首先罗列答辩人的基本情况。如果是自然人,应该罗列姓名、性别、年龄、民族、身份证号、职业、工作单位、住所、联系方式。如果是法人或者其他组织,应该罗列单位的名称及住所。另起一行写法定代表人或者负责人的姓名和职务。

答辩状的开头大家都习惯于这样写:答辩人针对原告起诉答辩人关于某事(案由)一案,答辩如下。在其后的文字中,则应表明答辩人对原告诉讼请求的基本态度。如果案件不应当由法院受理立案,应该答辩驳回原告的起诉。如果原告的诉讼请求完全没有道理,人民法院不应当支持,应该答辩驳回原告的全部诉讼请求。如果原告的诉讼请求部分没有道理,应该表明希望人民法院不予全部支持。但律师在答辩状中直接承认原告的诉讼请求无疑是不明智的,明确的承认会切断被告所有的退路。

其次是阐明答辩人的基本观点,这是答辩状的主要内容。律师应该根据答辩的思路,简明扼要地提出自己的主要观点,并作简单的阐释。律师应该明白答辩状和代理词的区别,没有必要在答辩状中大段论述自己的主张,只需要把基本观点亮出来就可以了。换句话说,答辩状应该是份代理词的提纲,或者内容摘要。答辩状应该清楚到足以让法官明白被告人对原告诉讼请求的基本态度,并从起诉状和答辩状的对比之中归纳出法庭调查的重点。法官是根据起诉状和答辩状来总结法庭调查的内容,如果答辩人的观点暧昧或故意隐藏,对法庭调查的顺利进行是不利的。律师要有意把答辩状作为影响法官的手段,力图使法官在阅读答辩状后,就形成倾向于被告的心理。答辩状写长了,会使法官失去阅读的兴趣,被告就失去了一次影响法官的机会。

应当分点来阐释被告的答辩观点,在每个题目中点出被告的基本观点。我们应当注意标题的重要性,用每一个大标题表明己方的要点,再在标题下适度地论述。一个普通的答辩状应当控制在1~2页的范围内,分别以一二三四罗列大的观点,需要的话,再在一二三四下分列1、2、3、4。每点用简练的语言讲出自己的主要观点,尽可能在百字之内论述完毕。法官拿到答辩状,只需要从头到尾扫一眼,就知道被告的答辩要点,从而根据被告的答辩总结出双方争议的焦点。

答辩的内容一定要针对原告的起诉状旗帜鲜明地表达自己的观点。

例如，原告主张被告违约要求承担违约责任，被告或者抗辩合同不成立或者抗辩合同无效，不能依据合同条款追究违约责任；或者抗辩被告没有违约，不承担违约责任；或者抗辩即使违约，也不应当承担过高的经济损失。答辩的内容要有逻辑性，抗辩要点应有先后之分。例如，原告主张离婚，被告的答辩必然先回答双方是否感情确已破裂，是否符合离婚的条件，再谈孩子的抚养，再谈财产的分割。最糟糕的答辩状是啰里啰唆谈了许多事实，不分段一口气讲到底，自说自话，不考虑反驳对方的观点，不从法理的角度进行简要的分析。当事人自己可以这样起草答辩状，如果律师的答辩状写成这样，就需要继续学习了。

律师在起草好答辩状以后最好让当事人过目，征求当事人的意见，然后再打印成文。让当事人过目，这是为了避免对某些事实律师和当事人的理解不一致，发现问题，及时纠正。让当事人过目，也是让当事人了解律师的思路，从而保持一致，共同对外。即使律师不愿意在法定期限内提交法院，也应该有书面的答辩状，在开庭时递交法庭和原告。因此，律师应该按照原告的人数来准备答辩状。

九、需要考虑的其他问题

在答辩期间，律师除考虑答辩外，还有一些问题需要同时考虑。

（一）考虑是否申请追加当事人

律师要考虑是否有必要的共同诉讼人，如果有，但没有参加诉讼，可以申请法院追加，也可以和法官沟通，由法院通知其参加。

（二）考虑是否提起反诉

律师要考虑是否存在反诉。律师要基于本诉和反诉的牵连性来考虑是否存在反诉，并在此基础上和当事人讨论是否提起反诉。尽管法律规定反诉可以在举证期限届满前提出，但律师应当早考虑是否提起反诉。如果不是出于策略的考虑故意拖延时间，应当早些提起反诉。

一些年轻律师容易犯的错误是在答辩状中提出了反诉请求。这是由于没有理解反诉和反驳的区别所致。反驳是被告对原告起诉请求所依据的事实、理由、证据的辩驳，包括提供相反的证据，部分或全部推翻原告提出的事实和证据，提出新的法律根据，反驳原告起诉援引法律的错误，以此论证原告的诉讼请求部分或全部不能成立。反驳是被告在诉讼中经常采用的防御手段,反驳的目的在于使原告的诉讼目的无法实现,但它并非向原告提出独立的诉讼请求。而反诉则是被告通过发动进攻来进行防御。区分反诉还是反驳,关键在于被告是否向原告提出了独立的诉讼请求。

因此,如果被告人的利益也受到侵害,律师可以建议被告提出反诉,但反诉应当以反诉状的方式提出,而不能在答辩状中提出。

(三)考虑是否提出管辖异议

首先应该考虑级别管辖。直接由最高人民法院管辖的一审民事案件,一般律师很少能遇到。各省高级人民法院管辖的一审民事案件,新律师也很难代理到。一般律师经手的大部分案件都在基层人民法院和中级人民法院,所以首先应该清楚地区分基层人民法院和中级人民法院管辖的不同。大部分案件是以经济标的来确定级别管辖的,因此律师应该知道基层人民法院和中级人民法院受理案件数额的不同。需要注意的是,如果受理的法院不在律师工作的地方,律师最好查查最高人民法院发布的有关级别管辖的司法解释,因为不同的省份各级法院的受理数额是不同的,甚至同一省份不同的中级人民法院受理的数额也可能不一样。

其次要考虑地域管辖。律师应当了解《民事诉讼法》中关于地域管辖的规定,包括司法解释中的规定,在准确掌握的基础上确定正确的管辖。

许多当事人都希望诉讼在自己熟悉的地方进行,因此会要求律师努力将管辖争回。如果受理法院距被告所在地甚远,且不说其他因素对诉讼发生的影响,就是来回的差旅费对被告也是一笔不小的负担。需要注意的是,管辖异议必须在提交答辩状期间提出,律师可以单就级别管辖提出异议,也可以单就地域管辖提出异议,如果受诉法院同时违反了级别管辖和地域管辖,律师可以一并提出,人民法院将一并作出裁定。

第五章　民事案件律师的庭前准备

要　目

一、了解法官

立案后,案件由立案庭转到审判庭,再分到主审法官手中。曾经有律师和法官相互勾结,律师拿着案件直接找有关系的法官,把案件立到该法官名下。最高人民法院推出"立审分离"的对策,这一问题得到极大改善,但仍有极个别与法院关系密切的律师仍然可以设法将案件让自己喜欢的法官审理。律师不能把全部的心思放在这些有损司法公正的招数上,不能把官司的输赢完全寄希望于和法官的关系。

案件明确主审法官后,合议庭就组成了。按法律规定,合议庭人员确定后,应当告知当事人。事实上,大部分法院早已省略了这一程序,律师不应在家坐等法院的通知,应该主动上门询问。获知主审法官的姓名后,律师可以留意该法官及其他合议庭成员包括庭长与对方当事人的关系,查看有无依法应当回避的情形。若有,则可以行使申请回避的权利,要求有关人员回避。

鉴于司法腐败的存在,尽管暂时没有回避的事由,律师也应该让当事人留心法官与对方当事人的非法往来。如果发现法官与对方当事人私下接触,有请客送礼等问题存在,律师也可以申请要求该法官回避。

最高人民法院要求各地法院的判决书全部在网上公开,律师在知道主审法官后,应当在网上查阅该法官以往的同类案件裁判书,看看他的判决理由,可以把握该法官对某类纠纷的基本态度。

二、研究答辩状

送达起诉状本应该是法院职责范围之内的事,但有时候有些法官会要求原告方当事人或者律师给予协助,这种协助可能是提供交通工具,适当承担交通费用,也可能是指出被告的住处。律师不要大惊小怪,应当理解法院办案经费紧张和工作辛劳,给予力所能及的帮助。如果当事人有对方的电话,则可以提供给法院。现在法院的送达方式也开始改革,往往电话通知当事人到法院领取文书或者通过快递将文书寄给当事人,直接送达的方式越来越少用了。

起诉状送达之后,在答辩期届满后应该及时与主审法官联系,看被告是否提出答辩状。现在有律师代理的案件,往往不愿意在开庭前提交答辩状,没有律师参与的案件当事人会急于送上答辩状。对于被告提交的答辩状,律师应该认真研究。研究答辩状中所陈述的事实,看与原告方陈述的事实有多大差异,比较双方陈述的事实哪方更可信,更有证据支持,更能说服法官。研究答辩状中被告陈述的理由,看哪些理由成立,哪些理由不成立。律师要根据研究答辩状的结果来调整自己的论辩思路。

对于没有提交答辩状的被告,在与法官的交往中也许会流露出一些观点,律师应该有意识地从法官的口中探听,尽可能多地在开庭审理前知道被告对本案的看法,以做到知己知彼。

如果没有任何途径可以知道被告的观点,原告律师也应该站在被告的立场设身处地地考虑被告的观点。原告律师往往会犯这样的错误,接案后习惯于从原告的立场考虑问题,先入为主,便事事觉得原告有理被告无理。其实不然,先入为主的思维定式常常会使律师只看到原告有理的地方,看不到原告无理的地方,更看不到被告有理的地方。律师只有能够看到原告自己的短处和被告的长处,并设想好应付的对策,在法庭上才能真正做到兵来将挡、水来土掩。

三、进一步调查取证

在一个案件中,很有可能是不同的当事人和证人对案件事实有不同陈述,而且还不能排除从第一次会见当事人、证人到开庭时这些陈述还可能会发生实质性变化的可能。这很可能不是有意撒谎,而只是因为人们记忆上的问题。因此,律师永远不能放弃对事实真相的追求。随着对案件的深入研究,律师会不断发现一些自己所不知道的事实。

进一步了解案件事实的最好手段是与当事人的接触。当事人在聘请律师之后,主观上非常想把他所知道的所有事实告诉律师,但事实上当事人又常常会无意识地对他所知道的事实进行删减,把他主观上认为应该告诉律师的事实告诉律师,认为不应该告诉律师的事实省略掉。律师要从当事人口中挖出所有的事实,唯一手段是利用与当事人接触的机会,不断地讨论案情,在谈论中逐渐启发当事人,把他所知道的事实完整地讲述给律师。

另外需要注意的是,有时候当事人未必是最了解情况的人,或者对某个细节而言当事人陈述未必正确,因此,律师不能完全信赖当事人的说法,应该接触所有与纠纷相关的人和物。律师对事实追寻的目的只有一个,比当事人更了解整个事件,比当事人更清楚每一个细节。只有做到这一点,法庭上才可以应对自如。

民事案件的证据固然主要是由当事人提供的,但律师也应当有主动收集证据的意识。但是当事人自己有时也可能不知道某些证据的存在,自然无法提供给律师。律师应当根据对案件情况的了解,思考本案中还存在哪些证据,主动去收集这些证据。这些证据往往是关键证据,可以证明某些关键的事实,为当事人赢取更多的主动。这些关键证据的收集,不能依赖于当事人,律师不能埋怨当事人没有提供这些证据。事实上,当事人可能根本就不知道这些证据的存在。如果法庭上没有举证这些证据,当事人会埋怨律师为什么没有想到去收集这些证据。

如果有书证在对方当事人控制之下又没有举证提交法庭的,律师应当想到申请人民法院责令提交。律师应当提供证据证明对方当事人控制该书证,如对方当事人在诉讼中曾经引用过该书证,或者账簿、记账原始凭证等。律师在申请书中说明责令提交该书证的重要性,如果法院审查申请理由成立,将作出裁定责令对方当事人提交。无正当理由拒不提交的,人民法院可以认定申请提交的当事人主张的书证内容真实。这些证据规则当事人并不清楚,需要律师来考虑。根据 2019 年修订的最高人民法院《关于民事诉讼证据的若干的规定》第 99 条的规定:"……关于书证的规定适用于视听资料、电子数据;……"可见,书证提出义务扩大到视听资料和电子数据,对于对方当事人控制下的视听资料、电子数据,律师如果认为需要该证据证明某些事实,也可以申请法院责令提交。

四、大事记

在对事实了解的基础上,律师应该制作一份大事记,就是按时间或者事件的发展顺序把本案涉及的事实罗列起来。通过制作大事记,律师可以梳理一下自己的思路,对事件的发展脉络有更清楚的认识;通过制作大事记,律师可以把事件的人物、时间、地点等因素有机地组合在一起,从而发现其内在的联系。特别是比较复杂的事件,涉及人物多,时间跨度大,不制作大事记很难理清事情的来龙去脉。

大事记可略可详,甚至可以不制作。如果事件的发生仅仅在一个或者几个时间点,就没有必要制作大事记。如果事件跨越时空大,但事件不是很复杂,可以简单制作一个大事记。如果事件涉及人物多,跨越时空大,则大事记不仅必不可少,而且应该详尽。详尽的大事记不仅有某一时间点发生的事件,而且应该标明证明该事件的证据以及证据的主要内容。

整理大事记的过程事实上是再次熟悉证据的过程。仔细阅读每一份证据,根据该份证据所涉及的时间,将该证据的内容简略记载在大事记上。几乎每份证据都会涉及特定的时间,或者是证据内容中涉及的时间,或者是证据出具、调取、收集的时间。按照证据中出现的时间顺序,从远到近罗列在这些特定时间发生的事件。整理大事记即按照证据中的时间顺序,对所有的证据进行归纳、总结。

在这样的归纳总结过程中,不仅仅是进一步熟悉了证据,更关键的是可以发现证据中存在的问题。如对同一事件,不同的人陈述的时间不一致，在制作大事件的过程中，就容易发现矛盾。或者在同一时间发生的同一事件，不同的人陈述的细节不一致的，也可以在制作大事记的过程中比对出来。如果存在虚假证据，制作大事记就是揭露其虚假的途径之一。

大事记的益处在法庭审理中也会显现出来，对方所举的每一份证据，律师能够很快地把它置入大事记中予以比对，以发现其矛盾之处。对方陈述的每一个事实，律师可以很快地把它置入大事记中，与原告掌握的事实予以比较。手中有一本详尽的大事记的律师，在法庭上面对错综复杂的事实，就不会手足无措；手中有一本精心制作的大事记的律师，在法庭上面对瞬息万变的局面，就可以沉着应战、游刃有余。

好记性不如烂笔头，大事记实际上就是对整个事件的一个全面记载。律师记性再好，也难免会有所遗忘，也无法把所有办理案件的事实都熟记在胸。况且，律师也没有必要像小学生背课文一般去记忆案件的事实。把案件事实整理成大事记后，律师就可以把这个案件丢到一边，去办理其他案件。临到开庭，翻开案卷，读上一次大事记，一切又浮上心头，足以应付法庭上的一切明枪暗箭。

五、证据的归纳整理

这时候律师要做的主要工作是确定提交法庭的证据。

经过一番详细的调查取证之后，律师也许已经收集了许多材料，但未必收集到的所有材料都作为证据提交法庭。律师取证的范围应当大而全，但提交法庭的证据则应当精而细。律师所要做的首要工作是从众多的证据材料中甄选出可以提交法庭的证据。有些材料在提取时感觉有一定的价值，但提取后发现并没有多大价值，可以舍弃不用；有些材料证明的事实对方认同，不需要再予以证明，也可以舍弃不用；有些材料描述的事实，与其他材料有不协调、相互矛盾的地方，提交法庭后容易被对方抓住辫子，也应该舍弃不用；有些事实已经有确凿的证据证明，无须再用更多证据来证明，多余的证据可以舍弃不用。律师决定提交的证据必须足以证明自己的主张，且证据与证据之间能够互相印证，形成一个完整的证据链。特别需要注意一个问题，就是避免将对方渴望得到的证据提供给法庭。某些证据对于对方的主张有很强的证明力，对方朝思暮想希望得到此证据，如果律师不加甄别提供给法庭，在质证中对方会感谢你，利用此证据大做文章,你的委托人听了一定会埋怨律师。

对于确定提交的证据,律师应该分组。每一组证据明确一个证明的重点,将证明同一问题的所有证据汇聚在一起,集中去说明同一个问题。证据如何分组,不同案由的证据大致有其分组的规律。例如,离婚案件,第一组必然是感情是否破裂的证据,第二组是孩子及抚养的证据,第三组是财产分割的证据;合同违约案件,第一组是合同成立及效力的证据,第二组是合同履行及被告违约的证据,第三组是造成原告经济损失的证据;侵权案件,第一组是侵权过程的证据,第二组是损失赔偿的证据,对于证明事情经过的证据,律师应该按照时间顺序排列,对于证明赔偿损失的证据,则应该按照赔偿的类别排列。同一份证据为了证明不同的问题,也可以分别放在不同的组里,以证明不同的证明对象。必要的重复,有助于说明问题。

律师应当对其提交的证据逐一分类编号,对证据的来源、证明对象和内容作简要的说明,签名盖章,注明提交日期,并依对方当事人人数提出副本。律师也可以编写一份举证说明,既标明举证的顺序,又记载清楚每个证据所要说明的内容,甚至预先设想反驳对方质疑的基本观点。一份准备充分的举证说明是律师在法庭调查阶段的全部依靠,律师据此可以有条不紊地向法庭证明己方的主张。

每份证据的核心内容不妨用彩笔标出来,让法官可以一眼看见,甚至可以在空白处采用加注的方式写出我们的意见,以加深法官对证据的理解。要达到一个目的,就是在法庭调查中举证宣读证据内容时,法官可以轻易地看到你要影响法官的内容,很快理解你的观点。律师应当有意识地把编制证据目录作为影响法官的手段之一,让法官在庭前或者法庭上阅读证据目录的过程中,就接受了律师的观点。不仅要让法官通过阅读证据目录就了解了事件的全部过程,而且能够知晓律师的观点。当然,律师最大的希望是法官在阅读了证据目录,看过了证据后,就产生一个感觉——你是有理的。

六、申请调查取证

在对证据归纳总结的基础上,律师应当考虑是否需要申请人民法院调查收集证据。最高人民法院《关于适用〈中华人民共和国民事诉讼法〉

的解释》第94条规定了申请的条件："民事诉讼法第六十四条第二款规定的当事人及其诉讼代理人因客观原因不能自行收集的证据包括：(一)证据由国家有关部门保存，当事人及其诉讼代理人无权查阅调取的；(二)涉及国家秘密、商业秘密或者个人隐私的；(三)当事人及其诉讼代理人因客观原因不能自行收集的其他证据。……"如果一些证据对于证明自己的主张非常必要，但鉴于上述原因律师无法取得，律师就必须考虑向人民法院提出调查取证的申请。

律师申请人民法院调查收集证据，应当提交书面申请。申请书应当载明被调查人的姓名或者单位名称、住所地等基本情况，以及所要调查收集的证据的内容、需要由人民法院调查收集证据的原因、要证明的事实以及明确的线索。律师应当将申请书打印整齐，在举证期限届满前提交人民法院。提交之后，律师应当及时与法官联系，要求尽快答复。法律没有规定人民法院答复当事人申请的时间，这是一个立法的缺陷。但理论上讲，法官应当尽快答复。如果人民法院同意调查取证，律师应该协助法院尽快完成调查工作。如果人民法院不予准许，当事人和律师会得到承办法官的告知。律师可以再次和法官沟通，取得法官的认同，同意调查，除此之外，并没有其他救济的手段。

人民法院根据申请取到证据之后，律师应当及时到人民法院复印，以了解证据的内容。

七、申请证据保全

如果律师在立案之后举证期限届满前，发现证据可能灭失或者以后难以取得的情况下，可以向人民法院申请保全证据。律师应当向人民法院提交书面申请书，载明可能灭失或者以后难以取得的证据的名称、所要证明的事实、该证据所在的地点以及申请保全的理由。申请书提交人民法院后，如果人民法院要求提供担保，律师应当协同当事人及时向人民法院提供相应的担保。然后督促法官尽快采取证据保全措施。

人民法院进行证据保全时，律师应该与当事人一同到场。律师要考虑法官证据保全的方法是否妥当。如果律师认为不太妥当，应该及时提出建议，改变保全方法。另外，律师应该注意证据的内容是否保全齐全。证据的内容可能是多方面的，律师用来证明自己的事实时并不一定要求把所有的证据内容提交法庭,法官有时并不理解律师的全部意图。因此,律师参与证据保全,要及时和法官沟通,让法官充分理解自己的意图,从而使保全的证据能在庭审中起到应有的效果。

八、鉴定与重新鉴定

有时候鉴定在立案以前就完成了,这种情况主要出现在一些行政机关或者其他部门参与处理的纠纷中。如交通事故赔偿纠纷中,对被害人的残疾鉴定往往由交通警察部门委托完成。医疗事故赔偿纠纷,医疗事故的鉴定也是在立案之前完成。对于起诉前进行的鉴定意见,律师要认真分析,必要时要向专业人士咨询,以确定该鉴定意见是否正确。对该鉴定意见有异议的,可以要求重新鉴定。

有时候,鉴定是在立案之后才进行的。许多鉴定机构不愿意接受个人的委托,或者当事人单方委托的鉴定意见常常在开庭后受到对方的责难,因此鉴定常在立案之后由人民法院委托。《民事诉讼法》第 79 条规定:"当事人可以就查明事实的专门性问题向人民法院申请鉴定。当事人申请鉴定的,由双方当事人协商确定具备资格的鉴定人;协商不成的,由人民法院指定。当事人未申请鉴定,人民法院对专门性问题认为需要鉴定的,应当委托具备资格的鉴定人进行鉴定。"这就意味着,是否需要鉴定不是首先由人民法院来决定,而是由当事人自己决定。所以,律师在立案以后,要考虑是否有需要鉴定的事项。如果有,则应当在举证期限之内提出鉴定申请,并且按照法院的要求预交鉴定费,提供鉴定所需要的相关材料。是否需要鉴定,当事人可能根本想不到。律师如果也没有想到,致使因为没有在法定期限提出申请而败诉,律师的罪过大矣。

律师在举证期限内提交鉴定申请后,要及时和法官联系,确认法官是否同意律师的鉴定申请。如果人民法院认为没有鉴定的必要,一定要让法官把鉴定申请保留在法院的卷中,以证明自己提出过申请。如果人民法院同意进行鉴定,法官会和双方当事人协商确定有鉴定资格的鉴定机构、鉴定人员。在协商不成的情况下,由人民法院指定鉴定机构、鉴定人。在确定鉴定机构、鉴定人之后,律师要督促当事人按时交纳鉴定费,并提供与鉴定相关的材料。需要注意的是,申请方提交的鉴定材料一定要在鉴定前由人民法院组织质证,避免因鉴定材料未质证,导致鉴定意见不能采纳。

委托鉴定以后,律师应该关注鉴定的进程。书面鉴定意见送达法院之后,律师应尽快取得鉴定意见的文本,进行仔细的分析研究。如果对鉴定意见有异议,则考虑是否存在以下情形:鉴定机构或者鉴定人员不具备相关的鉴定资格;鉴定程序严重违法;鉴定结论明显依据不足等。如果存在上述情形,律师应该努力寻找证据加以证明。根据2019年新修订的最高人民法院《关于民事诉讼证据的若干规定》的规定,当事人在收到鉴定书后认为存在问题,必须先提出书面异议,法院将该书面异议交给鉴定人要求作出解释、说明或者补充。当事人对鉴定人的答复仍然有异议的,法院会要求鉴定人出庭。该司法解释修订后,法院不会轻易启动重新鉴定的程序,对鉴定意见的瑕疵,可以通过补正、补充鉴定或者补充质证、重新质证等方法解决的,一般不会准许重新鉴定。但只要进行了重新鉴定,就以重新鉴定的意见作为认定案件事实的根据,原鉴定意见就不再采纳。

国家在允许社会力量办鉴定机构后,一些人把鉴定机构办成营利发财的工具,公正性就打了折扣。个别鉴定人其实并不具有很强的专业能力,略知一二就冒充专家。也正因为不懂装懂,自然胆大妄为。律师一定不要被个别鉴定人的"专家"光环吓住,要大胆地怀疑鉴定结论,仔细研究鉴定意见书。在司法实践中,我们常常会发现在一些鉴定意见文书中存在常识性的错误,如当事人明明在肘以上截肢应当鉴定为伤残三级,有鉴定人就敢按照肘以下截肢鉴定为四级。在工程量造价鉴定中,有鉴定人将小数点后移一位,十万就变成了一百万。律师在审核鉴定意见时,一定不要天真地认为这些人是专家,专家必然是依据科学来鉴定。我们先假设这些专家有问题,然后再推敲其鉴定的过程、依据和结论。时间长了,律师对鉴定人的态度和水平就有了了解,对某些名声不好的鉴定人的鉴定意见,应当格外留心。

九、举证和证据交换

《关于民事诉讼证据的若干规定》确立了证据开示制度,这样律师就必须改变以往当庭提交证据的习惯。人民法院在受理案件以后,在向双方当事人送达案件受理通知书和应诉通知书的同时,会向当事人送达举证通知书。律师要注意人民法院根据情况指定的举证期限,并告知当事人举证期限及其意义。如果律师认为人民法院指定的举证期限太长,律师不妨和对方当事人取得联系,协商缩短举证期限。双方协商同意缩短举证期限的,应该形成文字材料,送人民法院准许。如果律师在举证期限内提交证据材料确有困难的,应当在举证期限届满前向人民法院申请延期举证。经人民法院准许,可以适当延长举证期限。如果在延长的举证期限内提交证据材料仍有困难的,律师可以再次提出延期申请,请求人民法院准许。律师应当提出书面申请,如果人民法院不予准许,不可撤回申请书,应当让法官将申请书入卷,或者给律师不予准许的书面通知。这样做的目的在于律师取得证据后可以将该证据以“新的证据”的名义在一审开庭前或者开庭审理时提出。

在确定的举证期限之前,律师应当将归纳整理好的证据材料提交人民法院。律师应当将提交的证据材料逐一分类编号,对证据材料的来源、证明对象和内容作简要说明,签名盖章,注明提交日期,并依对方当事人人数提交副本。提交证据以前,律师最好和法官取得联系,看对方的证据是否提交,最好能在提交证据的同时获得对方提交的证据。特别到外地法院办案更有必要,有时甚至可以和对方的当事人或者诉讼代理人取得联系,约定时间同一天到法院提交证据,这样对双方都有利。

同时到法院提交证据还不是法律意义上的证据交换。法律意义上的证据交换应当在审判人员的主持下进行,对当事人无异议的事实、证据要记录在卷;对有异议的证据,按照需要证明的事实分类记录在卷,并记载异议的理由。而仅仅是同时到法院提交证据则没有这么多麻烦,不需要法官主持,也不需要对证据表态。对于证据较多或者疑难复杂的案件,法院会组织庭前会议来组织证据交换。在证据交换过程中,律师的表态应该谨慎。如果对方提交的证据与己方提交的证据或者掌握的证据一致,律师应该表态无异议;其他只要稍微有异议,或者律师暂时拿不准的证据,律师都可以表态有异议。证据交换中的表态不同于法庭审理中的证据质证,律师没有必要讲那么多理由,简单地表明认可或者不认可就可以了,具体的理由留待法庭调查中再具体陈述。

在交换证据的过程中,律师就会发现有些事实原以为没有争议不需要提交证据证明,但从对方提交的证据看显然有争议需要加以证明,或者对方提交的证据己方有相应的证据予以反驳,但己方并没有准备提交,律师应该向人民法院申请组织第二次证据交换。交换证据之后,律师针对对方提交的证据提出反驳并提出新证据的,也可以要求法院再次组织证据交换。证据交换一般不超过两次,但重大、疑难和案情特别复杂的案件,律师认为确有必要再次进行证据交换的,律师可以请求人民法院组织交换。

十、研究对方证据

在举证期限之后或者经过证据交换之后,律师几乎会拿到对方全部的证据。但实践中也有一些律师,在举证期限过后不去法院复印对方的证据,在开庭举证时才看到对方证据,临时拿过来看几眼,没有任何准备,就开始质证。一些老律师经验丰富,对案情特别了解,对方的证据事先有所耳闻,也许质证中还能提出一些有价值的意见。如果是一个新律师,猛然看到一个证据,就可能不清楚该证据要证明的是什么。因此,律师要养成规矩,一定在开庭前取得对方的证据。不取得对方的证据,是律师的失职!

在取得对方证据后,律师所要做的关键工作是研究对方的证据。

首先考虑的问题是证据是否真实客观,是不是伪证。应该先把证据让当事人看,作为事件的亲历者,对哪些证据是真实的,哪些证据是虚假的,有直观的感觉。当事人怀疑某个证据虚假的时候,一定要引起律师高度的注意,沿着当事人提供的线索继续思考,也许能发现虚假的线索。前文所述的大事记,就是核对证据真假的一个办法。一个证据所证明的事实,必然存在于特定的时间和空间。大事记就是将时空排列出来,将一个特定时空发生的细节放到大的时空背景下,如果这个证据所反映的事实和大的背景吻合,该证据是真实的,如果不吻合,就存在虚假的可能。

其次考虑证据的合法性。证据的取得是否合法,这也是需要考虑的问题,但在民事诉讼中证据的非法取得不如刑事诉讼中那么敏感。律师应当仔细研读证据规则,对证据的采证规则了然于胸,才可以随时意识到证据采集过程中的程序错误。

至于证据的相关性问题,实践中很少有当事人提交的证据与案件没有相关性。相关性规则更多在取证过程中多考虑,到举证、质证时,没有相关性的证据很少出现。但有些律师在证据质证时,一张口就是该证据没有相关性,这样的无效质证还是少些好。

虚假的证据,违法的证据,无关的证据,在实践中其实很少出现。绝大部分都是客观、合法和相关的,因此,律师不能只依靠证据的三性作为证据质证的唯一标准。许多时候,律师需要在肯定证据三性的基础上考虑自己的质证意见,主要的思考点在对该证据的内容的理解是否正确,该证据能否证明举证方的观点。就是说,对同一份证据,我们和对方从中看到的东西是否一致。如果理解的东西一致,我们对该这证据没有异议。如果理解的东西不一致,我们对该证据就有异议。如双方签订的合同,对该证据的真实性、合法性和相关性双方均没有异议,但原告方认为该合同有效,被告方认为该合同无效。如对合同中某一条款的理解,原告做一种解释,以证明被告违约,被告否认原告的解释,而主张另一种解释,在这种解释下被告则不存在违约。

对于有异议的证据,律师要考虑质证的意见。不能简单地表态说不予认可,律师需要讲出不予认可的理由。如果该证据是伪造的,必然存在问题,律师细心看,和认可的证据作比对,一般情况下总能发现问题。当然有些证据,律师暂时也讲不出什么不认可道理,可以先表态不认可,然后再慢慢寻找问题。

对于没有任何异议的证据,律师应该明确予以认可。律师不要养成事事予以否认的思维模式,明明是可以采纳的证据,硬要鸡蛋里面挑骨头,睁着眼去否认,会给法官留下坏的印象,影响到法官对其他质证意见的采纳。

需要提醒的是,律师应该注意对方证据中对己方有利的内容。这些有利的内容,或者能够弥补己方证据的缺失,或者能够与己方证据相配合。将这些有利的内容挖掘出来,在质证时提示法官,会产生意想不到的效果。

十一、法理分析

对法理的分析就是真正看律师水平的时候了。

对案件进行法律分析的第一步是确定案件所涉及的法律关系,或者说确定案由。最高人民法院印发了《民事案件案由规定》。律师应该在深入学习我国民法掌握其体系的基础上,领会该规定中案由的分类,把自己面临的纠纷纳入其中,确定纠纷属于何种法律关系,属于什么案由。在确定案由的基础上,进一步确定双方的纠纷是什么。如确定案由是买卖合同纠纷,在确认案由是买卖合同纠纷的基础上,进一步确定双方的纠纷是什么,或者说双方的争议点是什么。是合同是否成立,还是合同是否有效?如果买卖合同成立并有效,是质量纠纷,还是付款纠纷?

首先,应在确定案由和争议点的基础上查找相关的法律。查找的顺序,从法律渊源上应该先查找狭义的法律,其次是法规,最后是规章;从颁布时间上应该先近后远。律师应该查找出涉及该法律关系的所有法律,并仔细研读深入领会。应该带着问题去通读法律的全文,这样才能找到与本案最贴切的条款。千万不要仅仅找到某一条款,便万事大吉,既不通读法律全文,也不深入领会。一些阐释《民事案件案由规定》的书将每一个案由所关联的法律摘出来,对于律师非常有帮助。当然,律师更应该掌握查找法律的方法。老律师往往习惯于用法律全书之类的法律汇编来查找法律,年轻律师则应当学会通过网络来查找法律。我个人早期喜欢使用吉林人民出版社出版的《法律全书》,手工查阅尽管辛苦了一些,但往往能无意中在法规或者规章找到一条非常有用的规定。有这套《法律全书》,再辅之以地方性法规、规章的汇编,就可以从中找到需要的条款了。其他一些书也是律师应该准备的,如有关人身伤残鉴定的著作。总之,一些律师书架上只有《民法典》之类的书,或者甚至连书架也没有,这样是绝不可以的。仅仅依靠大学课本上学来的东西是不足以应付复杂案件的。随着网络的发达,在网上查找法律越来越方便。一些网站提供了法律检索功能,如北大法宝、中国普法网、西湖法律书店等。这些不同的检索渠道,可以让律师更方便地找到需要的法律条文。

其次,应查找相关的司法解释。最高人民法院公布的司法解释越来越多,许多纠纷都有相应的司法解释。在看司法解释时,也一定要通读全文。一般律师对某些常见法律比较熟悉,有些法律大学学过,司法考试考过,但对司法解释则不太熟悉。在研究案件的时候,每找到一个司法解释,就通读一次,也是终生学习的办法,可以加深对该司法解释的理解。在通读的基础上,确定适用的具体条文,明确涉案争议点对应的条文。

最后,应找案例。律师不能仅盯着《民法典》《民事诉讼法》等几部有限的法律,仅翻着最高人民法院的司法解释来处理案件,因为完全依靠这些法律和司法解释来对案件进行法律分析是远远不够的。律师应该通过最高人民法院的裁判文书网查找案例。最高人民法院的案例说服力更强,法官采纳的可行性大。最高人民法院加大了用案例指导审判的力度,要求同样纠纷的判决应当保持一致性。再找所涉案件管辖地高级人民法院的案例、当地中级人民法院的案例、管辖法院的案例,甚至应当找承办法官对同类案件的裁判案例。通过对这些案例的阅读,律师应了解在该管辖法院对同类案件的审判规则。

寻找法律条文的另一种办法,是通过百度等搜索引擎来寻找网页上关于同一问题的讨论。在这些讨论中,往往会涉及所适用的法律,这就给律师提供了线索,律师可以顺藤摸瓜找到相应的法律。在搜索时,律师可以使用百姓的语言,如可以发问"小产权房能否买卖"之类的问题,网站上有各种律师的回答可供参考。但律师更应当使用关键词搜索。许多人在大学写毕业论文时知道了关键词,但始终不知道关键词的用途。关键词主要就是用于检索。律师在确定案由和争议点之后,要学会找出所涉及的争议点相关的法律术语,这个法律术语就是关键词。如甲欠乙货款,甲同意将自己拥有的一套房屋给乙抵债,但在将房屋交付转移之后甲变卦不愿意办理过户登记手续。这涉及的法律术语就是以物抵债。输入"以物抵债"四个字,网页上就显示许多与以物抵债有关的文章。律师认真阅读,会有许多启发,可以寻找到法律适用的基本思路。

对于绝大多数的案件,在正确确定案由和争议点之后,都有相应的法律、法规或者司法解释的条文,或者最高人民法院有明确的案例体现该类争议的审判规则。但是还有部分案例,法律、法规均没有明确的规定,最高人民法院、各地高级人民法院也没有相似的案例,这就需要寻找学理解释。律师最好能找到权威学者的解释,以说服法官。律师的手头应该有一两本民法学研究综述之类的书,通过这些书律师可以知道学术界在研究什么问题,遇到问题律师也可以知道对此问题学术界有什么样的看法。律师还应该注意收集购买一些高水平的案例分析书。之所以说要高水平的案例分析,是因为现在市面上的一些书只是简单的法律阐释,是供初学者进一步理解法律而编写的,于律师没有多大的作用。高水平的案例分析所选案例有一定的难度,分析者又能从一个高度来把握,其结论可以作为我们解决问题的参考。律师查找到相关的资料之后,有些需全文复印备查,有些需摘出相关的部分。这些材料将来在法庭上也许能发挥意想不到的作用。

大部分案件,律师在辛苦检索后,都会找到相应的法律规定,找到同类的案例,找到解决问题的思路。但也会有极少数的案件,我们找不到贴切的法律规定来适用,甚至也不找到任何一级法院的案例来参考。恭喜你,你可能遇到了一类新的纠纷类型,一类人民法院还没有处理过的纠纷,对该类纠纷法律还来不及制定规则。遇到这类案件,如果当事人经济条件允许的话,不妨聘请国内对此问题有研究的专家学者进行论证,提出一个解决的办法。专家论证意见书从证据的角度看没有价值,法官不会作为证据采纳,但如果思路清楚,论证严密,也会影响法官的思考。实践中存在滥用专家论证的问题。一些涉及事实认定的案件,专家根本就无法论证。专家论证的应当仅仅是法律问题,而不是事实问题。法律规定明确的问题,专家也无须论证,那是法官适用法律的问题,专家无须去告诉法官应当如何适用法律。只有没有具体法律条文可适用的案件,法官才会听听专家怎么说。如果动辄就请专家论证,是浪费当事人的钱。

通过以上的研究,最终解决的问题是,涉案的基础法律关系是什么,即案由是什么。明确了法律关系,我们再来看在这个法律关系中,当事人的什么权益受到了侵害,法律给予的保护方式是什么,具体体现在哪部法律的哪些条文中。

十二、列出基本观点

我主张律师从以下八个角度来准备自己的观点,即“民事案件八角度分析法”。第一考虑本案是否属于民事案件,人民法院是否应当受理立案;第二考虑本案的原被告等当事人是否适格,原告是否有权提起诉讼,被告是否是适格的被告;第三考虑案由是否正确;第四考虑诉讼请求是否应当支持;第五考虑原告主张的事实是否客观真实,是否有足够的证据支持;第六考虑适用法律是否正确,最适合本案的法律条文是什么;第七考虑本案的管辖是否正确;第八考虑是否超过诉讼时效。

细心的读者可能会注意到,八角度分析法的顺序是按照民事起诉状的行文顺序来确定的。我希望大家养成这样的习惯。拿着一张民事起诉状,从头到尾来思考问题。看到诉状上写着民事起诉状几个字,考虑这是一个民事案件吗;往下看,是原告和被告的名称,考虑所列的当事人是否适格;在看诉讼请求前,看看法院的立案通知书上列明的案由,考虑案由是否正确;确定案由后,再看诉讼请求,研究诉讼请求和案由是否相符,是否属于法律规定的承担民事责任的方式,看原告的诉讼请求是否有事实和证据支持,看原告的诉讼请求是否有法律支持,最终考虑诉讼请求人民法院是否应当支持;之后是诉状中的事实和理由部分,我们先看事实部分,原告主张的事实是否客观真实,是否有证据支持,证据是否达到民事案件所要求的证明标准;然后是理由部分,看原告主张适用的法律是哪一条,适用该法律条款是否正确;诉状的结尾是此致某法院,我们看管辖是否正确;最后是起草诉状的时间,我们考虑诉讼时效是否超过。可以这样讲,一个案件中所有的争议点均可以包含在这八个角度内。当然,不是所有的案件都可以从这八个角度找到抗辩的理由,我更多强调的是律师要培养从这八个角度思考问题的习惯,努力从不同的角度找出更多的理由。

在确定角度后,接下来的争议点可能是证据问题,也可能是适用法律的问题,还可能是程序问题。如果争议点是诉讼时效,即考虑是否存在诉讼时效中断的事由;关于证据问题,实际上是事实之争,原告提供的证据是否真实,是否可以证明的确向对方主张过权利。关于法律问题,一是本案是否适用诉讼时效规则,有些案由不适用诉讼时效规则,如合同无效;二是各种诉讼时效的起算问题。关于程序问题,则涉及被告人是否主张诉讼时效的抗辩,何时提出诉讼时效的抗辩等问题。有时候律师面临的问题是单方面的,有时候则可能所有的问题同时出现,律师需要从事实、法律、程序三个方面准备自己的观点。

在充分准备好自己的观点之后,最好不要先写代理词。事先写好代理词,表面上看是准备充分,但法庭上容易拘束于代理词,不利于发挥。念代理词的律师在当事人看来肯定不是好律师,所以应该培养脱稿发言的习惯,这是律师的基本功夫。不写代理词不等于事先没有准备,律师应该罗列出详细的观点。类似我们写作文之前的提纲,列出主要观点及支持这个观点的主要理由。

十三、安排证人出庭

按照《民事诉讼法》第 75 条的规定："凡是知道案件情况的单位和个人，都有义务出庭作证。……"在"作证"二字前加"出庭"二字，说明证人只有出庭才可以作证。但很多年来，证人出庭仍然不普遍，法院依旧允许以宣读书面证言代替证人出庭。因此，之前律师一般不要求己方的证人全部出庭，特别是一些起辅助证明作用的证人，仅是安排关键证人出庭作证。但在 2019 年修订的最高人民法院《关于民事诉讼证据的若干规定》中强调"人民法院应当要求证人出庭作证"，并特别规定"无正当理由未出庭的证人以书面等方式提供证言，不得作为认定案件事实的根据"。

很长一段时间，决定哪个证人应当出庭作证的权力更多在律师。律师在考虑是否让己方的证人出庭，决定哪个证人需要出庭。对于案件事实能够起到关键证明作用的证人，律师为了说服法官采纳该证人的证言，就会让证人出庭作证，至于其他证人，律师就不安排其出庭了。但在 2012 年《民事诉讼法》修改，2015 年最高人民法院出台新的适用民事诉讼法的司法解释，2019 年修改最高人民法院《关于民事诉讼证据的若干规定》后，规则逐渐明朗，决定证人是否应当出庭作证的权力完全转移到法官手中。

律师应当这样理解，只要有证人，就应当在举证期限届满前向人民法院递交证人出庭作证申请书。在该申请书中，应当写清楚作证的主要内容，作证内容与待证事实的关联性，以及证人出庭作证的必要性。人民法院对该申请书进行审查，如果认为作证的事项与待证事实无关，或者没有通知证人出庭作证必要的，将不予准许。人民法院准许证人出庭作证的，应当向证人送达出庭通知书，并告知双方当事人。最高人民法院《关于适用〈中华人民共和国民事诉讼法〉的解释》第 117 条第 3 款规定："未经人民法院通知，证人不得出庭作证，但双方当事人同意并经人民法院准许的除外。"这条新规定，应当引起律师的注意。律师应当养成这样的习惯，在庭前提交证据时，交一份证人的书面证词就一定附一份证人出庭作证申请书。

证人在收到法院的出庭通知书后，有些证人会有所顾虑不愿意出庭作证。对于有所顾虑的证人，律师和当事人应该一起做工作，打消其顾虑。证人同意出庭的,律师要告知出庭的规矩,如作证之前要签署保证书且要当庭宣读,作证前不得旁听法庭审理,不能读事先准备的书面材料。律师可以事先告知证人试图证明的内容,律师准备提问的问题,让证人根据他所知道的事实准备好答案。告知证人点到即可,切勿洋洋洒洒信口开河,言多必失是一条颠扑不破的真理。对于对方可能提出的其他问题,律师应该告诉证人据实回答。只要是真实的事实,就不怕各种刁蛮的问话。

律师切不可指使证人作伪证,为当事人丢掉自己的前程。一些当事人提供的证人,极有可能并不知道事实,律师对其证言持怀疑态度,但也不能确认其真伪。此类证人律师最好不要求其出庭,不然谎言揭穿后会影响法官对案件的整体看法,抵消其他真实证据的证明力。

十四、出庭准备

我建议在开庭的前一天,律师应当像教师备课一样,进行最后的出庭准备。

第一,和当事人联系,提醒当事人准时到达法庭,并携带身份证。还有其他人也要参与旁听的,也一定要带身份证。如果当事人的身份证和营业执照没有提交法庭的,复印一份准备提交。律师最好在开庭前和当事人见一次面,就法庭的注意事项面对面地进一步沟通。特别是对方和法官可能发问的问题,开庭前要有所准备。提醒当事人,如果律师当庭陈述的事实有误,一定要当庭纠正。

第二,检查出庭函和授权委托书是否提交法庭。律师代表当事人出庭参与诉讼,必须携带律师事务所的出庭函和当事人的委托书。出庭函意味着案件是由律师事务所接受委托的,不是律师私自接案。有出庭函,法院才承认律师的律师身份,并赋予其相应的权利。填写委托书要注意明确委托权限。如果当事人出庭,委托权限宜填一般代理。如果当事人不出庭,则需要填写特别授权。特别授权的内容要求明确"有权代为承认、放弃、变更诉讼请求,进行和解,提起反诉或上诉",不能仅仅填写"特别授权"或者"全权代理"。需要注意的是,即使律师被特别授权,涉及当事人利益的重大决定也必须得到当事人的同意,律师切不敢滥用授权不经过当事人同意私自作出主张。根据 2019 年修订的最高人民法院《关于民事诉讼证据的若干规定》第5条的规定，当事人还可以在授权委托书中明确排除某些事项，即明确哪些事项律师不可以代理。

第三，仔细阅读起诉状和答辩状，看是否存在新的问题。特别是注意在起诉状和答辩状中对事实的陈述，一些明确承认于己不利的事实，人民法院根据证据规则视为自认，将作为认定事实的根据。如果这些于己不利的事实的陈述是错误的，当事人可以申请法院撤销自认，但是否准许当事人撤销自认，还需要法院审查后，口头或者书面裁定准许撤销。这一点是2019年最高人民法院《关于民事诉讼证据的若干规定》修改后的新规定，之前只要在宣读起诉状或者答辩状时口头声明修正就可以。另外，如果代理的是被告，没有事先向法院提交答辩状，也一定要准备答辩状。写答辩状的过程，也是梳理自己思路的过程。有答辩状，法官当庭容易理解被告的观点。不要忘记，答辩状也是影响法官的手段。

第四，整理证据目录和质证意见。一定要提醒当事人把所有的证据原件带到法庭，并通知证人到庭。把准备出示的证据整理一次，再次熟悉准备证明的内容，看是否完备。如果庭前提交法院的证据目录仅是证据的名称，则一定要在自己手中留存的证据复印件上面写明证明的内容。对对方证据质证的意见，也提前准备好。即使不工工整整地写好，也应当写出要点，比法庭上随口说效果要好。

第五，再审视辩论观点。许多律师庭前写好代理词，我的建议是只写代理词提纲。写好代理词，意味着律师不敢在法庭上脱稿辩论，是律师不自信的体现。脱稿去说，效果一定比按照稿子念好。代理词提纲一定要细，辩论的要点要写清楚。律师要重新审视原先准备的观点是否正确，法官是否能够接受。有时候，重新考虑一下论述的角度，也许更能让法官接受我们的观点。我自己常常在开庭的前一天准备中，将原先准备的提纲推倒重来，从一个更新的角度重新起草代理词提纲。准备代理词提纲时，一定不要自说自话，只考虑论述自己的观点，还要考虑对方将从哪些角度攻击，对对方的观点有所准备。

第六，问当事人对调解的态度。要询问当事人是否愿意调解，并给予当事人是否调解的建议和如何调解的方案。

这一切需要养成习惯，只要次日开庭，提前一天就这样逐项再过一次,像开庭的预演一样,到第二天开庭,心中自然不慌。我建议律师将上述内容打印成一份清单贴在办公室的墙上,开庭前对着这份清单,逐项检点。

第六章　民事案件的法庭审理

要　目

一、准时出庭

按照《民事诉讼法》的规定，法院应该在开庭三天前通知当事人，且应当用传票通知。如果律师已经将出庭函和委托书提交法庭，法官应该通知律师开庭时间。如果没有提交，法官不知道当事人委托了律师，当然就不会通知律师。有时候，即使律师早已将出庭函交到法院，法院也懒得直接通知律师，而要求当事人代劳，特别是外地律师。律师应该理解法官工作的繁忙，不必计较。如果是当事人转达开庭时间，律师又没有看到传票的话，律师应该主动打电话和法官联系，核实开庭时间。

部分律师代理案件多，极容易和自己代理的其他案件开庭日期冲突。律师在提交委托书时，就应该主动要求法官在正式确定开庭日期之前和律师打个招呼,再决定开庭时间。如果已确定的开庭日期和其他案件冲突,律师只有和法官说明情况,请求改变时间,大多数法官是可以理解律师的。兼职律师工作时间往往是固定的,更应该提前和法官说明情况,避免确定日期后再调整。现在许多法院进行改革,案件在立案庭就已经排定了日期,原则上不允许法官随意变更。对于案件比较多的律师,这是一个麻烦事,需要根据案件的具体情况和法官协商,谋求改变开庭时间。如果法官以各种理由不愿意变更开庭时间,律师需要和当事人协商,考虑能否由本所的其他律师出庭代理。协商不通的话,律师最后的招,只有将其他案件的传票复印,附在给法院的请求延期开庭的申请书中送交法院,告诉法官其他案件通知开庭在前。即使你开庭时不去,法官一般也不会缺席开庭或者视为撤诉。

对案件的准备工作律师应该在接案以后立即进行,准备好一切材料后等待开庭,万不能在确定开庭日期之后才开始准备,匆匆忙忙必然会有所失。去法院开庭前,律师应该检查一下自己的案卷,查看证据是否带全,叮咛当事人带上证据原件,一些原不准备在法庭出示的证据也应该带上,以防万一。律师还应该携带一两本阐释《民法典》《民事诉讼法》之类的书,这样对方提出一些律师没有预料到的法律问题时,可以临时抱佛脚。不带这些书也可以,带着手机随时可以上网查到资料。另外,不要忘记身份证和律师执业证,特别要提醒当事人、证人或者其他代理人带上身份证。

如果到外地开庭,律师应该提前一天到法院所在地,了解清楚法院的地址,温习案卷,第二天精神抖擞上法庭。切记不可忘乎所以畅怀痛饮。当然更不要去娱乐场所,以免节外生枝。我不太主张凌晨开车奔法院,万一路上遇雾或者堵车,就不能按时赶到法庭。

律师应该把握到法庭的时间,比传票通知的时间早一刻钟即可,不要太早也不要太迟,切不可迟到。如果遇到特殊情况,不能按时赶到法庭,一定要提前给法官或者书记员打电话,告诉迟到的原因,和估计到达的时间。现在大家都已经习惯使用地图导航,能够准确预计到达的时间。当事人一般可以按时到达法庭,常常遇到的情况是法官由于种种原因不能按时开庭,律师只能耐心等待,没有必要和法官计较,惹法官讨厌。

一般情况下,法官都在正规的法庭上开庭,但有时法庭周转不开时,也可能在办公室开庭。没有国徽当头,少了几分严肃,可能会不习惯,但无可奈何,这不是拒绝开庭的理由。

到达法院后,律师应该带着当事人和证人找到法庭,找到自己的位置,让当事人和证人熟悉环境。特别是证人,律师应当告诉他耐心等候法庭的传唤,进入法庭后坐在什么位置。许多证人是第一次去法庭,特别是在开庭庄严肃穆的情景下进入法庭,可能会六神无主不知所措。律师开庭前带他到法庭走走,一定程度会减轻他的紧张,稳定他的情绪。熟悉法庭后,律师应该和法官或者书记员联系,把证人安顿好,避免其在审理过程中进入法庭,提醒证人莫以为无人约束就趁机到法庭外偷听。

进入法庭后,律师应该主动把手机转入静音状态。手机处于静音状态比关闭好,可以收到他人的来电、短信,但又不影响法庭的审理。如果关闭手机,别的委托人联系不上律师,会耽误事情。烟瘾大的律师,进入法庭前自己找个僻静的地方抽足烟,法庭作为公共场所禁止吸烟。有律师憋不住中途退庭抽烟,更是不能容忍。

二、核对当事人

法庭审理开始前,第一项议程是核对当事人及其诉讼代理人的身份。审判长会要求原、被告及第三人向法庭报告基本情况,并询问对对方的出庭人员有无异议。

当事人言辞流利的,应该让当事人亲自回答法官的询问。当事人口拙的,律师不妨给予提示。当事人是自然人的,向法庭报告的内容不外是姓名、年龄(一般要求说出出生年月日)、职业、住址等,其实就是起诉状开头的部分,告诉当事人按照起诉状念就可以了。当事人是单位的,向法庭报告单位的全称、住址以及法定代表人或者负责人的姓名、职务。在询问完当事人的情况后,法官会紧接着询问是否委托代理人,当事人回答委托了之后,就轮到律师说话了。律师只需要向法庭简单报告姓名和事务所名称即可。法官不能询问律师的性别、民族、出生年月、住址等问题,这似乎已形成惯例。律师还应当向法庭陈述自己的委托代理权限,宣读授权委托书,并向法庭提交。律师这个时候应当准备好自己的律师执业证书,法官可能会让律师出示。如果当事人没有出庭,律师只得代替当事人向法庭陈述一切内容。

律师在核对当事人的过程中应该细心听取其他当事人向法庭的身份报告。如果对方当事人为自然人,要注意出庭的公民是否是该人,是否为完全行为能力人;对方当事人无行为能力,则应当考虑法定代理人是否合法;如果是集团诉讼,要注意诉讼代表人的产生是否符合法定程序;如果对方当事人是单位,要注意区分是法人还是其他组织,有无营业执照和组织机构代码证,营业执照是否年检。律师要特别注意对方当事人的法定代表人是否实际在该单位行使职权,诉讼代理人是否受法定代表人的委托。严格地讲,单位的诉讼代理人只能是法定代表人的代理人,而不能是其他人的代理人。对方当事人有委托人的,应注意有无委托书,委托权限如何。如果只有委托人出庭,且委托权限为一般代理的,律师应格外记住对方代理人是一般代理。如果律师代理出庭,要注意其是否有律师事务所的出庭函。如果是基层法律服务工作者代理出庭,要注意是否有当事人一方位于法院所在市县的证明材料。有些律师不以律师的身份出庭,而冒充当事人单位的工作人员,就可能伪造一份劳动合同。一些没有法律服务资质但也收钱办案的"土律师""黑律师",则会提供所在社区、单位推荐的证明材料,律师应该根据情况,决定是否提出异议。

在诉讼当事人向法庭陈述完各自的基本情况后,法官会询问对对方出庭人员有无异议。一般情况下,大家都会说没有异议,法庭审理继续进行。但如果律师已经发现对方的出庭人员有问题,则需要提出异议并向法庭阐明异议的理由。实践中,一些人因自己没有资质无法签订合同,便借用他人资质签订合同,到诉讼时由于种种原因无法得到被挂靠方的授权,便可能私刻个公章来提起诉讼。

如果对方当事人没有到庭,律师应该查看法官案卷中的送达回证,及时了解法院是否合法传唤。如果手续齐全程序合法,应该向法官提出依法裁定撤诉或者缺席审理。许多法官有不忍之心,没有了解当事人缺席的理由前不愿作出裁决,也是可以理解的,不必执拗。

三、申请回避

当事人及其诉讼代理人身份核对无误后,审判长宣布:"经本庭核对当事人符合法律规定,可以参加本案诉讼。"然后,审判长宣布案由,宣布合议庭组成人员和书记员名单，告知当事人的诉讼权利和义务，询问双方当事人是否申请回避。

法律规定的回避对象除合议庭组成人员、书记员外，还有翻译人员、鉴定人和勘验人，但实际上此时询问的回避对象，仅限于法官和书记员。回避制度的设立是为了司法的公正，但事实上表面有利害关系的人事先均会避开，而有些人天平已经偏斜，但没有证据能够证明。因此，即使律师已经感觉到法官有倾向，也不要轻易申请回避。马脚露大了，也许更容易抓住。

鉴定人和勘验人的回避，应该是在鉴定和勘验时就应该提出，但那时并没有人告知你有权申请回避。只有在看到鉴定意见或者勘验报告后，律师才知道鉴定人或者勘验人是谁，可以提出其应当自行回避而没有回避，主张重新鉴定或者勘验。

有时候，尽管审判长宣布由三名法官组成合议庭，但你看到的仅仅有审判长一人坐在审判席上。不要大惊小怪，审判长会告诉你法院人手紧，大家都在开庭，问你是否愿意等。不要在乎法官是否齐全，因为判决并不是由合议庭成员当庭作出，按现在法院的实际做法，合议庭成员是否齐全确实无关紧要。当然，有时候会是陪审员参与审理，看他心不在焉的样子，也要理解。

四、明确争议焦点

接下来，法官宣布开始进行法庭调查，要求原告向法庭宣读起诉状或者陈述事实并讲明具体的诉讼请求和理由，被告则针对原告的起诉进行答辩。

有律师在，最好还是由律师宣读起诉状或者答辩状。如果起诉状中有错误的陈述，律师应当利用这个机会向法庭说明，予以改正。如果事实部分的细节需要向法庭陈述的，可以让当事人补充。但应该防止一些口才好的当事人大讲特讲他的理由而不是事实，律师最好赶在法官制止之前暗示当事人适可而止。

被告的律师在对方念起诉状的过程中要注意与法院送达给自己的起诉状进行对比，看诉讼请求是否有变化，对事实的陈述是否有变化。原告的律师在宣读起诉状时临时增加诉讼请求，被告的律师应当特别注意，并考虑是否就增加的诉讼请求要求给予时间答辩和提交证据。

在原告方念完起诉状后,法官会要求被告方答辩或者宣读答辩状。无论律师是否向法庭事先提交答辩状,都应当准备书面答辩状,此时递交法庭一份,给对方一份,再宣读手中的一份。如果有些观点在准备答辩状时没有考虑到,律师也可以在答辩状外补充,但需要提醒书记员记录在案。

如果被告事先递交过答辩状,原告的律师在被告宣读时应该留意是否有所修改,琢磨修改的原因。如果没有提交答辩状,律师应该做好笔记,记下对方的主要观点,脑中迅速思考应对的办法。对于开庭前预料到的观点,不必着急;没有预料到的,应尽快想出对策。如果被告突然提出反诉的请求,被告律师应当提醒法官注意属于反诉而不是抗辩,法官会提示对方缴纳诉讼费,正式作为反诉案件立案。

法官在听取了原被告双方的陈述之后,会归纳本案的争议焦点,并听取当事人的意见,问当事人是否同意法庭的总结,是否有异议或补充。这是很关键的一个程序,律师不可等闲视之。如果法官归纳不准确,将会直接影响到法庭调查的顺利进行。律师应该认真聆听法官的总结,记入开庭笔录。同时,结合自己的基本观点,考虑法官的归纳是否正确。如果法官归纳得不对,律师应提出自己的异议,建议法官改正。如果自己主张中的一些事实没有纳入法庭的调查范围,律师应当及时提出自己的补充意见,要求法庭予以调查。如果意见不被接受,律师也没有必要和法官对立,之后的庭审中,律师还有机会表达自己的主张。

五、举证和质证

确定争议焦点或者调查重点之后,法官会要求原被告针对每一个焦点问题陈述事实并提供证据。

律师在庭前提交的证据目录中有一个编排顺序,在法官总结争议焦点之后,律师应该把欲当庭提交的证据根据法庭归纳的争议焦点分成几组,按焦点问题的调查顺序分别提交。

法官一般这样安排,首先要求原告就一个焦点问题提交一组证据,被告质证这一组证据,然后再由被告就同一问题举证,原告质证。在调查完一个问题之后,再调查第二个问题,依然是原告举证,被告质证,被告举证,原告质证。当然也有例外,就是举证责任倒置的情况下,法官会要求被告先举证。若案情简单,法官也可能让原告一次全部提供完证据后,再让被告举证。举证的顺序是由法官决定的,律师应该尽快适应法官的安排,不可不顾法庭确定的调查顺序,依然按照证据目录中的编排顺序来,或者不顾法庭调查问题的顺序,只按自己的思路、自己想证明的问题乱举证。这样无序的做法,可能会被法官指责。

就每一个焦点问题举证前,律师应当向法庭说明在这个问题上己方的基本观点,亮明己方的基本态度后,再举证。可以这样说:"就法庭调查的第一个焦点问题,我方的观点是什么。支持我方观点的有以下证据。"

具体到每份证据,律师可以这样说:"原告向法庭所举的第一份证据是一份书证,该证据保存在原告处。该证据要说明原告是本案的利害关系人有权利提起诉讼。下面我宣读该证据上的内容……从这份证据记载的内容来看,原告与本案有着法律上的利害关系,有权利提起诉讼。"在律师的这段话里要说明几个问题:第一,要说明证据的种类,是书证、物证,还是鉴定意见、视听资料等;第二,要说明证据的来源,现由当事人持有,还是他人持有,或者保存在某部门;第三,要说明该证据的证明对象,简要地用一句话予以概括;第四,要说明证据的内容,证据上的内容未必全文宣读,应该拣出与本案相关的内容作简要的说明;第五,要根据宣读的证据内容再次说明所证明的对象,如果所证明的问题多,律师不妨用数字罗列。这段话律师要说的干练、简洁,不拖泥带水,但必须让法官明白律师的意思。

由于庭前双方均得到了证据的复印件,因此,没有必要当庭把律师提交的证据传给对方审阅。如果庭前进行过证据交换,核对过原件,甚至连原件也没有必要当庭出示。但如果对方当事人需要核对原件,律师应当将证据原件提交法庭以供核对。

法官一般会在原告就法庭调查的一个问题出示完所有的证据后,询问被告对原告提供的证据有无异议。律师应当从以下方面审查证据:证据是否原件、原物,复印件、复制品与原件、原物是否相符;证据与本案事实是否相关;证据的形式、来源是否符合法律规定;证据的内容是否真实;证人或者提供证据的人与当事人有无利害关系。在仔细审查的基础上,律师围绕证据的真实性、关联性、合法性,针对证据证明力有无以及证明力的大小进行质证。如果对方出示的证据没有什么瑕疵,就应当直接表示没有异议,承认对方的证据可以采纳。如果进行过庭前交换证据,法官甚至会直接宣布双方无异议的证据目录,不再进行当庭质证。

律师质证的内容基本上分成两部分:一部分对证据的真实性、关联性、合法性表态;另一部分对证据的证明力有无以及证明力大小表态。如果证据是虚假的,律师应当指出:“对原告所提交的第一份证据有异议。这份证据是虚假的,不具有真实性,建议法庭不予采纳。理由是……”如果证据与本案无关,律师应当指出:“对原告所提交的第二份证据有异议。这份证据的内容与本案无关,不具有关联性,建议法庭不予采纳。理由是……”证据的不合法,可以从两个方面来考虑。如果证据的形式不合法,律师应当指出:“对原告所提交的第三份证据有异议。这份证据不属于《民事诉讼法》规定的证据的法定形式,建议法庭不予采纳。”如果证据的取得不合法,以侵害他人合法权益或者违反法律禁止性规定的方法取得,律师应当指出:“对原告提交的第三份证据有异议。这份证据的取得不合法,不具有合法性,建议法庭不予采纳。理由是……”律师没有必要对每一个证据都分别就真实性、关联性和合法性进行表态,只要对其中的一个问题有异议,自然该证据就没有证明力,其他没有异议的问题可以避而不谈。在民事诉讼中,涉及相关性和合法性的问题并不多,法官更关注的是证据的真实性,要求律师对真实性表态。

在对证据的真实性、关联性和合法性考察后,即使对这三点没有异议,也不一定是可以采纳的证据,还涉及该证据的证明力的有无和大小。如果该证据不能证明当事人的主张,律师应当指出:“对原告提交的第四份证据,尽管对该证据的真实性、关联性和合法性没有异议,但这份证据没有证明力。因为该证据不能支持原告的主张,理由如下……”对于一些证据,律师无法确认其真实性,既不能轻率地表态对该证据的真实性没有异议,也无法提出足够的理由和证据反驳对方,可以从证明力小的角度予以质疑。律师可以这样发言:“对原告提交的第五份证据,被告方无法确认其真实性,希望法庭审查。鉴于该证人与原告有亲属关系,且该证言对原告有利,希望法庭考虑该证言的证明力。”类似的理由还有:间接证据的证明力小，传来证据的证明力小等。

在被告律师提异议的过程中，原告律师应该做好笔记，并随即写出反驳的观点。法官在听取被告律师的质证后如果要求原告律师予以说明与辩驳，律师应该抓住机会充分阐述自己的观点。这其实是个小辩论，原告律师在被告质证后针对对方提出的问题予以反驳。反驳应该一针见血，针锋相对，先说被告的异议是不成立的，然后再阐述理由。注意，此时的辩论应该紧紧围绕该证据进行，不要把法庭辩论的内容提前。

在原告举完证后，法官会让被告举证。被告律师的举证和原告一样，我们不再赘述。简单来讲，在就一个焦点问题举证前，律师应当表明己方对该问题的基本观点，律师的举证是为了证明该观点的成立。每一份证据的证明内容，也应当和总的观点保持一致，是为了进一步说明该观点。

我带着律师助理出庭，将举证的任务交给助理来完成，发现一个问题，助理很快念完了证据目录，就认为自己完成了举证的义务。助理在念证据目录时，甚至不看证据，将厚厚的一本证据丢在一边，只捧着证据目录念。再看法官，一脸茫然。因此，律师要确立一个观念，就是法官是通过法庭调查来了解案件的全部事实。理解这一点，就不会认为法庭调查就是举证质证，就会知道法庭调查是通过举证质证来了解本案的全部事实。在举证过程中，紧紧结合所举的证据，来向法庭叙述事实。律师应当适度地讲讲故事，将整个纠纷发生的前前后后给法官讲清楚。律师的举证应当达到这样的效果，你举完证，法官就知道了你所主张的全部事实。法庭上所举的证据呈现出来的还只是全部事实的一个个片段，还需要律师借助故事将片段中的缝隙填满，给法官一个完整的事实。

另外需要注意的一点是，律师不能只顾自己说，而不考虑法官是否听懂。正确的做法是，法官手中一本证据，律师手中一本证据，对方手中一本证据。律师举证到第几页，法官打开第几页。律师念到哪些内容，法官看到哪些内容。希望法官看到的内容，最好庭前提交的证据中用彩色笔标明，律师一念，法官就可以找到。律师对该证据进行说明时，要一直关注法官的表情，看是否理解。也许，法官还会就该证据要求律师进一步说明，一直到法官没有疑惑，再举证下一份证据。

一说到律师，许多人就想到辩论。其实律师水平的高低、官司的输赢在法庭调查的举证阶段就决定了一半。试想,律师的每一个主张都有充分的证据予以支持,何愁对方的反驳?

六、询问证人

律师应当根据调查的重点和举证的顺序来确定证人出庭的时机。律师可以这样请求法庭:“原告的第六份证据是证人证言。该证人名叫某某,是某厂的职工,双方当事人发生纠纷时他在现场,目睹了纠纷的整个过程。他的证言证明原告对纠纷的产生没有过错。该证人已经在庭外等候,请法庭传证人到庭。”律师首先应明确是证人证言,然后明确证人的姓名,关键说明证人欲证明的事实,最后要求法庭传证人到庭。

传证人到庭后,法官会首先要求证人报告基本情况并出示身份证,然后告知证人如实作证的义务以及作伪证的法律后果,并责令其签署保证书。在2019年修订的最高人民法院《关于民事诉讼证据的若干规定》中又增加了一个环节,要求证人在法庭上宣读保证书的内容,拒绝签署或者宣读保证书的,不得作证。

有时法官会直接要求证人向法庭陈述,这样的做法其实不妥。法官应当让举证方的律师先向证人发问,自己有补充发问的,可以在双方律师发问完后再问。

律师应该征得法官同意后询问证人,通过有顺序的提问,引导证人讲出事情的经过。律师的提问可以是引导性的,引导证人进入话题。证人明白律师的意思之后,律师不要打断他的话,可以让证人按照他的思路讲述事情的经过。2019年修订的最高人民法院《关于民事诉讼证据的若干规定》第73条规定:“证人应当就其作证的事项进行连续陈述。”明确了证人在作证时应当完整地叙述事件的结果。在连续的叙述中,我们可以感觉证人证言的真假。如果证人的陈述偏离了律师要证明的问题,律师应该及时制止,引导证人回到所要证明的问题上来。

律师在证人向法庭陈述时要注意证人是否将所有准备证明的问题说清楚,随手在开庭笔录上记下遗漏的和没有讲述清楚的问题。在证人向法庭完整陈述以后,律师可以就证人遗漏的问题以及没有陈述清楚的问题,通过补充询问让证人进一步陈述。

在举证方律师向证人发问的过程中,质证方的律师除留心记录外,还应该注意证人的陈述是否客观,是否为其亲身感知的事实,如果发现证人使用猜测、推断或者评论性的语言,律师应该及时提出反对意见,要求法庭予以制止。有时候,证人的回答出乎举证律师的意料,说出一些不利于己方的话,一些律师或者当事人会恼羞成怒,威胁、侮辱证人,质证方律师应该及时提请法庭予以制止。质证方律师还应当注意举证方律师的不适当引导发问。一定程度的引导并不是不可以,但如果带有明显暗示的引导就成了诱导,律师应该予以反对。所谓不适当引导,就是在发问中已经将答案包括在问题之中,由回答者选择。或者说,在问话中包括了一个陈述句,再让回答者对该陈述句进行表态。比如,这样发问:"他到了现场,对不对?""他是不是穿着蓝色的上衣?""他手里拿着一把斧头,对不对?""你是不是看见他拿斧头砍了受害人的头?"第一句发问:"他到了现场,对不对?"是适当的引导,可以允许。但之后的发问则是不适当的引导,这样的发问等于告诉了证人答案,证人只要沿着发问者的思路回答即可,其真实性就存在疑问。我们只能这样发问:"你看见他穿什么颜色的上衣?""他手里是否拿着东西?拿着什么东西?""他对被害人干了什么?"

在举证方律师发问完毕以后,法官会允许质证方律师向证人发问。在所有的证据中,证人作假的可能性最大,因此对证人的质证难度也就最大。律师应该坚信一个理念:只要是谎言,必然有马脚露出来,律师的任务就是发现马脚。律师在细心听取证人的证词之后,把证人的话放到本案中已经确定的事实中去比较,看是否吻合。只要你把证人想象出来的事件与相关的真实事件相比较,真假自然一目了然。如果有几个证人,律师还可以把该证人的话与其他证人的证词相比较。如果他们的证词均是谎言,那么会在某些情节显示出惊人的一致,但在某些没有设计的问题上又会有惊人的差异。发现证人的虚假之后,律师开始对证人发问。注意提问证人细节,再会编的证人也很难把细节编得一致,谎言不可能照顾到周围环境的所有细节。提问越涉及细节,他们越难保持一致。律师不要直接从发现的矛盾之处着手提问,应该先就与证词有关的其他事情提问,并且以假装相信的态度鼓励他继续说下去,直至他产生自我矛盾。有些证人为了自圆其说,往往夸大其词,而这种夸大反而将暴露他的自我矛盾。有些证人的证言不合常理,律师就需要向证人发问为何不合常理,看证人能否合理解释。当其不能合理解释时,其证言的可信性在法官的脑中就打了问号,从而消减其证明力。律师在向对方的证人发问时,应该精神抖擞、目光锐利地盯着证人,关键处要连续发问,一句跟一句,让对方没有太多考虑的时间,脱口而出的往往是真话。缓缓发问,慢慢回答,对方就有了思考的时间,说出的话就未必是真实的了。

律师在提问中注意捕捉证人证言中对自己有利的情节,这样可以把对方证人转化为己方证人。知道对方申请证人出庭时,就需要考虑哪些对己方有利的事实该证人知情,就需要准备发问提纲,试图让该证人讲出对己方有利的事实。但提问应当谨慎,最好让对方证人在不经意中讲出对己方有利的事实。如果刻意去问,证人意识到就可能故意说假话,否定对己方有利的事实。

在对证人的询问过程中,要注意考察证人是否能够正确表达意志,了解其年龄、智力状况或者精神状况。特别是无民事行为能力人和限制行为能力人作为证人出庭作证,首先要考虑待证事实是否与他的年龄、智力状况或者精神状况相适应。如果相适应,可以作为证人;如果不相适应,则应该建议法庭不予采纳。

在对证人的询问中,还应该注意证人与举证的当事人或者代理人的关系。不管律师能否在询问中发现证人证言的虚假,律师都应该问到证人与举证的当事人和代理人的关系,看是否是亲属或者关系密切的同学、同事、朋友等。如果发现了证人证言的虚假,那么,律师就可以向法庭指出,正是这种特殊的人际关系使证人说谎;如果当庭没有抓住证人明显的虚假,律师也应该揭示证人和当事人或者代理人的特殊的关系,提示法庭注意该证言的证明力弱,甚至不能单独作为认定案件事实的依据。

举证方的证人如果不能出庭作证,接受当事人的质询,律师必须向法庭陈述不能出庭接受质询的理由。律师可以这样说:“原告向法庭提交的第八份证据是证人证言。该证人叫某某,她是原告的婆婆。她向法庭证明原告与被告屡次吵架的情形。该证人因瘫痪卧床行动不便无法出庭,希望法庭许可原告提交书面证言。”法律规定了许可不予出庭的情形,律师应该向法庭陈述清楚证人不能出庭的原因,必要的话提供相应的证据。对于不能出庭的证人,法律允许可以提交书面证言或者视听资料或者通过双向视听传输技术手段作证。不过,这些要得到人民法院的许可。只有在得到法庭的许可并提交保证书后,律师才可以宣读书面证言。

质证方的律师发现对方证人不出庭而准备提交书面证言或者视听资料时,如果举证方律师在举证说明中明确了证人不出庭的理由且要求法官予以准许,律师可以看法官的态度。法官如果不让律师发表意见就直接许可的话,律师可以举手示意要求发表意见:"法官,被告认为原告方证人不出庭的理由不能成立,希望法庭不予准许。"然后针对对方的理由予以反驳。法官接受了当然好,不接受律师也不要再多言,是否准许是法官的权力。如果对方律师拿张纸直接念,律师应该及时制止:"希望原告不急于宣读证人证言,因证人不出庭提交书面证言需要具备法定的条件且必须得到法庭的准许。"对于法官准许以书面证言方式作证的,2019 年新修订的最高人民法院《关于民事诉讼证据的若干规定》又增加了该证人也应当签署保证书。如果律师不能提交保证书,该书面证言也不能举证。该保证书一般应当庭前提交法院,当庭宣读,不能在庭后补交。对于没有正当理由但法官又允许出示的书面证人证言,律师除要发现其虚假外,还应该指出这些证据不能单独作为认定案件事实的依据。

在证人陈述完毕之后,律师应该就证人的陈述向法官总结,使法官明白律师所欲证明的主张。

七、出示书证、物证、视听资料和电子数据

在民事案件中,书证比较多,而且在认定案件的事实上起着决定性的作用,律师应该尽可能多的收集书证向法庭提供。在法庭调查的举证中,如果在庭前交换证据中双方已经核对过原件,举证的律师可以不提交证据的原件,否则,应该向法庭提交原件。

法律没有规定举证期限制度以前,律师常常会遭到突然的袭击,对方出示证据后需要律师当庭形成质证意见。现在,律师庭前可以拿到对方所有的证据,律师在庭前的准备中已经想好了理由,准备好质证意见。因此,律师针对对方法庭上出示的书证,尽可以从容地依据庭前准备好的质证内容予以质证。一些书证双方均持有,如合同,一般情况下应该没有什么异议。一些书证是己方当事人书写的,一般也应该没有什么异议。但对方也极有可能伪造一些书证来支持自己的主张,律师应该利用所有已经确认的证据来与伪证进行比较,以发现其虚假之处。律师还应该注意书证的纸张、笔迹等细微之处,以从中发现虚假。对于当事人不认可怀疑有问题的书证,律师一定要仔细研究,努力发现问题。比如要注意笔迹的真假,伪造的笔迹书写不会流畅,有艰涩的感觉,仔细比对,可以感觉出来。

律师在发现书证上的漏洞后,不要立即指出,不妨向对方当事人发问几个问题。如我们要证明某张发票不是发票上记载的时间开具的,是事后补开的发票,就可以先从无关的问题问起,最后要得到对方肯定的回答:这张发票肯定是支付货款的同时对方开具的。在得到这个肯定的回答后,律师再抛出自己的武器,证明这张发票一定不是当时开具的,对方自然满盘皆输。再如,拿两份合同,律师不妨询问签订时的具体情形,最好落实到签约时双方当事人均在场,亲手书写,没有别人代书,这时律师再抛出字体明显不同的疑问。

在民事诉讼中伪造的书证并不常见,律师一经发现伪证,一定要穷追猛打。

在民事案件中,物证相对于刑事案件显然比较少,许多案件中根本就没有物证。动产的物作为证据的,一般要求提交原物。原物不宜搬移或者不宜保存的,2019 年修订的最高人民法院《关于民事诉讼证据的若干规定》中规定也可以提供复制品、影像资料或者其他替代品。在实践中,提交影像资料最现实。所谓影像资料,无非是视频和照片。如果要表现连续的动作,不妨用视频。如果只需要静止的画面,只需要拍照。以不动产作为证据的,无法将不动产搬到法庭上,只能提交该不动产的影像资料。提交的原则和动产一样,需要用视频的用视频,需要用照片的用照片。但需要指出,这些证据尽管用影像资料的方式提交,但本质上依然是物证,不是视听资料。

视听资料和电子数据现在越来越多地出现在民事案件的法庭上。律师首先要区分到底什么是视听资料,什么是电子数据。

笔者认为,视听资料是指用科学技术的手段对过去所发生的事实的动作、声音的记录。以这种观点来衡量,记录事实发生过程的照片是视听资料,但反映物证或者现场的照片不是视听资料。记录事实发生过程的录音是视听资料，但对证人的录音不是视听资料。记录事实发生过程的录像是视听资料，但对证人或现场的录像不是视听资料。笔者之所以对视听资料做如此分析，是因为不同的证据种类适用不同的证据规则，要用不同的标准进行质证。特别要防止对方当事人以视听资料的名义提交证人证言来代替证人出庭，要明确无论是证人的录音还是录像，这些证据本质上和书面证言是一样的，只有在证人因法定情形不能出庭接受询问，人民法院许可的情况下，当事人才可以作为证人证言提交。不能因为是录音、录像就必然作为视听资料对待。

最高人民法院《关于未经对方当事人同意私自录制其谈话取得的资料不能作为证据使用的批复》曾经规定："……未经过对方当事人同意私自录制其谈话，系不合法行为，以这种手段取得的录音资料，不能作为证据使用。"但在2001年最高人民法院《关于民事诉讼证据的若干规定》中规定为："以侵害他人合法权益或者违反法律禁止性规定的方法取得的证据，不能作为认定案件事实的依据。"学术界一致认为，这样的规定事实上推翻了以前的司法解释，即使录音未经对方当事人同意，只要没有侵害他人的合法权益或者违反法律的禁止性规定，都可以作为认定事实的依据。但在2019年修订的《关于民事诉讼证据的若干规定》中删去了该条款，但我以为这并不意味着该条款规定的法律精神的改变。因此，当对方当事人向法庭提交偷录的视听资料时，质证方的律师就应该着眼于对方的偷录行为是否侵害了己方当事人或者他人的合法权益，是否违反了法律的禁止性规定。

作为证据出示视听资料，要考虑是视频还是音频。如果是视频，一方面要携带电脑当庭出示，另一方面要将关键的画面截图打印。如果是音频，一方面要携带电脑或者其他设备播放，另一方面要将录音记录下来转换成文字。律师要知道一段视频的关键画面在哪个时间点，将关键的部分截图打印，法庭上也可以反复播放。录音比较长的，一定要知道关键的几句话在哪个时间段，在举证播放时可以很快找到。一定要将录音转换成文字，有些方言法官未必听得懂，转换成文字，不仅让所有人看懂，还可以节省法庭播放的时间。视听资料还需要转录在光盘中，方便于法官存入案卷中保存。

视听资料的一个特点是容易通过技术手段进行处理,如录音、录像带的剪接,所以对视听资料法庭质证的另一个重点是研究对方当事人提交的视听资料是否为原始载体,该原始载体是否经过处理。如果律师发现有处理的痕迹,有疑点,律师应当及时指出,提醒法庭不能作为单独认定案件事实的依据。

电子数据是《民事诉讼法》修改时增加的证据种类。计算机中记录的数据、手机等的信息等均应归入此类。在 2019 年修订的最高人民法院《民事诉讼证据的若干规定》第 14 条中进一步明确了电子数据的类别。电子数据作为证据出示时,也要考虑三个问题。一是要携带电脑当庭展示;二是将证明的内容转录到光盘;三是要将截图打印到纸上。携带电脑是便于当庭播放,有些电子数据需要动态的演示,能更清楚地证明律师表达的内容。将证明的内容转录到光盘,是为了法院在案卷中保存方便。光盘薄如纸,插在纸袋中更容易保存。将截图打印在纸上,是将关键的内容打印出来,方便质证。在质证时,应考虑是否经过修改,是否为计算机等媒介中原始的记录。

八、宣读鉴定意见和勘验笔录

如果在庭前双方当事人对鉴定意见均没有异议,鉴定人就无须出庭,法庭举证质证中也应当没有异议。但如果一方当事人对鉴定意见有异议,一定要庭前提出而不是当庭提出异议。在 2019 年修订的最高人民法院《关于民事诉讼证据的若干规定》为鉴定人的出庭设置了前置条件。当事人对第一次鉴定的内容有异议的,一定要在法院指定期间内以书面方式提出。法院将当事人的异议交给鉴定人,要求其作出解释、说明或者补充。只有在当事人收到鉴定人的书面答复后,仍有异议的,人民法院才会在有异议当事人预交鉴定人出庭费用后,通知鉴定人出庭。

质询鉴定人是一个比较困难的工作,因为鉴定是项专业的工作,需要专业的科学知识。律师要能提出有意义的问题,揭示鉴定意见的错误,必须了解一些鉴定意见涉及的科学原理。

对鉴定意见的质询,首先,应该从鉴定人的资格入手,看鉴定人的所学专业、工作经历,看鉴定人对所鉴定事项的相关学科的了解程度,对该学科的权威性著作的了解情况,看鉴定人是否获得相应的资格证书。如果律师试图用某本专著的结论来推翻鉴定人的结论，律师不妨让鉴定人评价该专著。

其次，律师可以就委托鉴定的材料要求鉴定人回答。律师要注意鉴定人所鉴定的材料与本案涉及的材料的关系，是否一定能保证鉴定的材料就是本案涉及的材料，而没有被人调包。另外，律师可以要求鉴定人回答鉴定对材料的质量、期限等的要求，然后再回答实际的鉴定材料如何，是否符合鉴定的要求。特别要注意的是，律师要注意所鉴定的材料是否经过人民法院组织的质证，未经质证的鉴定材料，不得作为鉴定的根据。

再次，律师可以就鉴定的依据及使用的科学技术手段要求鉴定人回答。通过鉴定人的回答，律师要考察鉴定人是否熟练掌握鉴定的依据，正确使用科学技术手段。

最后，律师可以要求鉴定人对鉴定过程予以说明。每一种鉴定都应该有严格而科学的鉴定过程，律师可以通过对鉴定过程的质询，看鉴定人是否严格遵守程序。

以上的这些质询的角度，并不是每一次的质询都要面面俱到，关键是律师在庭前的分析中已经意识到鉴定意见的错误以及错误的原因。在明确错误原因的前提下，律师应该认真研究相关的内容，掌握相关的知识，并找到科学依据。依靠这些科学的依据，通过质询揭示原鉴定意见的错误。

律师毕竟是学法律的，面对不同的鉴定意见要掌握涉及的科学知识是需要下一番苦功的。好在法律允许专家出庭，当事人可以聘请一名至两名具有专门知识的人出庭，一方面对所涉及专门问题进行说明，另一方面可以对鉴定人进行询问。这样律师的工作就可以由专家来做，省了律师的许多麻烦。

对物证或者现场的勘验一般是由人民法院或者其他部门完成的，勘验笔录也由这些部门的人完成。其实，除勘验笔录外，还有现场图、照片或者录像作为勘验笔录的有机组成部分。如果能够作为证据支持自己的观点，律师可以将勘验笔录以及其他附录材料作为证据向法庭举证。

因为现在不单纯地依靠文字来记录物证的状态和现场的情况，更多地依靠科技的手段，因此，大部分情况下，律师对勘验笔录没有异议。如果律师对勘验笔录有异议,认为勘验笔录记载的内容与事实有误,就要向法庭提交证据以证明勘验笔录的错误所在。

九、关于逾期提供的证据

2001年最高人民法院制定的《关于民事诉讼证据的若干规定》确立举证期限与证据交换制度后,对“新的证据”作出界定:“一审程序中的新的证据包括:当事人在一审举证期限届满后新发现的证据;当事人确因客观原因无法在举证期限内提供,经人民法院准许,在延长的期限内仍无法提供的证据。”但在2012年《民事诉讼法》修改之后,改变了原先的提法,取消了新证据的概念,改为逾期提供的证据。

对于逾期提供的证据,《民事诉讼法》首先规定法院应当责令其说明理由,拒不说明理由或者理由不成立的,人民法院才根据不同情形决定不予采纳,或者采纳该证据但予以训诫、罚款。再联系最高人民法院《关于适用〈中华人民共和国民事诉讼法〉的解释》第101条、第102条的规定来看,最高人民法院对逾期提供的证据采取了宽容的态度,只要该证据与案件事实有关,就一定会采纳。

对于举证方的律师来说,如果在举证期限内不能提供证据,应该尽可能在开庭前提供,尽量避免在开庭审理时提出,以避免当庭被罚款训诫。

律师确实不能在开庭以前提交法庭的证据,法律允许律师在开庭审理时提出,但律师必须讲清楚确实属于有客观原因,而不是律师玩弄花招搞突然袭击。律师应该这样发言:“下面原告有一份新的证据向法庭提供。该证据是在开庭前一天才发现的,就是说是在举证期限届满后新发现的证据,开庭前没有来得及向法庭提交。现在向法庭提交。”在这一段话中,首先,申明是新的证据;其次,阐释了当庭提交的理由,以获得法官的谅解。

对举证方当庭提交的证据,质证方首先考虑举证方是否故意或者重大过失逾期提交证据,特别是是否故意当庭提交证据。如果能够说明举证方故意当庭举证搞突然袭击,也许律师的话能引起法官的共鸣,决定对该证据不予采纳。即使采纳该证据,法官也可能会对举证方的当事人或者律师予以训诫、罚款,给对方精神上的打击。

如果对当庭提交的证据没有什么异议,或者有异议但不需要花费时间进行准备，律师可以马上发表质证意见，使法庭的调查继续进行。如果律师对当庭提交的证据有异议，而且律师需要时间形成质证意见，或者需要举证来反驳对方，律师可以要求法庭休庭，给当事人合理的期限准备或者举证。

十、提问

在法庭举证完毕之后，法官会允许当事人互相提问。在开庭之前，律师就应该精心准备一些问题。这些问题主要是己方没有证据证明，希望从对方的回答中得到有利于己方的答案。

提问时不要直接提出你的重点问题，防止对方有所警觉而拒绝回答或者说假话。应该先从一些无关紧要的小问题出发，慢慢诱敌深入，最后点出中心问题，得到满意的答案后及时撤出，防止对方察觉之后改口。

对于大部分的律师发问而言，我认为应当是明知故问。即律师实际上心中已经有答案，是希望从对方当事人的口中将该答案当庭说出来，以引起法官的注意。如果律师自己不知道答案，或者知道答案对自己不利，还坚持提问反倒提醒了对方或者法官。如果在发问过程中，对方当事人的回答没有按照事先预估的那样，则必须立即停止发问。

我们强调律师应当有意识使用提问的手段，主要是基于《民事诉讼法》中自认的证据规则。一方当事人陈述的于己不利的事实，或者对己方不利的事实明确表示承认的，另一方当事人无须举证证明。事实上，有些于对方不利的事实，己方也无法举证，就需要通过提问来设法让对方陈述或者承认于己不利的事实。

己方当事人也面临被对方提问的可能，律师在开庭前应当和己方当事人有充分的沟通，了解全部的事实，甚至律师了解的事实要比当事人了解的还多还详细。只有这样的充分沟通和详细了解，在对方提出问题后，律师才知道应当如何回答。即使对方或者法官不允许律师代替当事人回答，一定要求当事人自己回答问题，律师和当事人也心有灵犀，律师知道当事人会如何回答。一些当事人在开庭前会问我，对方发问如何回答，我的答案是按客观事实来回答。我会特别强调不要回避问题，如实回答许多时候是最好的选择。不要以为法官什么也不知道，其实一个资深的法官见过许多世面，察言观色很快就知道谁讲的是实话。一些当事人对自我感觉不利的发问采取模棱两可的回答,在2019年修订的最高人民法院《关于民事诉讼证据的若干规定》中,明确规定:“一方当事人对于另一方当事人主张的于己不利的事实既不承认也不否认,经审判人员说明并询问后,其仍然不明确表示肯定或者否定的,视为对该事实的承认。”这样的模棱两可也是不可取的。律师还应向当事人强调一点,就是律师对事实的陈述如果有误,出庭当事人一定要指出错误。当事人可以先和律师私下沟通,指出律师的错误,再向法庭公开表明观点,告诉法官刚才我的律师讲的事实是错误的,真正的事实是什么,并要求书记员一定记录在案。原司法解释规定的全权委托代理的律师的陈述视为当事人的陈述,一般代理的律师陈述不同于当事人自己的陈述,但2019年修订的最高人民法院《关于民事诉讼证据的若干规定》改变了原有的规定,不区分委托授权的范围,除授权委托书明确排除的事项外,诉讼代理人的自认视为当事人的自认。该司法解释还新规定了撤销自认的程序,经双方当事人同意的自认,或者是在受胁迫或者重大误解情况下作出的自认可以申请撤销,但是否准许,需要法院裁定。

法官在双方提问完毕后,就一些需要了解的问题也会向当事人发问。这些问题或者是没有查清,或者争议比较大,或者是双方均没有涉及而法官认为需要查清的。法官会点名要求当事人自己回答问题,而不准律师替当事人回答。律师不能阻止当事人自己回答。在法官心目中,当事人毕竟是纠纷的亲历者,陈述的事实相对来说比较客观真实。而对律师的回答就担心有取舍,有利的承认,不利的回避。律师特别要注意法官关注的问题,如果当事人没有很好地回答,律师也需要恰当地使法官知道我们的观点,可以主动向法官予以说明。在最后的判决书中,律师就理解了法官发问的原因。

在共同诉讼案件中,律师还需要关注其他共同诉讼人的陈述。如果是必要的共同诉讼,共同诉讼人中一人或者数人作出自认而其他共同诉讼人予以否认的,不发生自认的效力。其他共同诉讼人既不承认也不否认,经审判人员说明并询问后仍然不明确表示意见的,视为全体共同诉讼人的自认。当事人不清楚自认的法律后果,律师要向当事人讲清楚,当某个共同诉讼人的陈述,明确承认于己不利的事实,律师一定要和当事人商量,正确表态是否认可该陈述。其实,不仅仅局限在发问中,整个庭审过程中,只要其他共同诉讼人涉及于己不利的事实,己方不认可的,都需要及时表态否认。

十一、法庭辩论

一些法官在法庭调查之后法庭辩论之前会做一番总结,并确定争议焦点,以限定双方辩论的范围,律师则需要注意看法官总结的争议焦点是否正确。

辩论一般先从原告开始,由原告律师发表第一轮代理意见。第一轮代理意见的原则是"既立又破,以立为主"。立就是要首先充分阐明自己的观点,根据法庭举证的结果对自己的主张做充分的阐释。破就是反驳对方的观点,在阐释自己主张的同时适当反驳被告的主张。在立与破的关系处理上,立是主要的,破是次要的。律师不要着急反驳被告的观点,应该先把自己的观点立起来,向法官充分阐释。自己的观点立起来了,其他观点不攻自破。

律师应该养成脱稿演讲的习惯,自然地讲述更能吸引法官的注意力。律师的语言要有气势,不可有气无力、拖泥带水,但不能有声嘶力竭之感。可以配以适度的手势,但不能有张牙舞爪之嫌。轻、重、快、慢要适度,根据所表达的内容予以调节。要饱含感情,忌装腔作势,太多情绪化的表达会使人产生作秀的感觉,会惹法官讨厌。

律师应该始终明白一点,不要试图去说服对方当事人和律师,律师说服的对象是法官。因此,律师在陈述自己观点的过程中,应该观察法官的反应,看是否理解掌握。如果法官神情倦怠,律师应该以适当的停顿来重新唤起法官的注意。如果法官面露不解之色,律师则需要略为详细阐释;如果法官不断点头称是,则可以简短陈述。到法庭辩论阶段,法官对案件的基本事实和双方的观点已经有了详细的了解,也有了大致的判决思路。形成心理定式后,如果认可你的观点,就不希望律师再展开谈,若彻底否定你的观点,律师讲得再天花乱坠也提不起他的兴趣。但在很多情况下,法官心中对案件只是有个大致的感觉,并没有明确的答案,就会想好好听听律师的意见。

代理词的习惯性开头是:"审判长、审判员:某律师事务所接受本案原告的委托,指派我为代理人参与诉讼。”其实,不必拘泥于此,律师的身份在开庭核对身份时已经查明,没有必要加以说明。律师可以直奔主题:“经过刚才的法庭调查,原告认为,原告的诉讼请求是成立的,法庭应该依法支持原告的主张。理由如下:……”也可以结合本案的具体情况,设计一个开局。这样的开局应该和案件有关联,目的是吸引法官的注意和同情,但不可太长,以免喧宾夺主。

代理词的思路应该非常清楚,用一二三罗列清楚,但不能有太多的小1、2、3,以防搅浑法官的头脑。每段首先提出观点,然后论述。观点应该明确,论述应该细致。

第一轮辩论被告发言时,律师应该尽快把握被告的基本观点,思考与答辩状中观点的差异,与举证时观点的差异。律师应该在记录被告基本观点的同时,就设计出反驳的基本思路,并简单记在开庭笔录里。

第二轮辩论重在“破中有立,以破为主”。就是要针对被告的观点展开反驳,在反驳中再次阐述原告的观点。在反驳中要注意寻找被告整个观点的支柱,揪住不放釜底抽薪,不要拘泥于细碎的问题。不必事事反驳,句句辩论,有些无稽之谈法官都不予理会,律师更不必费口舌。不要太多重复第一轮辩论时的观点,法官对此非常反感。

第二轮辩论结束之后,一般情况下双方的基本观点已经明了,法官会准备终结辩论程序。律师如果认为被告第二轮的辩论中有新的看法,则需要反驳,但反驳应该简洁而有力。

在法庭辩论中,最大的问题就是律师要说,但法官给的时间不足。一个案件在开庭几小时后,律师要学会一种本事,给多长时间说多长时间的话,还要把观点讲清楚。时间长短不同,律师的表达方式就不同,学会抓住重点,精干利落地表达自己的观点。律师要配合法官完成庭审,不要故意磨磨蹭蹭拖延时间。法官手中有自由裁量权,如果把对律师的不满转移到当事人身上,当事人就会蒙受损失。我们从正常人的角度去理解法官,就容易在法庭上配合好。

十二、最后陈述

法庭辩论结束之后,法官会要求当事人进行最后的陈述。经过法庭调查及法庭辩论,双方的证据和观点基本明了,法官希望在最后听取当事人的意见,希望知道当事人的诉讼请求有没有改变。

一般情况下原告的最后陈述应该是:“根据今天的法庭调查和法庭辩论,原告认为原告的主张是成立的,希望人民法院依法判决,支持原告的诉讼请求。”或者简化为:“希望法院支持原告的诉讼请求。”被告的最后陈述取决于被告答辩的基本态度。如果认可原告的诉讼请求,可以说:“希望法院依法判决。”如果部分认可,部分否认,也可以明确希望按照认可的诉讼请求判决而驳回其他诉讼请求。如果认为本案不应当立案,则说:“希望法庭驳回起诉。”如果认为原告的诉讼请求人民法院不应当支持,则说:“希望驳回原告的全部诉讼请求。”如果认为被告不承担责任,而应当由其他被告承担责任,则说:“希望判决被告某某不承担责任。”

十三、法庭调解

除离婚案件由法官宣布依法进行调解外,其他案件在最后陈述之后,由审判长或者承办法官询问当事人是否愿意接受调解。如果有一方不同意调解,法庭则不再主持调解。如果双方同意调解,可在法官的主持下当庭调解或者休庭后调解。

被告同意调解是基本上认可原告的诉讼请求,力求减少损失。原告同意调解的前提,除考虑以后双方的关系外,主要应该考虑执行的难度。除非原告对判决后的执行有相当的信心,或者被告有充足的财产可供执行,否则原告不应该拒绝调解。原告若坚持法院判决,会很快拿到判决书,但真正得到财产也许要很长时间,可能还要付出很多。原告律师应该帮助当事人权衡利弊,审时度势,决定是否同意调解。

这样的调解必然是原告作出让步,是原告放弃自己的一部分利益。放弃的幅度应该取决于预测执行所需要付出的代价的大小,不可以一味无原则的让步。原告同意调解后,法官会要求双方提出调解方案,律师应当在确定自己希望得到的目标后,略高一些提出自己的调解方案。该方案不可太高,出乎被告的想象,可能会吓走被告不再调解。但也不能太接近自己的目标,没有降价的空间。能否调解成功,如街头买菜卖菜一般,也需要许多技巧。

调解尽可能追求被告现场给付,无论是多还是少,现场给了钱,这个事情就此了结。但如果被告确实没有现场给付的条件,只得分期支付。

有些被告在调解时答应分期支付,但到履行期限后,又找种种理由不履行调解协议,因此最好在调解协议中约定,如果不按照约定的时间履行调解协议的内容,原告可以主张原先放弃的利益,也许对被告是个制约。

十四、休庭之后

休庭之后,当事人和律师都要校对庭审笔录。以笔录现有仍是书记员人工录入,很少有能够完整记录的,因此,律师不必责备书记员没有记全。律师主要把握对本案事实的认定起关键作用的陈述,看是否完整记录。看笔录时,书记员往往强调只核对自己陈述的,不能管别人陈述记录是否正确,这是不对的。其他当事人的某些陈述对事实的认定有决定意义,应该督促书记员补正。按司法实践中的惯例,律师只需在庭审笔录结尾签字,当事人则不仅需要在庭审笔录上签字,而且要在每一张庭审笔录和书记员笔误修改处捺指印,以防止有人事后篡改。如果当事人没有出庭,则需要律师代劳。

许多律师在庭前写好代理词,辩论中宣读以后就交给法官。我认为,事先写好的代理词绝不可能囊括所有的观点,特别是辩论中临时出现的观点。因此,我主张开庭前撰写代理词提纲,庭后再在提纲的基础上,撰写代理词。这样,在双方的观点明了之后,律师可以沉下心来重新考虑自己的主张,梳理自己的思路,一些新的观点也可以补充进去。

有些律师既不在庭前写代理词,也不在庭后写代理词,认为在法庭上说说书记员记在庭审笔录中就可以了。这是一种极不负责任的态度,是律师在偷懒。除非法官当庭判决,再提交代理词失去意义,律师在开庭后必须提交代理词。代理词可以完整地体现律师的观点,可以在合议庭合议时影响法官。年轻律师应当将写代理词作为律师对当事人的基本义务,不可偷懒。

代理词的写法也有固定的套路,常见的开头写法是:"尊敬的审判长、审判员:某某律师事务所接受本案当事人的委托,指派我出庭代理。"我更喜欢用"尊敬的法官"或者"尊敬的法官、人民陪审员"开头。有律师喜欢接着说,在接受委托之后,我干了什么工作,我个人认为没有必要。关键应当在代理词的开头表明己方的基本观点,是认为合同无效,还是认为被告不构成违约等,应当开门见山表明态度。当然,如果案件有特殊情况,律师也可以根据具体情况插些话，如因被告的行为造成原告的痛苦，可以替被告表达些歉意。具体情况具体论，但不宜太长影响主题。

代理词的正文部分一定要分大段，用大标题表明本大段的中心思想。我要特别强调每一段标题的作用，最好不用空泛的语言，如事实不清、证据不足、适用法律错误之类，而应当直接表明本段的基本思想，让阅读者即使不再往下看，也可以理解本段的重点所在。如我们认为原告适用法律错误，就直接在标题中写明原告适用某法某条是错误的，应当适用某法某条。在新闻学中，新闻标题是专门的一门课，训练记者、编辑写标题的目的就是用标题来吸引读者，因此现在有所谓"标题党"的说法。律师在写代理词时也应当有这样的意识，努力在标题中将自己的基本观点体现出来，用标题去影响法官。

如果行文较长，在一二三这样的大标题下需要小标题。最好不要一个长段写到底。适度的另起一行分段，将不同的主题安排在不同的段落，有助于法官的阅读，有助于法官轻松地把握律师的思想。

在每一小段中，都有一个主题思想，在每段的开头处或者结尾处，用一个简练的句子表达本段的主题。中间的内容，是对该段主题的具体阐释。年轻律师容易犯的毛病是阐释不足，一个很重要的思想，在他们笔下就变成干巴巴的几句话，无法说服法官。甚至有时候，一个很重要的观点，被轻轻松松写出来，湮没在众多空洞的语词中。

代理词不能太短，太短说明律师说理不充分，该讲的内容没有讲出来。说理充分，必然导致代理词内容丰富，文章自然就长。但也要避免代理词太长太啰唆，东扯西扯写了很多，会淹没核心思想。在实行法官员额制后，每个法官承办案件数增加，代理词太长会影响法官读下去的兴趣。

律师写好代理词，仔细校对确保没有错别字，再发给当事人看。一些律师在写好代理词后直接交法院，我认为不妥。让当事人看，首先，要当事人审查代理词中对事实的陈述是否正确。2019 年修订的最高人民法院《关于民事诉讼证据的若干规定》规定，在代理词中明确承认于己不利的事实，视为自认。因此一定要获得当事人的认可。其次，也应当让当事人系统了解律师的思路。

有些法官在开庭结束时会叮咛律师，在开庭后多长时间内交来代理词。有些法官在合议前甚至会催促律师尽快交代理词。不管如何,律师在开庭后的一周内应当提交代理词。早交,早影响法官。如果在合议后提交,就失去了交代理词的意义。除代理词之外,还应注意法官在法庭上叮嘱当事人庭后补交的材料,律师在送交代理词时一并完成。甚至还可以把起诉状、答辩状和代理词的电子文本发给法官或者书记员,可以免去些他们撰写判决书时的麻烦。

在提交代理词后,律师原则上就应当等法院的判决了。法院判决后,也许会通知律师去领裁判文书,也许直接将裁判文书寄到律师事务所,也许通知当事人去领,但很少会再开庭进行宣判。尽管司法腐败现象确实存在,但大部分判决还是公正的。律师在接到裁判文书之后,如果诉讼请求全部为法院所支持,自然没有什么问题。如果部分支持,则要考虑是否上诉。若全部驳回,律师更应该认真反思。原告的诉讼请求全部被驳回或者被驳回起诉,对于原告的律师是非常难堪的事,但不要一味地认为是法官偏袒,律师应该仔细考虑法院判决的理由,反思自己的主张是否一定正确。若认为一审判决有误,可以建议当事人上诉。

第七章　上诉案件律师的代理

要　目

一、研究判决书、裁定书

一审宣判之后，代理律师应该得到一份判决书或者裁定书。按理说得到判决书或者裁定书是律师的权利，事实上，法院有时会忘记给律师送达，代理律师只得从当事人手中得到一份判决书或者裁定书。一些律师休庭以后，就不再关注案件，不说输赢，连判决书或者裁定书也懒得要。律师的案卷中没有判决书或者裁定书，未免是个遗憾。

律师应该得到判决书或者裁定书的主要理由其实还是律师应该研究判决书或者裁定书。对于一审自己代理的案件，律师要研究自己的主张是否得到合议庭的采纳，当事人的合法权益是否得到维护，法官的裁决是否有错误等。对于一审自己没有代理的案件，律师要通过判决书或者裁定书了解案情，了解法院裁决的理由，审查判决或者裁定是否正确。

面对一份判决书或者裁定书，首先，律师应该研究法官认定的事实是否正确，是否与当事人主张的事实一致，关键的情节是否全部有叙述。其次，律师应该考虑适用法律是否正确，法官认定的法律关系是否与律师的看法一致,是否符合法律的规定,理由是否正确。最后,律师还应该考虑诉讼程序是否正确,如果错误,是否会影响到案件的正确判决。

如果律师代理过一审,对整个案件了然于胸,很快就会对法院的判决或者裁定作出判断。但如果律师没有代理一审,之前对案件一无所知,则不能仅仅靠研究判决书或者裁定书就得出结论。律师应该要求当事人提供全部的案卷,包括一审律师的代理词,仔细阅读这些文字材料,并就一些事实对当事人询问之后,才可以形成自己的看法。

二、提出意见

当事人请律师来研究判决书或者裁定书,是为了听取律师的意见,以决定是否提起上诉。律师的意见常常左右当事人的态度。

人民法院的判决或者裁定可分为三种情况:完全正确、部分正确、完全不正确。如果律师认为法院的判决或者裁定完全正确,则建议当事人放弃上诉。如果律师认为法院的判决或者裁定完全不正确,律师原则上应该建议当事人上诉,但律师有时候也应该考虑是否值得提起上诉。如果法院的判决或者裁定部分正确部分错误,则要综合考虑是否上诉。

诉讼活动也是一种经济活动,许多当事人是为了经济的目的而提起诉讼,将诉讼继续进行下去是要付出成本的,因此,我们必须考虑这个钱花得值得不值得。提起上诉首先要交纳上诉费,这对许多当事人的经济状况也是一种考验。如果交纳上诉费后败诉,则当事人要自己承担诉讼费用,这样会加大当事人的经济负担。有时候即使案件胜诉,但执行可能非常困难,当事人可能连上诉费也不能尽快收回。另外,提起上诉,当事人还需要另行委托律师,再交律师费。

我们需要考虑的另一个问题是胜诉的可能性。这是一个非常复杂的问题。当然,律师对案件的准确判断最重要。如果律师自己认为判断正确,但事实上律师的看法是错误的,那么胜诉的可能性就比较小,这取决于律师的法学理论造诣。但仅仅靠律师的法律分析远远不够,案件属于哪个地区的法院管辖常常也会成为决定案件胜败的因素。这就存在我们常说的所谓地方保护主义,国家绝对禁止,但事实上又是存在的,律师在决定是否上诉时应该考虑到这些因素。

一些老百姓坚持要把官司继续打下去是为了争一口气。我们应该理解当事人的想法。如果案件的当事人生活在同一个地域空间里，官司的胜败与当事人在一个群体中的地位密切相关。官司赢了，免不了趾高气扬；官司输了，别人很可能落井下石。完全劝当事人不要赌气也不现实，但应该和当事人分析清楚这个气赌得起赌不起。

当然，律师的意见毕竟是意见，是否提起上诉最终还是应该由当事人自己决定。需要提醒的是，律师万万不可为了赚取律师费，不顾案件的实际情况，给当事人许诺，使当事人产生信心的"泡沫"。律师应该综合决定胜败的各种因素向当事人交代清楚，特别应该把诉讼中可能出现的不利局面给当事人讲清楚，让当事人心中有数。无原则的承诺，最终对律师是有害的。

三、开辟新思路

如果当事人决定聘请你担任他二审的代理律师，而你也同意接手的话，下面例行的工作当然是签订委托代理合同。当事人交纳律师费以后，律师就可以全面开始工作了。

其实在接案以前，律师已经对案件有初步的认识，但正式受理以后，律师依然需要对案件做深入的思考。特别是自己代理过一审的案件，律师思想上容易产生惰性，认为自己已经全面思考过了，已经成竹在胸，不愿花费时间和精力再去思考。其实，很多问题如果深入思考，常常能有新的思想产生。因此，律师要努力撇开原先的思路，考虑自己的意见一审为什么没有采纳，自己的观点是否有漏洞，能否进一步完善。如果能在原有观点的基础上更上一层楼，也许会有柳暗花明又一村的效果。

如果律师没有参与一审的代理，是新接手案件，律师最好不要受一审代理人观点的影响，尽可能撇开一审的思路，提出自己新的观点。当事人之所以抛弃一审的代理人，多是对一审代理人心生不满，对二审新聘律师满存希望。律师要让当事人满意，就得拿出些真本事来，提出些新观点，让当事人有别有洞天之感。当然，律师也不要矫枉过正，明明知道一审代理人的观点正确，为了显示自己的能力，一定要别出心裁，讲出一套歪理来。如果一审代理人对案件的把握确有可商榷之处，律师也不可大肆诋毁他人。你把你正确的道理讲清楚，当事人自会明白一切。

在确定二审的基本思路之后，律师还应该努力去发现新的证据以支持自己的主张。特别是在二审律师的思路与一审律师有差异的情况下,这个工作更有进行的必要。在不同思路的指引下,原来被一审代理人抛弃的证据可能会重新焕发光辉。特别是一审法院是以证据不足为由作出的判决,二审就必须收集到足以说服法官的证据。对于对方当事人一审时提交的证据有疑问的,二审期间也应该收集新的证据,以揭露对方证据的虚假。

四、撰写上诉状

因为提起上诉的时间短暂,当事人往往有着急递交上诉状的念头。一些律师在接受代理以后,不去仔细研究案情,不分青红皂白,提笔就写上诉状,匆匆忙忙递给当事人去立案。这种做法是错误的。民事案件的二审审理不是对案件的整体审理,而是围绕着上诉人的上诉请求来进行的。这样,上诉状就有着决定性的意义,决定着二审的审理范围。因此,只有在形成二审的基本思路之后,才可以撰写上诉状。没有对案件进行深入的思考就先写上诉状的做法是错误的。

写上诉状的第一项内容是确定当事人。上诉人的确定一般不会有什么问题,一审的原告、被告、有独立请求权的第三人、无独立请求权但判决承担责任的第三人都有权利提起上诉。这些当事人中对一审判决、裁定不服的人,均可以提起上诉。那么,原则上其他当事人就是被上诉人了。需要强调的是,如果是必要的共同诉讼,且只有一人或者部分人提出上诉,不能把其他人都列成上诉人或者被上诉人。律师应该翻阅一下最高人民法院《关于适用〈中华人民共和国民事诉讼法〉的解释》第319条的规定,“必要共同诉讼人的一人或者部分人提起上诉的,按下列情形分别处理:(一)上诉仅对与对方当事人之间权利义务分担有意见,不涉及其他共同诉讼人利益的,对方当事人为被上诉人,未上诉的同一方当事人依原审诉讼地位列明;(二)上诉仅对共同诉讼人之间权利义务分担有意见,不涉及对方当事人利益的,未上诉的同一方当事人为被上诉人,对方当事人依原审诉讼地位列明;(三)上诉对双方当事人之间以及共同诉讼人之间权利义务承担有意见的,未提出上诉的其他当事人均为被上诉人”。那么,在上诉状中,除上诉人和被上诉人外,还可能有原审原告、原审被告、原审第三人。许多律师常常忽视这一点,把所有的其他当事人都列为被上诉人,凭空增加了许多“对手”。如果是普通的共同诉讼,问题就比较简单,律师应该清楚自己的当事人和谁存在争议,不应该乱拉被上诉人。

上诉状的第二项主要内容是上诉的请求,这决定着二审的审理目的。二审的结果可能是维持原判、驳回上诉,也可能是直接改判,还可能是发回重审。上诉人的请求绝不可能是希望维持原判,也不应是发回重审。上诉人直接请求发回重审是错误的,上诉人的目的是改判,对上诉人而言,根本没有必要直接请求发回重审。因此,原则上讲所有上诉状的首要请求是撤销一审判决,但未必是撤销全部的判决内容,有必要写清楚撤销一审判决的全部还是第几项。撤销的目的就是改判,要直接写出希望改判的结果。如果上诉人为一审的原告,那么二审希望得到的改判结果应该和一审的诉讼请求相呼应,不应该提出一审起诉状中没有的请求。如果上诉人二审增加独立的诉讼请求,二审法院在自愿调解外不对新增加的独立的诉讼请求进行审理。如果上诉人为一审的被告,那么二审的诉讼请求应该是请求改判不承担责任,而不应该写进要求对方赔偿损失之类的话。

上诉状的第三项内容是事实和理由,这也是上诉状的主要内容。律师应该针对一审的判决,主要从事实和法律两方面讲出自己的理由。要注意上诉状不同于代理词,在上诉状中要明确上诉的理由,你为什么对一审判决不服,二审应该如何判,但没有必要详细陈述理由,这个工作可在法庭完成。上诉状应该是个文章的提纲,简练但要摆明基本的观点。二审的审理原则上应该根据上诉人的上诉状和被上诉人的答辩状来确定法庭调查的重点和法庭辩论的重点。如果律师留着秘密观点准备到法庭上搞突然袭击,这是不合时宜的做法,很可能会自取其辱。律师应该对上诉状的作用有清醒的认识,明白它绝不仅仅是提起二审,而是决定着二审的基本走向。有些官司之所以会输,其实早在起草上诉状时就已经决定了。

上诉状写好后应该交当事人阅读,听取当事人的意见。如果当事人的意见正确,律师应该在上诉状中予以改正。如果当事人的意见不正确,律师也应该耐心地予以说明。上诉状在经当事人同意定稿以后,要告知当事人不要不经律师随意修改,特别在让当事人自己打印的情况下。

上诉状应该工工整整地打印出来,让上诉人盖章或者签字、按指印后送交法院。尽管法院并没有要求上诉状必须打印,但最好不要手抄。打印稿和手抄稿给人两种截然不同的感觉。如果律师手写好后交当事人去打印,要叮嘱当事人仔细校对,千万不要出现文字错误。

律师在接手案件以后,就一定要牢牢记住上诉的期限,注意判决书和裁定书上诉期限的不同。注意判决书、裁定书上的时间不是送达的时间,要向当事人了解清楚他在送达回证上注明的收到判决书、裁定书的时间。如果因为律师的原因而耽误上诉的期限,那是绝不可以饶恕的事情,严格地讲律师事务所应该赔偿当事人由此遭受的损失。如果确实因为不可抗拒的事由或者其他正当理由耽误期限的,律师应该知道还有补救措施,可以在障碍消除的10日内向人民法院申请顺延,由人民法院决定是否同意顺延。但律师万不可在法定期限内不上诉,而试图在超过法定期限以后申请法院同意顺延,这无疑是愚蠢的举动。

尽管一审的判决书、裁定书申明上诉状可以送到二审法院,但还是直接送达原审法院较妥。递交上诉状后,律师应该督促当事人按照法院的要求在规定时间内交纳上诉费,否则,法院可以按自动撤诉处理。

五、撰写答辩状

许多被上诉人是在收到上诉状才考虑聘请律师,因此,是带着上诉状找到律师的。对于上诉人聘请的律师,律师要考虑上诉成功的希望有多大,甚至考虑是否接案。对于被上诉人聘请的律师,则不需要考虑这么多。上诉已经提起,律师唯一应该考虑的只是如何维护一审的判决,为法庭驳回上诉人的上诉请求提供充分的理由。如果你是一审的代理人,被上诉人继续找你代理二审,是对你的信任,你要继续努力。但如果被上诉人放弃了你,又重新找其他律师代理二审,则律师自己要考虑为什么失去了客户。

律师应该仔细研究上诉状,研究上诉理由是否成立,并提出相应的对策。上诉状中的基本观点决定着二审法庭审理的方向,所以律师应该针对上诉状的问题一一反驳,不可遗漏上诉人的每一个问题。

律师应该仔细研究一审的判决书、裁定书,深入理解法官的思想。对于一审正确的部分,律师应该坚决维护,并能将一审法官的思想发扬光大。而一审错误的地方,律师可以避开不谈,但应该做到心中有数,需要向当事人阐释清楚。没有必要无原则地维护一审的观点，如果一审判决明显错误，律师不妨撇开一审判决，寻找第三条出路来维护当事人的利益。

《民事诉讼法》没有规定被上诉人必须在答辩期限内提交答辩状，但不等于律师可以不写答辩状。律师在开庭前应该准备一份书面答辩状，简要反驳上诉人的观点并列出自己的基本观点。在答辩状中没有必要详细阐释被上诉人的思想，那是代理词的事。

鉴于答辩状事关重大，律师最好不要太着急去写答辩状，特别是不要太着急去向法院提交答辩状，最好根据阅卷的结果，再做必要的调查，基本思路形成以后，律师再去提交答辩状。

六、二审开庭

二审法院对上诉案件可能不开庭审理而径行判决或者裁定，因此，律师不可在递交上诉状后不闻不问，在家坐等法院的开庭通知。律师应该及时和二审法官取得联系，交流消息，如果二审法官有不开庭之意，律师应该及时将自己的代理意见提交给法庭。如果对方也提交了代理词，律师应向法官要求复制阅读，如果有新观点需要批驳的，有必要再交一份补充代理词。目的很简单，既然不能在法庭上影响法官，只能靠法庭下影响了。如果法官只听到单方面的意见，则可能作出偏袒的结论。不过，现在民事案件中二审不开庭的不是很多，大部分二审案件都开庭审理。如果律师认为不开庭审理于当事人不利的话，律师应该坚持要求开庭审理，但事实上法律并没有赋予律师申请开庭的权利，但律师可以递交开庭申请书，也许合议庭会考虑律师的意见。

不同于一审的是，二审案件律师开庭前应该到法院阅卷，特别是一审的开庭笔录。律师最好将一审开庭笔录及对方当事人一审提交的证据复印，带回办公室认真研究。律师应该再次明确哪些属于双方没有异议的证据，哪些属于有异议的证据。对于己方被质疑的证据，律师应该研究对方质证的观点，相应地准备好反驳的材料；对于对方的虚假证据，律师应该进一步思考，努力揭露其虚假性。

二审开庭以前，律师应该像一审一样做好开庭的准备。所有的证据，无论是一审中提交的，还是二审中新增加的，都应该整理清楚，复印成双份待用。写出较详细的代理词提纲,进一步充实自己的观点。开庭时带上必要的法律文本及书籍备查。千万记住让当事人开庭时带齐证据的原件。

二审的法庭审理与一审并没有很大的不同,基本的程序是一样的。所不同的是,一审是围绕着起诉状确定的范围,围绕答辩状确定的争议焦点,双方展开举证和辩论。而二审是围绕上诉状和答辩状争议的问题调查辩论。

在法庭调查阶段,法官可能会让上诉人先念上诉状。如果上诉状太长,法官甚至仅仅让念上诉状中的标题。许多上诉状把所有的上诉理由都讲尽了,会导致辩论时无话可讲。且法官往往事先看过答辩状后,在法庭上就不愿意浪费时间让上诉人再念一次。但被上诉人的答辩法官一定会细细听,因此被上诉人的律师一定要把书面的答辩状递交法官。

下一步法官会拿出一审的裁判文书,就一审认定的事实部分征求双方的意见,看哪些认定的事实双方当事人有异议。律师在开庭前一定要征求当事人的意见,在一审裁判文书上画出有异议的部分。

之后,法官会总结二审的争议焦点,要求双方当事人围绕争议焦点来进行举证。有时候,法官允许律师把一审中提交的所有的证据再重新举一次;有时候,法官只一句话"是否有新的证据向法庭提供",而不需要再举一审的证据。

2001 年施行的最高人民法院《关于民事诉讼证据的若干规定》规定:"二审程序中的新的证据包括:一审庭审结束后新发现的证据;当事人在一审举证期限届满前申请人民法院调查取证未获准许,二审法院经审查认为应当准许并依当事人申请调取的证据。"但在最高人民法院《关于适用〈中华人民共和国民事诉讼法〉的解释》中并没有这样的规定,在该司法解释的第 99 条中提到,人民法院确定举证期限,"当事人提供新的证据的第二审案件不得少于十日"。在 2019 年修订的最高人民法院《关于民事诉讼证据的若干规定》也删去了新证据的规定。这就意味着二审案件同样适用举证期限制度。从新精神来看,只要是与案件相关的证据,即使一审中没有提交,即使超过举证期限,二审法院原则上也会采纳。只不过是对于故意或者重大过失的举证方要予以训诫、罚款。

即使二审中不再举新的证据，律师依然要围绕法官总结的争议焦点发表自己的看法。这时候就不要等法庭辩论了，不要一些话留到法庭辩论阶段才说。二审法官现在想知道的是律师对该争议焦点的看法，而不会要求必须围绕证据和事实。这样审下去，其实到法庭辩论阶段，双方该说的就已经全部说清楚了，法庭辩论的程序就没有了必要。因此，我个人主张，二审的开庭审理应当不同于一审，不必一定区分法庭调查和法庭辩论。

在二审的法庭上，法官感兴趣的是一审中没有提到的观点。至于一审中双方的观点，法官很可能庭前阅卷时就已经了解，已经形成了自己的判断。律师应该在法庭审理中着重阐释自己新的观点，以改变法官阅卷时形成的对自己不利的判断。

二审和一审一样，在法庭辩论以及最后陈述之后，法官会主持当事人调解。能够调解的前提是当事人对诉讼的结果有一个比较清晰的预判。估计胜诉的一方考虑到执行的困难，可以考虑采取调解的方法予以了结，尽可能在调解的同时得到判决的执行。估计败诉的一方考虑到减少损失，也可以采取调解的方法。似乎已经形成这样的惯例，调解总是有利的一方让一让，以求和平的解决。如果当事人对诉讼的结果没有正确的预估，是不会同意调解的。律师在这个时候显得非常重要，律师要向当事人预测案件的结果，当事人根据律师的预测决定是否调解及调解的方案。如果律师对诉讼结果的预测事后被证明是错误的，当事人会恨律师一辈子。

七、二审判决与申请再审

二审的判决或者裁定总是有人欢喜有人愁。二审的结果不是必然正确的。就法官而言，理论上讲，二审法官水平应该高于一审法官，但事实上可能并非完全如此。上级法院法官的水平并不必然比下级法院的水平高。一些当事人又把握住我们二审终审制的特点，把精力放在了二审，一审随便由法官去审，留着精力和本事到二审中用。于是，一些案件不是越审越好，而是越审越糟。本来一审正确的案件，二审一改反而改得莫名其妙。但愿在司法改革后，情况有所好转。

发回重审的案件其实是增加了当事人的负担，当事人得重新面对一次诉讼。发回重审的主要理由是一审判决或者裁定的事实不清、证据不足,律师在接手重审案件后要仔细琢磨发回的原因,针对二审法官提出的问题寻找证据,补充证据,力争把事实弄清楚,最次也要把支持自己主张的事实讲清楚。因违反程序规定而导致一审判决错误而发回的案件也有,但不是很多。

如果不是发回重审,那么不论是维持原判还是直接改判,诉讼按照一般程序就到此为止了。对于这样的结果,总会有当事人不满意,有些当事人的情绪甚至会非常激动,叫着要告到最高人民法院去。但律师却不可激动,律师应该仔细研究二审的判决,给当事人一个正确的意见。如果判决是正确的,律师应该把判决的正确性向当事人阐释清楚,告诉当事人再申诉也是徒劳。如果当事人不听律师的意见,那么只能请当事人另请高明了。如果判决有错误,律师也应该给当事人讲清楚,但需要考虑的是,值不值得再次折腾。律师应该给当事人讲清楚申诉的难度,权衡利弊后让当事人自己决定。有时候律师需要做一些息讼的工作,于当事人、社会都是有益的。只要判决有些问题,律师就鼓动当事人申诉,从中赚取律师费,这样的行为太没有职业道德了。如果申诉没有任何结果,当事人会反过来埋怨律师,甚至会要求律师退还律师费。如果原审是调解结案,提起再审的难度更大。如果调解协议的内容违反法律,这个不需要用证据证明,还比较容易;如果理由是调解协议违反自愿原则,必须有足够的证据来证明。

如果律师认为判决确有错误,当事人又坚持申请再审的,律师在办理手续后,可以代理为当事人申请再审。但需要和当事人讲清楚,代理申请再审和裁定再审以后的代理是两个概念。代理申请再审,仅到人民法院裁定再审或裁定驳回再审申请为止。如果申请再审成功,人民法院裁定再审,案件进入再审程序审理,当事人需要另外办理委托手续。

接受申请再审代理后,律师首要做的工作是撰写再审申请书。再审申请书的格式没有什么特殊的规定,与起诉状和上诉状相比,主要是把原告被告、上诉人被上诉人,变为申请人被申请人,再审的请求应该明确是撤销原审判决、裁定或者调解书。在事实和理由中,首先要表明对原审裁判不服,写明原审裁判的编号,申请再审的理由要紧紧扣住《民事诉讼法》

第211条的法定情形，明确申请提起再审的理由是《民事诉讼法》第211条中的哪一项。是“有新的证据，足以推翻原判决、裁定”，还是“原判决、裁定认定的基本事实缺乏证据证明”。在明确了这些法定情形后，再具体论述。尽管法律把人民法院违反法定程序和审判人员在审理该案件时有贪污受贿、徇私舞弊、枉法裁判行为的，也列为申请再审的情形，但我认为只有在存在实体错误的情况下，这些程序错误才有价值。如果原审的结果当事人并没有异议，即使程序中确实存在问题，也没有提起再审的必要。如果原审是调解结案的，那么提起再审的理由只能是调解违反自愿原则或者调解协议的内容违反法律，不能是其他理由。

受理再审申请的法院，原则上是上一级人民法院。但如果当事人一方人数众多或者当事人双方为公民的案件，也可以向原审人民法院申请再审。一般情况下，律师应该建议当事人直接向上一级人民法院递交再审申请书。现在，人民法院审查再审申请书的部门是立案庭，律师应该将再审申请书递交到立案庭。

受理再审申请后，法院的立案庭会组成合议庭，有时候会组织一次听证会，由当事人陈述提起再审的理由并提交证据。听证会的规矩与一般的开庭差不多，但有差别。如果申请人的理由是有新的证据，那么就由申请人举证，被申请人质证；如果理由是证据不足或者适用法律有错误，则主要是双方辩论。不一定和一般审判一样，一定有法庭调查和法庭辩论那样的清楚区分。申请人的理由虽然在再审申请书中已经有所阐释，听证会上律师如果有新的观点，也要讲出。听证会后律师最好根据对方的观点形成一份代理词予以反驳，提交法庭以影响法官。

现实中被申请人一方很少在申诉阶段聘请律师，当事人往往处于被动的状态。如果不开听证会，审查申诉的法官往往通过阅卷来了解案情，申请人一方可能会频繁地接触法官影响法官，被申请人一方不知道自己该怎么办。现行的听证制度改变了这一点，要求双方有理到法庭上讲，这样被申请人一方就有了聘请律师的必要。律师办理手续后应该到法院复印再审申请书，阅卷以了解原审的进行情况，再根据申请人的再审理由考虑对策。律师的目的是非常明确的，代理申请人一方的力图撤销原审判决，提起再审；代理被申请人一方的则努力驳回再审申请，不提起再审。

当事人申请再审的结果只有两种:如果人民法院认为符合再审的条件,则裁定撤销原判,提起再审,并中止原判决、裁定的执行;如果人民法院认为不符合法定的再审条件,则驳回当事人的申请。

如果是在原审法院的再审申请被驳回,律师若认为法院的理由不充足,可以到上一级人民法院提起申诉。如果又被上一级人民法院驳回,就走完了法定的申诉程序,律师只好另想他法了。

一条明确的路是到人民检察院要求抗诉。人民检察院专门有一个机构叫民事行政检察科(处)负责这方面的工作。因为地方各级人民检察院对同级人民法院已经发生法律效力的判决、裁定无权直接提起抗诉,还需要提请上级人民检察院提出抗诉,因此,律师应该协助当事人直接到上级人民检察院请求抗诉。律师递交的文书应该是申请抗诉书,和再审申请书一样阐释清楚自己的理由。递交抗诉申请书以后,最好能和负责审查的检察官取得联系,以进一步阐释自己的观点,取得检察官的认可。

如果律师的观点得到人民检察院的认同,检察院提起抗诉后,人民法院应当再审。但如果检察院不提起抗诉,当事人的路就又一次被堵了。

剩下的手段就是信访。对于任何国家机关和国家工作人员的违法失职行为,公民有向有关国家机关提出申诉、控告或者检举的权利,这是宪法赋予公民的权利。但是律师应该和当事人共同分析,无休止地把状告下去是否值得。告状一定程度上也是一种经济行为,要耽误工作减少收入,要住店坐车增加开支,当事人是否能承受得起。人一生中谁没有失败,在这件事上失败了,在另一件事上补回来,因此,笔者建议,没有必要钻牛角尖想不开。当然,如果确实有天大的奇冤,律师不妨一搏,一来为当事人申冤,二来也是无愧于自己的职业。

第八章　民事执行的律师代理

要　目

一、签订执行代理合同

人民法院的判决、裁定或者调解书等法律文书生效之后，一般都规定有明确的履行期限，要求当事人在法律文书生效后的多少天内主动履行。遗憾的是，国人大多缺乏对生效法律文书的尊重，很少有人主动履行义务。因此，往往需要当事人的申请执行。常常有这样的情形，败诉的一方当事人口口声声说要履行判决，但只听雷声不见雨点；胜诉的一方怀仁义之心，眼巴巴盼着对方兑现诺言。就这样，日复一日，月复一月，过了申请执行的时效期间。因此，无论是否接受委托代理执行，律师都应该提醒当事人在法定的申请执行时效期间内递交执行申请书。我们知道，即使申请执行人超过了申请执行时效期间向人民法院申请强制执行，人民法院也应当受理，但只要被执行人提出异议，认为超过了申请执行的时效期间,人民法院就会裁定不予执行。

有些当事人还会考虑是否递交执行申请书。打官司是打官司,执行是执行,这是两回事。一些人打官司不是为了钱,官司赢了,他的目的也就达到了,他就可以趾高气扬挺着胸脯走路。至于执行,他更愿意放人一马,更显仁义道德。

不过大部分当事人还是要申请执行的。一般情况下,当事人在执行阶段不再聘请律师代理,但会请求律师帮助代写申请执行书,律师也不必推辞,算是律师应尽的义务,如果再收什么代书费,就会显得律师十分小气。如果当事人需要律师介入,则需要和律师事务所签订执行委托代理合同。

执行的律师收费可以按照司法部规定的标准收取,也可以按照协议的风险收费,但协议风险收费国家有上限的限制,即不得超过执行标的的30%。

执行委托书中要记明委托事项和代理人具体代理权限。最高人民法院在《关于民事诉讼委托代理人在执行程序中的代理权限问题的批复》中明确规定:"……如果当事人在授权委托书中没有写明代理人在执行程序中有代理权及具体的代理事项,代理人在执行程序中没有代理权,不能代理当事人直接领取或者处分标的物。"鉴于执行授权的权限法律并没有详细的规定,我们可以参照诉讼委托权限的写法,也分为一般授权代理和特别授权代理。一般授权代理的权限为:参加全部执行活动,包括开庭、调解和接收或者转递法庭的相关文件等;特别授权代理的权限为:除一般代理的授权外,还包括代为承认、变更或放弃执行请求,进行和解,代为领取执行款。至于是一般授权还是特别授权,律师可以和当事人协商。

二、查询财产状况

律师在接受代理后,首先做的工作是查询被执行人的财产状况,这是需要律师和当事人下功夫去做的。

首先,要考虑被执行人是否在金融机构有存款。如果被执行人真的没有钱,谁都没有办法。实际情况却是一些被执行人嘴里哭穷,手里却攥着钱。他们把钱悄悄地存在某个地方,不让人知道,或者做几笔生意,就换一个账户,"打一枪,换一个地方",让人找不到存钱所在。申请人手中往往也只有一两个当年有往来时知道的账号,但一查,却只有少量的资金。所以律师和当事人应该做些细致的调查,了解被执行人正在使用的账号有哪些,账上是否有钱。律师没有权力直接到金融机构查询存款,因此要知道被执行人的存款状况确实有些困难,这就需要律师非凡的毅力去细致调查。

其次,律师还应该注意调查被执行人在其他单位是否有收入尚未支取,这就需要律师注意被执行人与他人的往来情况。如果被执行人是公民,则要注意他在什么单位上班工作,以及工资发放情况。

最后,在找不到被执行人金钱的情况下,律师还应该查明被执行人的其他财产状况,看是否有动产,如汽车、设备等;看是否有不动产,如房屋等。对于有产权证照的动产或者不动产,律师应该到有关政府管理机关进行调查,确认这些财产的状况,看是否有抵押、质押或者留置。需要注意的是,有些当事人为了躲避债务,常常把属于自己的财产登记在别人的名下,律师还得调查取证,证明该财产实际的归属。

除了调查有形的财产外,律师还应该调查被执行人的无形财产,如专利权、注册商标专用权、著作权(财产权部分)等。还应该调查被执行人的投资情况,是否在其他企业持有股份,享受股息或者红利等。

三、申请执行立案

在初步查清楚被执行人的财产状况后,律师的任务就是写一份执行申请书。

开头写明申请执行人和被执行人的名称住址等基本情况,这些内容可以直接从判决书或者裁定书上往下抄。正文部分首先点明编号为多少的人民法院的法律文书已经生效,再讲被执行人拒不执行人民法院生效文书,因此申请人民法院强制执行。在执行申请书中还应当写清执行标的。如果有利息的,还应当计算出到申请执行日为止的利息。

在写好执行申请书并由申请人签字盖章后,律师还需要准备其他立案所需要的材料。

(一)申请执行人的身份证明

申请人为公民的,复印一份居民身份证;申请人为法人或者其他组织的,复印营业执照或者组织机构代码证。单位还应当出具法定代表人或者负责人的身份证明一份。如果是因申请执行人已经死亡、撤销等原因,由继承人或者权利承受人申请执行,还应当提交继承或者承受权利的证明文件。

(二)律师的证明文件

律师代为申请执行的,应提交授权委托书及所在律师事务所致法院函。如申请人为外国当事人,该授权委托书须经所在国公证机关公证和我国驻该国使、领馆认证才具有效力。如申请人为我国香港特别行政区当事人,该授权委托书须经我国司法部指定的律师公证,并经中国法律服务香港有限公司转递。如申请人为我国澳门特别行政区当事人,该授权委托书须经澳门公证机关公证,才具有效力。如申请人为我国台湾地区当事人的,经台湾公证机关证明,可承认其效力。

(三)生效的法律文书

该法律文书应当权利义务主体明确,给付内容明确。法律文书中有瑕疵的,应当要求原承办法官予以补正。

(四)执行通知书

对于属本院判决、调解、裁定的,有些法院要求由经办法官或书记员签发执行通知书,证明法律文书已经生效。

(五)被执行人有可供执行财产的证明材料

民事诉讼法规定,发生法律效力的民事判决、裁定,以及刑事判决、裁定中的财产部分,由第一审人民法院或者与第一审人民法院同级的被执行的财产所在地人民法院执行。法律规定由人民法院执行的其他法律文书,由被执行人住所地或者被执行的财产所在地人民法院执行。也就是说,执行的管辖法院不是唯一的,而是可以选择的,因此律师要和申请人商量,权衡利弊,决定向哪个法院提出申请。

人民法院在受理执行申请后7日内决定是否予以立案。一般情况下,只要符合法定的条件,人民法院没有不立案的理由。正常情况下,法院如果不予立案的话,应当使用正式的裁定书明确不予受理,当事人可以从裁定书中了解不予受理的理由,待条件具备后再重新递交申请。如果执行法官不予立案又不下裁定,那么律师就应该多个心眼,必要的时候就需要找法院的领导了解情况。

需要强调的是，大部分的法律文书是必须由当事人申请，人民法院才启动执行程序，但有个别案由的民事判决、裁定，可以不经过当事人申请，直接由审判员移送执行人员执行，律师就不必写什么执行申请书了。

四、执行异议

《民事诉讼法》第 236 条赋予了执行当事人和利害关系人提出执行异议的权利。

如果律师在代理执行的过程中，发现执行法院的执行行为违反法律规定，就可以为当事人起草执行异议书，递交执行法院。人民法院在收到书面异议后 15 日内审查作出裁定。对裁定不服的，还有一次向上一级人民法院申请复议的机会。

作为相对方的律师，在这个过程中，所能做的就是及时取到对方的执行异议书或者是申请复议书，了解对方的观点，并有针对性地提出书面意见送交法院。

对执行异议的审查和复议的审查，法律没有规定必须通过听证来进行，大部分法院采取书面审查的方式，因此律师必须尽早将自己的意见递交法院。因为法律规定法院审查的期限为 15 日，律师必须在法院作出裁定之前将书面意见递交。

五、申请上一级法院执行监督

律师在为申请执行人递交执行申请书后，要密切关注法院的执行动态。如果在申请执行时就明确指出被执行人有可供执行的财产，执行法院自收到执行申请书之日起超过 6 个月对该财产未执行完结的；或者在执行过程中发现被执行人可供执行的财产，执行法院自发现财产之日起超过 6 个月对该财产未执行完结的；或者是对法律文书确定的行为义务的执行，执行法院自收到执行申请书之日起超过 6 个月未依法采取相应执行措施的，律师就需要和申请人沟通，考虑是否向上一级人民法院申请执行。

如果申请执行人决定向上一级人民法院申请执行，律师需要起草执行申请书，并附相关材料递交上一级人民法院。在执行申请书中，要写清楚“人民法院自收到申请执行书之日起超过 6 个月未执行的”具体情况，这是上一级法院受理的唯一理由。但是律师要注意这 6 个月不包括执行中的公告期间、鉴定评估期间、管辖争议处理期间、执行争议协调期间、暂缓执行期间以及中止执行期间。

如果上一级法院审查后责令原人民法院在一定期限内执行的,上一级法院会向其发出督促执行令,申请执行人也会得到一个书面通知。律师需要和当事人密切关注原执行法院的执行情况,如果执行法院在上一级法院督促执行令中指定的期间内无正当理由仍未执行完结的,律师应当及时将执行情况书面告知上一级法院,申请上一级法院裁定由本院执行或者指令本辖区其他人民法院执行。

六、案外人异议

在《民事诉讼法》第238条规定的案外人异议中,涉及案外人的律师代理和申请执行人以及被执行人的律师代理。

(一)案外人的律师代理

案外人对执行标的主张享有足以排除强制执行的权益,认为法院的执行行为侵犯其权益的,就可以聘请律师代理,向执行法院提出案外人异议。

律师起草案外人异议书,并组织相应的证据,一并提交法院。如果执行标的已经被法院查封、扣押、冻结,律师要和当事人商量,是否请求解除。如果法院继续查封、扣押、冻结会造成当事人的损失,就应该请求法院解除,但需要提供充分、有效的担保。但律师也必须给当事人讲清楚,如果案外人的异议不成立,请求解除查封、扣押、冻结有错误,导致该执行标的无法执行,给申请执行人造成损失的,人民法院可以直接执行案外人所提供的担保,将会给案外人造成新的损失。因此,请求解除应当慎重。

律师在递交案外人异议书后,法院应当在15日内予以审查。律师应当及时和法官沟通,看执行申请方和被申请执行方有无书面意见递交法院,或者是否有口头意见向法官陈述。如果这些意见影响法官的判断,律师应当就对方的意见再次给法院递交书面陈述,进一步阐述自己的观点,反驳对方的主张,力图使法官接受己方的意见。当然,如果法院举行听证,可以让各方当面把意见陈述清楚,律师更容易了解对方的观点。参加听证的律师一定要和开庭一般重视,努力在听证中就把自己的观点充分阐释,在听证中说服法官。

（二）申请执行人以及被执行人的律师代理

申请执行人和被执行人在案外人提出异议后，会收到法院送达的异议书。代理律师应当及时研究案外人提出的异议书，看异议是否成立，并针对异议书的观点写出反驳意见，递交人民法院，等待法院审查异议后裁决。

如果案外人请求解除对异议标的的查封、扣押、冻结的，申请执行方的律师应该针对案外人方的请求向法院递交书面材料陈述意见，在提供充分、有效担保的情况下，可以请求继续执行。但律师应当考虑案外人异议的正确性，如果案外人异议成立，由于继续执行的错误给对方造成损失的，申请执行人可能面临赔偿。这些问题当事人未必考虑得到，律师应当考虑清楚，给当事人一个适当的建议。如果律师分析案外人的异议有一定的道理，则应当向当事人建议，不必请求继续执行。

七、执行中的诉讼

如果法官严格按照法律规定的期限审查，在 15 日之内就应当有结果。案外人异议理由成立，则裁定中止对该标的的执行；理由不成立，裁定驳回。律师在接到该裁定后，如果不服法院的裁定，就需要考虑申请再审或者提起新的诉讼。

在这个环节，律师需要注意的是，区分清楚裁定的错误是否与原判决、裁定有关。如果是由于原判决、裁定的错误，导致案外人异议裁定的错误，必须通过纠正原判决、裁定来纠正错误，就只能通过审判监督程序提起再审。如果与原判决、裁定无关，则需要另行提起诉讼。

我们根据原告的不同将执行中的诉讼分为两种：

第一，案外人为原告。

案外人提起的诉讼，首先应当是一个确认之诉，通过确认诉讼请求来对执行标的主张实体权利。律师需要注意的是，在提出确认请求的同时，还需要提出另一个诉讼请求，就是请求对执行标的停止执行，这一点不同于一般诉讼。

律师要根据申请执行人和被执行人在案外人异议程序中的态度来决定执行中诉讼的被告是谁。如果被执行人同意案外人的请求，认为异议标的应当归案外人所有，被告就只有一个，即申请执行人。如果被执行人反对案外人对执行标的所主张的实体权利,则应当以申请执行人和被执行人为共同被告。被执行人不反对申请执行人主张的,应当将被执行人列为无独立请求权的第三人参加诉讼。

案外人提起的诉讼在执行法院立案后,律师还可以考虑是否申请停止执行。一般情况下,案外人提起诉讼后,在诉讼期间,不停止执行。但是,案外人可以请求停止执行,理由为案外人的诉讼请求确有理由或者提供充分、有效的担保。律师在和当事人协商后,决定申请停止执行的,可以向法院递交停止执行申请书,请求停止对执行标的处分。但律师也要给当事人提醒,如果请求停止执行,给对方造成损失的,案外人要承担赔偿责任。

第二,申请执行人为原告。

律师作为申请执行人的代理人,首先要确定被告。如果被执行人反对申请执行人请求的,应当以案外人和被执行人为共同被告。否则,仅列案外人为被告,将被执行人列为第三人。这就需要根据在案外人异议程序中各方的表态来确定被告。

诉讼请求不同于一般的诉讼,核心的内容为请求对执行标的许可执行。这是特别需要律师注意的一点。

律师还需要注意提起诉讼的时间,应当在收到异议裁定的 15 日之内。如果在 15 日之内没有提起诉讼,人民法院将不再受理。特别是,在人民法院已经认为案外人的异议成立,裁定中止执行的情况下,申请执行人没有在裁定送达之日起 15 日内提起诉讼,人民法院将裁定解除已经采取的执行措施。

八、财产分配异议及诉讼

如果同一个被执行人欠多个债权人的债,这些债权人都到法院申请执行,法院就不能把这个被执行人的财产都给一个债权人,特别是被执行人的财产不足以支付全部债权的时候。法院将制作财产分配方案,将被执行人的财产在各债权人之间进行分配。

各债权人和被执行人在收到法院送达的财产分配方案后,代理律师便有责任去看法院的分配方案是否合理、合法,是否对自己的当事人有利。如果有异议,律师应当在收到分配方案之日起 15 日内向执行法院递交书面异议。因此，起草对财产分配方案的异议是律师在这个程序中的工作。

律师在递交异议书后，要特别关注其他当事人的反应，特别是没有提出异议的债权人或者被执行人的反应。法院将把所提出的异议内容通知未提出异议的债权人或被执行人。如果这些未提出异议的债权人、被执行人在收到通知之日起 15 日内未提出反对意见的。人民法院将依异议人的意见对分配方案审查修正后进行分配。如果提出反对意见，法院会通知异议人。

异议人的代理律师在接到通知后，则需要考虑是否提起诉讼。如果认为提出反对意见的债权人、被执行人的意见没有道理或者出于其他考虑，异议人可以以提出反对意见的债权人、被执行人为被告，向执行法院提出诉讼，由法院通过诉讼程序进行裁决。如果异议人放弃提起诉讼的权利，逾期未提起诉讼，执行法院将依原分配方案进行分配。

九、执行和解

在执行过程中，双方当事人依然可以和解。律师要审时度势，提出是否和解或者同意和解的建议。对于申请执行人而言，全部按照法院的裁判予以执行固然好，但实践中往往存在诸多困难，使执行难以顺利进行。有时候，申请执行人不妨放弃些利益，尽快把事情了结，也许是件好事。对于被执行人而言，和解可以缓和些压力，争取些机会，尽可能减少己方的损失。律师在维护双方利益的基础上，促成和解也是对社会的贡献。

如果双方能达成和解，尽可能一次性把事情全部解决，不要拖泥带水给以后留下麻烦。如果不能全部解决，确实需要分期履行的，律师要在和解协议中注意写明履行的期限，一旦对方不履行和解协议，则尽快向法院提出申请，请求恢复对原生效法律文书的执行。应当注意的是，如果一方不履行和解协议，不是请求法院执行和解协议，而是恢复原生效法律文书的执行。

十、财产报告及查询、核实

被执行人在收到执行通知书后不按照法律文书履行义务的，人民法院就应当向其发出报告财产令，启动财产报告程序，要求被执行人报告当前以及收到执行通知之日前一年的财产情况。被执行人接到报告财产令后,在指定的时间内要向人民法院书面报告自己拥有的收入、银行存款、现金、有价证券,土地使用权、房屋等不动产,交通运输工具、机器设备、产品、原材料等动产,债权、股权、投资权益、基金、知识产权等财产性权利,以及其他应当报告的财产。如果在报告财产后,其财产情况发生变动的,应当自财产变动之日起10日内向人民法院补充报告。因此,如果律师代理被执行方,在当事人接到财产报告令之后,律师要帮助被执行人起草财产报告,并向当事人讲清楚拒绝报告或者虚假报告的法律后果。许多当事人在接到财产报告令后的心理是拒绝报告或者虚假报告以应付差事,律师既然接受代理,就不可以与当事人沆瀣一气串通逃避法律义务,而应当主动向当事人说明利害,劝其在报告财产期间履行全部债务,以求法院裁定终结报告程序。如果当事人确实没有财产可供执行,则如实向法院报告。

作为申请执行方的律师,则在法院发出报告财产令后,在规定的时间内及时到法院请求查询被执行人的财产报告。查询后,把查询的结果和自己了解的情况作对比,如果发现被执行人有虚假报告的问题,故意隐瞒财产不报告的,则可以向人民法院提出申请,要求对被执行人的财产情况进行核实。如果经核实,确实存在报告虚假的问题,则督促人民法院依法予以处罚。

十一、限制出境

代理申请执行人的律师,如果发现被执行人拥有护照,或者正在办理出境护照,则需要把握时机向法院申请对被执行人限制出境。有些被执行人早已将财产转移境外,做好了外逃的准备,以逃避义务。尽管法律规定必要时执行法院可以依职权决定对被执行人实施限制出境,但如果由于诸多原因法院没有决定限制出境,就需要律师及时建议申请执行人申请对被执行人实施限制出境。这些新的权利一般的申请执行人并不清楚,就更凸显律师的重要。律师在接受代理后,对于一些原来家大业大突然无法支付的债务人,或者老婆、孩子早已落脚国外的“裸”债务人,要及早提出限制出境的申请,督促法院及早采取限制出境的措施。

十二、媒体公布

对于一些“老赖”,明明有能力履行义务,但就是想方设法不去履行,而且法院也无法找到其财产所在,法律规定的招数还有在媒体上曝光。就是通过报纸、广播、电视、互联网等媒体,将被执行人不履行法律文书确定义务的信息公布出去,对被执行人的信用形成压力。

对于客观上确实无能力履行义务的被执行人,我们不建议采取这样的办法。这样的被执行人不是主观上不履行,而是确实无能为力。如果采取这样的办法,导致他在社会上无法立足,反倒不利于执行。但是对于那些主观上想要逃避的被执行人,则可以考虑这样的措施。通过媒体的公布,使被执行人"臭名远扬",使他在熟悉的环境中无法抬头,形成比较大的生存压力,逼迫其尽快履行义务。

律师首先需要告诉当事人法律有这样的渠道,可以通过申请执行人的申请而启动媒体公布的程序。但也要向当事人讲清楚,固然媒体公布的有关费用最终要由被执行人承担,但需要申请执行人垫付。如果按照广告的价格来收取,这也是一笔不小的费用。当事人是否有垫付能力,需要事先考虑清楚。

媒体的选择也是很关键的。任何一个人都有一个生活的圈子,像这样曝光的事情只有在其熟悉的圈子内传播才更为有效。因此,律师需要帮助当事人选择某个圈子内知名的媒体,且费用合适。例如,中央电视台全国人都知道,但价格也会令人咋舌。《人民法院报》也是全国性报纸,但在普通人的圈子中根本见不到。

十三、申请限制高消费

被执行人未按执行通知书指定的期间履行生效法律文书确定的给付义务的,申请执行人还可以申请人民法院限制其高消费。律师在向当事人建议申请限制高消费之前,要考虑被执行人是否有消极履行、规避执行或者抗拒执行的行为以及被执行人的履行能力等因素。这些因素是执行法院在审查申请时考虑的因素,律师应当了解,并在申请书中努力去阐明这些因素,作为申请限制高消费的理由。

法院在接受申请审查后,将由院长签发限制高消费令,送达被执行人。律师应当努力说服法院,在媒体上公告限制高消费令,当然需要和当事人讲清楚,公告费尽管最后由被执行人负担,但需要申请执行人垫付。

限制高消费令发布后,律师的任务就是密切注意被执行人的消费行为,看被执行人是否存在下列以其财产支付费用的行为:乘坐交通工具时,选择飞机、列车软卧、轮船二等以上舱位;在星级以上宾馆、酒店、夜总会、高尔夫球场等场所进行高消费;购买不动产或者新建、扩建、高档装修房屋;租赁高档写字楼、宾馆、公寓等场所办公;购买非经营必需车辆;旅游、度假;子女就读高收费私立学校;支付高额保费购买保险理财产品。对于律师而言,自己不可能变成侦探,去秘密调查被执行人的举动,但需要和委托人讲清楚这些规定,委托人完全可以有意识地做些调查,努力去抓住些被执行人的把柄,提供给法院要求予以处罚。事实上,即使不调查被执行人的行为,对依然要在社会生活中有所作为的人来说,限制消费的影响是巨大的。不能坐飞机,不能坐高铁,就限制了许多人的活动范围,就逼迫许多被执行人履行法院的判决。

作为被执行人方的律师,在法院签发限制高消费令之后,需要考虑被执行人是否存在因生活或者经营而必须进行必要的高消费活动。如果存在,需要事先向人民法院提出申请,获批准后方可进行。律师还可以建议被执行人向法院提供确实有效的担保,人民法院可以解除限制高消费令;或者律师建议被执行人和申请执行人沟通,获得申请执行人同意,法院也可以解除限制高消费令。

十四、执行终结

在民事案件的执行中,律师的作用不像审判中那样明显,更多的当事人在申请法院强制执行后,就一味地督促法院,把执行完全看成是法院的事情。事实上,执行是否顺利,与申请执行人的配合有很大关系。因此,律师介入执行,对于配合法院顺利执行,对于申请人理解法院执行困境有很大作用。

申请执行方的律师在执行中最大的作用,在于调查被执行人的财产线索,并提供给法院。有了财产线索,律师就可以督促法院充分利用法律赋予的执行措施,来达到执行的目的。在执行中遇到各种问题,律师可以向执行法官提出解决的建议,帮助执行法官找到解决的办法。

执行完毕,皆大欢喜。执行不力,该中止就中止,该终结就终结。被执行人的年龄是执行能否顺利进行的关键。如果被执行人年轻,尽管暂时没有钱,但将来还可以挣钱,执行就有希望。如果被执行人老迈,失去了挣钱的能力，他自己的生活还成问题，根本没有还钱的能力，该终结就终结。律师可以和申请人讲清楚法律规定的中止或者终结的条件，从而使当事人理解法院的无奈。

第九章　刑事案件侦查阶段的律师辩护

要　目

一、接受委托

我国原有的刑事诉讼制度并不允许律师在侦查阶段介入,经过学术界的一再呼吁,立法机关在 1996 年修订了《刑事诉讼法》,终于允许律师在侦查阶段介入。但这种介入是有限度的。这个阶段律师的工作不是辩护,而是提供法律帮助。可喜的是,在 2012 年第二次修订《刑事诉讼法》时,确认了侦查阶段犯罪嫌疑人所委托律师的辩护人地位。律师地位的明确,有助于律师辩护职能的正确行使。

如果犯罪嫌疑人没有被羁押,是很少有人来找律师的。即使有人想到应该找律师,也不会去办理委托手续。人没有被关起来,律师能做的工作更多的是提供法律咨询。当事人出法律咨询的钱,就能得到相应的法律服务,自然不愿意出多余的钱来委托律师。所以,这个阶段火急火燎地找律师的,多半是已经被侦查机关羁押起来的犯罪嫌疑人的亲属。

有些亲属知道一些情况,能告诉律师犯罪嫌疑人是因为什么被抓,事情大概是如何如何,能说出个子丑寅卯。有些亲属干脆是两眼一抹黑,只知道人被抓了,至于犯了什么事,一问三不知。我们曾讲过,在接受民事案件的委托时,律师要在了解案件情况的基础上判断该案件是否需要聘请律师,是否应该接受委托。而对于刑事案件而言,律师则不必做这样的考虑,没有必要在接案前仔细分析案情。这样的分析事实上也是不可能的,亲属也不完全知道犯罪嫌疑人做过什么事,侦查机关掌握了什么证据,故律师的分析没有任何依据。

许多亲属找律师的主要动机,是希望律师能进看守所里见见人。每天朝夕相处的亲人一下子被送进了看守所,许多人难以承受这种分离的痛苦。自己见不到,打发个律师去见见,也算是完成了一份心愿。当事人这样想无可厚非,但律师绝不应该这样想。国家设立律师会见制度,自有其用意,绝不是仅仅为了替当事人见个面。

有些亲属的要求则有些过分,希望律师去教犯罪嫌疑人如何说假话,蒙骗侦查机关,或者居中传递消息,炮制伪证,以躲过法律的追究。对于这样的要求,律师万不可只图赚钱不顾前程,无原则地向亲属许诺。对于这样的亲属,律师应该向其讲清楚国家法律赋予律师的权限,在侦查阶段律师实际所起的作用非常有限。把道理讲清楚后,是否需要聘请律师,则让亲属自己考虑。

如果是被监察机关留置的被调查人的亲属,律师需要和亲属讲清楚,依据《监察法》的调查活动,不是依据《刑事诉讼法》的侦查活动,法律没有赋予律师提供辩护的权利,谢绝亲属的聘请,但律师可以为其亲属提供法律咨询。

当亲属在决定聘请律师之后,应该和律师事务所签订委托协议,交纳律师费。律师的辩护分三个阶段,侦查、审查起诉和审判。可以分阶段聘请律师,也可以不分阶段一次性聘请。如果亲属对律师信任,也知道诉讼一定会进行到底,会一次性签订委托合同,甚至审判阶段连二审也包括。但一般情况下,亲属仅委托到一审终止。是否提起上诉启动二审,还是一个未知数,一般不会在最初委托时就包括二审。在律师事务所与亲属所签订的委托协议中,就需要注明委托的阶段。律师也需要和亲属讲清楚委托阶段的意义,特别是律师事务所的收费与委托的阶段密切相关,阶段多收费自然也多,大部分律师事务所是按照委托的阶段来确定律师费的数额。至于律师费的标准,各地的司法厅有一个指导价格,这只是一个价格的范围,不是确定的数额。不同的律师事务所,不同的律师,都有自己的价格。每个律师根据自己的年龄、名气决定自己的收费标准,并以此为依据和亲属协商。

在签订委托合同的同时,亲属要给律师出具授权委托书。一般亲属至少要签署三份授权委托书,一份准备提交侦查机关;一份提交看守所;一份律师卷内留存。委托人应当是犯罪嫌疑人的监护人或者近亲属,律师应当要求委托人提供身份证复印件,还需要提供与犯罪嫌疑人具有亲属关系的证明。如果是夫妻关系,最好提供结婚证复印件。号称是夫妻,但提供不出结婚证的,律师要小心,对村民委员会、居民委员会提供的证明要多留心,防止作假证明冒充夫妻。如果是父母子女关系,最好用户口簿。户口簿没有记载的,则需要基层组织或者雇佣单位的证明。实践中,常常有其他人代替犯罪嫌疑人的监护人、近亲属签字按指印的情况,律师应该制止。这些细节应当注意,防止留下隐患惹出祸端。如果委托人在聘请你之前,还委托过其他律师,还需要解除和其他律师的委托关系,这就需要委托人给侦查机关和看守所出具解除委托关系重新聘请律师的证明。

二、及时告知侦查机关

律师在办理完委托手续后应该尽快告知侦查机关。注意,这是侦查阶段律师辩护的一个特点。在其他诉讼阶段,律师接受委托后迟几天与司法机关联系一般也不会耽误什么事,但侦查阶段则不一样,这时候犯罪嫌疑人往往希望在尽可能短的时间内得到律师的帮助。根据《刑事诉讼法》第 34 条的规定:“犯罪嫌疑人自被侦查机关第一次讯问或者采取强制措施之日起,有权委托辩护人;……”这就意味着,律师应该在侦查机关第一次讯问或者采取强制措施之日起,在最短的时间内见到犯罪嫌疑人。所以,在委托人办理完手续后,律师应该即刻动身与委托人一起去侦查机关。有时候,如果委托人是外地的,律师甚至可以与委托人在电话中约定好,直接将委托手续带到当地由委托人签字。

律师到侦查机关之前应该检查好需要携带的全部手续,包括:授权委托书,律师事务所出具的函和律师执业证。注意查验授权委托书是否由委托人按指印，律师事务所出具的函是否盖好公章。不要因一时疏忽而多跑腿，给委托人留下不好的印象。准备会见在押犯罪嫌疑人的，还必须携带由律师事务所开具的给看守所的律师会见在押犯罪嫌疑人的证明。

无论是在公安机关还是检察机关，每一个案件都有一到两个具体承办人。律师到侦查机关后应该首先打听到谁是本案的承办人，然后设法找到承办人，将授权委托书和律师事务所出具的公函交给他，并向其出示律师执业证。许多时候，我们不能在侦查机关随时见到承办人，因此，最好在一上班就赶到侦查机关，在承办人上班后出门前堵住他。第一次去侦查机关，特别在委托人陪同的情况下，即使承办人一时不在，也不要立马打道回府，耐心地等一会儿，向其他科室的人问问承办人在什么地方，也许能尽快找到承办人。匆匆忙忙地到侦查机关走一趟，人没见到，事没办成，委托人会很失望。

见到承办人后，律师应该出示律师执业证，并向其提交授权委托书、律师事务所出具的公函，最好把律师执业证复印一份也提交。如果是危害国家安全犯罪案件、恐怖活动犯罪案件，辩护律师在侦查期间会见在押的犯罪嫌疑人，应当经侦查机关的许可，律师则需要提交会见在押犯罪嫌疑人申请书。

按照《刑事诉讼法》的规定，律师在侦查阶段会见上述两类案件以外的犯罪嫌疑人是不需要侦查机关许可的，因此，律师递交手续后，即可以直奔看守所进行会见。

按照《刑事诉讼法》的规定，律师在侦查期间不仅可以向侦查机关了解犯罪嫌疑人涉嫌的罪名，而且也可以了解案件的有关情况。了解罪名是一项比较简单的工作，大部分委托人在聘请律师时一般都知道犯罪嫌疑人因为什么被立案查处，即使委托人不知道，侦查机关也不会向律师隐瞒。但了解案件的有关情况，恐怕在执行中不会很顺利。《关于实施刑事诉讼法若干问题的规定》中将“案件有关情况”进一步明确为“当时已查明的主要事实”，但侦查人员能告诉律师多少内容，仍然是个未知数。对此律师不可太计较，能告诉多少算多少，太急切地想知道案件情况，会让侦查人员怀疑你有不良动机。

三、会见犯罪嫌疑人

律师在会见在押的犯罪嫌疑人之前，也需要做些必要的准备工作。

对于犯罪嫌疑人所涉嫌的罪名,有些我们比较熟悉,能够流利地说出犯罪的构成要件,以及法律规定的处罚后果;有些罪名我们则未必非常清楚,特别是一些最高人民法院制定有司法解释的罪名。这就要求律师在会见犯罪嫌疑人之前,查阅有关的资料,从理论上掌握所涉嫌的罪名。最简单的办法是,律师可以背会《刑法》的相关条款,复印相关的司法解释。临阵磨枪,常常会有很好的效果。如果不能熟记法条,犯罪嫌疑人难免会有些失望。必要时,律师可以将相关的材料复印,以备不时之需。

《刑事诉讼法》2012 年修改后,律师可以在没有侦查人员陪同的情况下,持律师执业证书、律师事务所出具的公函和委托书直接到看守所要求会见犯罪嫌疑人。正常情况下,看守所都会及时安排会见。但如果确实有原因,看守所也可以不马上安排会见,而要求律师在 48 小时内再来。一些看守所还要求事先预约,有电话预约,有电脑预约,不同的看守所有不同的规定,律师需要打听清楚。律师要注意安排自己的时间,不要在工作时间快结束时才匆匆申请会见。不然会见不了几分钟,警察就会督促你,快下班了,早点结束会见。但有时候,律师的正常会见还是会受到阻碍。律师把会见手续递给看守所,看守所说侦查机关不允许会见。找侦查机关,侦查机关则推脱说不是我们的意思。律师只能要求人民检察院监督,希望律师协会维权。

大部分看守所有专门的律师会见室,看守所的警察一般会安排律师在律师会见室会见。但如果要求会见的律师多,律师会见室不够用,律师等待的时间就比较长。律师也可以请求在讯问室会见,如果警察同意,会要求律师书写同意在讯问室会见的字样。

见到犯罪嫌疑人后,律师首先要自我介绍:“我是某某律师事务所的律师,受你亲属的委托来为你提供辩护。如果你同意亲属的委托,就在授权委托书上签字确认;如果你不同意,也要在授权委托书上明确态度。”绝大部分犯罪嫌疑人不会说不同意,但有极少数人会说他不需要律师。听到犯罪嫌疑人拒绝的话,律师不要立即起身离开,再和他聊聊,了解他拒绝律师的原因,再劝劝他。即使犯罪嫌疑人坚持不需要律师,律师也好出去向委托人交代。

律师在进入看守所前,亲属往往会要求律师为犯罪嫌疑人捎一些东西，如香烟、纸条、照片。律师切记，无论是什么东西，都不可以为其传递。律师要保护自己，就要明白哪些事情律师是绝对不可以做的，哪些事情很可能是陷阱。有些亲属神通广大，能买通看守或者侦查人员对他的行为睁一只眼闭一只眼，要求在律师会见时也待在会见室。律师应该严厉禁止这样的行为，严格遵守看守所的规定。会见中，有些犯罪嫌疑人会提出要求，想借用律师的手机与亲属或外界通话，律师坚决不能答应。事实上，绝大多数的看守所是要求律师在进入会见室时将手机留在外面的。但有时候没有人搜身，律师也可以将手机带入。万一不小心将手机带进去，一定放在口袋中不拿出来，更不用说打电话了。在侦查阶段，本来个别侦查人员对律师的介入就抱着敌视的态度，任何一个小小的疏忽，都可能酿成难以收拾的后果。律师在会见时更应该百倍小心，不符合规定的事情坚决不做，这样才能保护自己，避免不必要的风险。

律师在见犯罪嫌疑人之前，亲属也许会让律师捎些话。我个人认为，不是一切话都不能捎。有些关于家庭情况的话，如父母身体很好，孩子学习不错等，可以转达给犯罪嫌疑人。我主张律师在进去看守所之前，有意向犯罪嫌疑人的亲属了解些家庭情况。在漫长的羁押之后，犯罪嫌疑人特别想了解家人的情况，告诉他也不是犯法的事。但律师要明白底线，判断哪些内容绝对不可以转达，避免被犯罪嫌疑人利用，来达到其他的目的，如犯罪嫌疑人还有作案工具等物证、书证隐藏在某处，试图通过律师告诉家人销毁；如举报立功的线索，一些亲属试图寻找些线索让律师转告给犯罪嫌疑人，再由犯罪嫌疑人向有关部门举报，以达到立功的目的。

看守在把犯罪嫌疑人交给律师之时，律师要注意会见的地点是否合适，看守所的戒备措施是否完善。如果不在专门的会见室，律师根据情况应该要求看守人员给犯罪嫌疑人加戴手铐并固定在建筑物上。在会见结束时，律师一定要将犯罪嫌疑人交到看守手中，才可离去。若没有交接手续律师就擅自离去，则可能为犯罪嫌疑人留下逃跑的空当。有律师在这方面有惨痛教训，应避免类似的事件再次发生。

从看守所出来，要和犯罪嫌疑人的亲属通个话，告诉他们人见了，说些身体很好、心态也好之类的话，让家里人放心。至于具体案件事实，哪些话能和亲属讲，哪些不能讲，律师需要谨慎。有些亲属认为花钱请了律师,律师就应当不时去见见犯罪嫌疑人,就当是为其解闷,对这样的亲属,律师需要学会说不。有些老律师办案,需要带年轻助理,有时就是为了解决此类麻烦的问题。亲属实在催促得不行,就派个助理去问问衣服收到了没有之类的问题。

四、法律咨询

《刑事诉讼法》第 39 条第 4 款规定:"辩护律师会见在押的犯罪嫌疑人、被告人,可以了解案件有关情况,提供法律咨询等;……"明确了在侦查期间会见时律师所能进行的工作。

律师在征得犯罪嫌疑人同意后,就可以开始工作了。律师应该做的第一件事是向犯罪嫌疑人了解所涉嫌罪名的事实情况,向犯罪嫌疑人了解是否实施了涉嫌的犯罪。如果实施了,律师应该要求犯罪嫌疑人陈述事情的经过;如果没有实施,律师应该要求犯罪嫌疑人讲清所有的理由。有些犯罪嫌疑人很快就会对律师产生信任,什么话都和律师讲;有些则未必。初次见面,信任还没有建立,律师不要轻信犯罪嫌疑人讲的故事,也不要随意训斥他不讲实话。我们应该理解犯罪嫌疑人的心理,没有必要追问某些细节。律师应当了解犯罪嫌疑人在侦查机关讯问时是如何交代的,但切不可教唆犯罪嫌疑人如何应对侦查机关的讯问。多听少说,这是了解事实时应该遵循的原则。

除了解案件的有关事实情况外,律师还应当了解犯罪嫌疑人被采取、变更、解除强制措施的情况以及侦查机关延长侦查羁押期限等情况,判断侦查机关的羁押程序是否合法,是否存在超期羁押的问题,以决定是否提出变更强制措施的申请。

在大概了解事实之后,律师应该做的第二件事是为犯罪嫌疑人讲解分析所涉嫌的罪名。律师应该把《刑法》条文的内容讲给犯罪嫌疑人,并具体分析该罪的犯罪构成,用深入浅出、言简意赅的语言让犯罪嫌疑人明白什么情况下构成犯罪,什么情况下不构成犯罪。鉴于律师这个时候并不十分清楚犯罪嫌疑人涉嫌的事实,我主张律师暂时不要把本案的事实和犯罪的构成结合在一起评说,或者说不要去判断犯罪嫌疑人是否构成犯罪。律师的任务就是给犯罪嫌疑人讲清楚,法律是如何规定的,什么情况下构成犯罪。至于犯罪嫌疑人是否构成犯罪,暂时让他自己去考虑好了，律师的看法也许到了审查起诉阶段才能形成。

律师应该做的第三件事是告知和讲解犯罪嫌疑人的权利。这权利说简单些就是辩护权，但律师不能给犯罪嫌疑人空讲辩护权，而应该把辩护权细化，具体到在侦查阶段犯罪嫌疑人有哪些具体的权利可以行使。特别需要给犯罪嫌疑人讲清楚的是在侦查机关讯问时犯罪嫌疑人有哪些权利。

《刑事诉讼法》第 120 条规定："侦查人员在讯问犯罪嫌疑人的时候，应当首先讯问犯罪嫌疑人是否有犯罪行为，让他陈述有罪的情节或者无罪的辩解，然后向他提出问题。犯罪嫌疑人对侦查人员的提问，应当如实回答。但是对与本案无关的问题，有拒绝回答的权利。"这个条文应该让犯罪嫌疑人了解，让他知道他有权利做无罪的辩解，有权利拒绝回答与本案无关的问题。对于侦查人员的问话，犯罪嫌疑人应该认真回答，一就是一，二就是二，对于符合事实的回答一定要坚持。特别注意，不要根据侦查人员的启发或者诱导来回答问题。侦查人员有意无意地启发或者诱导以追求他希望得到的回答，但常常可能不是真实的情况。犯罪嫌疑人这个时候如果把握不好尺度，到了法庭上才说"那不是我的意思，是侦查人员这样说的"就太迟了。

我们国家严禁刑讯逼供，但刑讯逼供却屡禁不止，个别侦查人员手一痒把持不住，难免拳脚相加，以得些线索。律师应该提醒犯罪嫌疑人不可一时忍受不住皮肉之苦，信口胡说。万一真有个别侦查人员大打出手，让你皮肉开花，最好在伤口愈合之前与律师取得联系，尽量留下刑讯逼供的证据。

《刑事诉讼法》第 122 条的规定，律师也应该向犯罪嫌疑人讲清楚："讯问笔录应当交犯罪嫌疑人核对，对于没有阅读能力的，应当向他宣读。如果记载有遗漏或者差错，犯罪嫌疑人可以提出补充或者改正。犯罪嫌疑人承认笔录没有错误后，应当签名或者盖章。侦查人员也应当在笔录上签名。犯罪嫌疑人请求自行书写供述的，应当准许。必要的时候，侦查人员也可以要求犯罪嫌疑人亲笔书写供词。"这一条款所涉及的内容对犯罪嫌疑人来说至关重要，律师一定要讲清楚。首先，犯罪嫌疑人在讯问结束签名时切不可马虎，认为讯问笔录无所谓，或者相信侦查人员不会捣鬼,应该仔细阅读,看是否为自己的原话,看有些话是否被无端省略。只有在审核无误后,才可以在讯问笔录上签名认可。对于没有阅读能力的犯罪嫌疑人,在听侦查人员宣读之后,应该在签字中注明"宣读"的事实。其次,如果在核对中发现侦查人员所记和自己所说的不一致,有遗漏或者差错,犯罪嫌疑人有权要求补充或者改正。如果侦查人员不予补充或者改正的,犯罪嫌疑人可以拒绝签名。最后,犯罪嫌疑人有要求自行书写供述的权利,这样可以避免因紧张而回答错误,避免侦查人员记录错误。

还有一些权利也是律师应该向犯罪嫌疑人讲述清楚的。例如,申请回避的权利,律师应该告知犯罪嫌疑人,如果发现承办案件的侦查人员与案件有利害关系,应该提出回避。又如,申请补充鉴定或者重新鉴定的权利,即对将作为证据的鉴定意见,犯罪嫌疑人如果对鉴定意见有异议,可以提出要求补充鉴定或者重新鉴定。

对于承认实施了犯罪行为的犯罪嫌疑人,律师还应该告知其有关自首和立功的法律规定,鼓励犯罪嫌疑人交代侦查机关没有掌握的罪行,以换得法律上的从轻处罚。鼓励犯罪嫌疑人举报他人的犯罪,争取立功的机会。2018 年《刑事诉讼法》修改,增加第 15 条作为刑事诉讼法的基本原则:"犯罪嫌疑人、被告人如实供述自己的罪行,承认指控的犯罪事实,愿意接受处罚的,可以依法从宽处理。"并相应增加了认罪认罚制度。律师不可在犯罪嫌疑人已经认罪的情况下,反而教唆其翻供,否认其实施的犯罪。一些侦查人员对律师反感,就是因为犯罪嫌疑人原本认罪如实供述,律师一见,立刻翻供。如果犯罪嫌疑人的认罪是被迫的,会见律师之后的翻供是自愿的,律师应当严格履行辩护的职责,努力去证明其无罪。但律师教唆翻供,又没有确实的证据支持其翻供,就会使犯罪嫌疑人失去获得从宽的机会。

全国律师协会 2017 年发布的《律师办理刑事案件规范》第 28 条要求:"辩护律师会见犯罪嫌疑人、被告人制作会见笔录的,应当交其签字确认。"笔者认为,是否制作会见笔录视情况而定,会见笔录是否交由其签字确认,也视情况而定。律师会见犯罪嫌疑人和侦查人员讯问犯罪嫌疑人有着本质的差别,侦查人员所制作的笔录,将来在法庭上将是重要的证据,而律师制作的笔录却并没有多大用处。仔细地制作会见笔录将会耗费大量的时间。笔者的观点是，律师在会见犯罪嫌疑人时应该制作一份简单的笔录，主要记载犯罪嫌疑人陈述的事实，特别是与律师或者亲属了解的情况不一致的事实，或者一些重要的人名、地名、号码、数字等，以帮助律师记忆。至于律师向犯罪嫌疑人讲解的法律以及权利，律师则没有再记一次的必要。如果律师制作的会见笔录将来可能作为证据提交法庭，一定要由犯罪嫌疑人签字确认。如果仅仅是律师自己案卷中留存，就没有签字的必要。

五、申请取保候审

根据《刑事诉讼法》第 38 条的规定，辩护律师在侦查期间可以为犯罪嫌疑人申请变更强制措施。也就是说，如果犯罪嫌疑人被羁押，律师可以为其申请取保候审。这是法律允许律师在侦查阶段可以进行的又一项工作，但这项工作开展的难度却比较大。

如果犯罪嫌疑人患有严重疾病、生活不能自理，怀孕或者正在哺乳自己的婴儿的，取保候审的条件比较明确，取保候审的可能性比较大。如果拘留超过法定的期限，常常是因为检察院不批捕，这种情况下改变强制措施的可能性也比较大。

如果没有这些情形，仅仅凭《刑事诉讼法》第 67 条前两项的规定，则难免有些麻烦。根据我国刑法的量刑幅度，“可能判处管制、拘役或者独立适用附加刑的”就意味着可能判处有期徒刑，而判处有期徒刑以上刑罚的，如何能不致发生社会危险性，则是一个难以掌握的尺度。犯罪嫌疑人被变更强制措施以后，是否会再违法犯罪，谁心中也没有底，这样就没有人愿意承担责任同意取保候审。律师应该清楚哪种条件下取保候审的可能性比较大，给委托人讲明白，避免委托人的努力白费。

不过，即使知道取保候审有一定的难度，律师也不应该完全放弃让犯罪嫌疑人暂时恢复自由的机会。除非犯罪嫌疑人所涉嫌罪名严重，大多数情况下律师还是应该向侦查机关提交取保候审申请书，以履行自己的职责。在有被害人的案件中，如果犯罪嫌疑人对被害人能够及时赔偿，取得被害人的谅解，常常能为取保候审创造条件。侦查机关知道犯罪嫌疑人的亲属有意申请取保候审时，常常会建议主动找被害人协商，给予民事赔偿，得到谅解。律师应当努力促成民事赔偿，为取保候审扫平障碍。

申请书可以以律师的名义写,也可以以犯罪嫌疑人的法定代理人或者近亲属的名义写。取保候审申请书的格式没有什么特殊之处,名称是“取保候审申请书”,首先写明申请人及申请人的基本情况,特别注意与犯罪嫌疑人的关系以及联系方式;其次是申请的事实和理由,这是申请书的重点,应该用适当的篇幅把理由讲清楚;最后是申请书递交的机关,文末申请人签名。如果是律师代书的申请书,申请人的签名不能由律师代劳或者打印,必须由申请人亲自书写其姓名,并在姓名上按指印。

如果侦查机关决定对犯罪嫌疑人取保候审,同时也会决定保证方式。尽管法律规定了保证人和保证金两种方式,但许多侦查机关更喜欢用保证金的方式。如果侦查机关决定用保证人的方式,律师应该告诉委托人《刑事诉讼法》关于保证人条件的规定,协助委托人尽快找到合适的保证人。如果侦查机关决定用保证金的方式,律师应该督促委托人尽快交纳保证金。需要注意的是,如果委托人要求律师作为保证人,不可答应。如果委托人向律师借款交纳保证金,律师也不可轻易答应。委托人是委托人,朋友是朋友,律师要始终清楚和委托人的关系,清楚自己的角色定位。对于被取保候审的犯罪嫌疑人,律师应该仔细告知其《刑事诉讼法》的规定,避免犯罪嫌疑人在不知情的情况下,做出违反取保候审规定的举动,不要节外生枝惹出不必要的麻烦。律师更不可与犯罪嫌疑人一起干扰证人作证或者毁灭、伪造证据。发现犯罪嫌疑人有违反取保候审规定的举动时,律师应该及时劝止。但律师和保证人不同,保证人有义务及时向执行机关报告,律师却没有报告的法定义务。

如果侦查机关决定不同意取保候审,律师应该要求侦查机关说明不同意的理由。如果侦查机关的理由不充分,律师可以提出复议或者向有关部门反映;如果理由充分,则劝委托人打消取保候审的念头。许多委托人把过多的精力和功夫放在取保候审上的做法是错误的。如果犯罪嫌疑人无罪,努力争取取保候审可以避免其精神受折磨;如果犯罪嫌疑人有罪,暂时出来几天也没有多大意义。

事实上,申请变更强制措施中还包括了可以申请监视居住,但实践中,律师很少会提出监视居住的申请。或者说,如果律师申请变更强制措施,一定要申请取保候审,如果侦查机关不同意取保候审,而同意监视居住，律师也就部分达到了目的。

六、代理申诉或控告

《刑事诉讼法》规定律师在侦查期间可以为犯罪嫌疑人“代理申诉、控告”，但向哪个部门申诉、控告并没有具体规定。在《刑事诉讼法》2018年修订时新增加的第47条中规定：“辩护人、诉讼代理人认为公安机关、人民检察院、人民法院及其工作人员阻碍其依法行使诉讼权利的，有权向同级或者上一级人民检察院申诉或者控告。……”此处的申诉、控告主体其实是辩护人、诉讼代理人自身，是其在履行辩护、代理职能的过程中诉讼权利受阻碍的救济途径，并不是犯罪嫌疑人的权利受阻碍后的救济途径。

笔者认为，律师在会见犯罪嫌疑人了解了案件的有关情况以后，就可以针对案件的情况作出初步判断。如果律师认为犯罪嫌疑人的行为并没有触犯法律，不构成犯罪，侦查机关予以立案是错误的，律师可以代理犯罪嫌疑人申诉，为其撰写申诉材料，递交有关部门。这里的有关部门可以是上级公安机关，可以是各级检察院，可以是各级人大，也可以是各级政法委，甚至可以是各级党委政府，以及这些部门的负责人。所有的申诉材料这些部门都会收下，但不一定会答复。

另一种情况是，尽管犯罪嫌疑人的行为触犯了法律，可能构成犯罪，但侦查人员在办案过程中不遵守《刑事诉讼法》中的强制性规定，违法办案，侵犯了犯罪嫌疑人的人身权利、诉讼权利或者其他合法权益，律师可以代理犯罪嫌疑人向有关部门提出控告。律师应该主要向检察院控告，因为人民检察院是法定的监督部门，对侦查机关的违法行为有法定的监督义务。当然，也可以同时向人大、政法委、纪检委等部门控告。

犯罪嫌疑人自己撰写的申诉材料或者控告材料往往有一个通病，就是喜欢夸大事实，喜欢采用耸人听闻的刺激性字眼，以求获得他人的同情。但如果律师代犯罪嫌疑人或者委托人书写材料，则不应该如此，应该有一个端正的文风，摆事实、讲道理，而不应该胡搅蛮缠，学些古代讼师的手腕。

对于一些确有重大冤情的案件，律师不妨亲自到各级机关投送材料，甚至面见要员力陈冤情。因为律师毕竟是专业人员，能够及时补充书面材料上没有的事实和理由。也许凭着律师的伶牙俐齿，能说动一颗颗沉睡的心。

律师在向有关国家机构提出申诉、控告的同时,还可以借助于媒体的力量将案件公布,从而对侦查机关施加压力,以求得公正的解决。当然,这类案件必须具有典型性,且事实清楚、证据确实充分,侦查机关的错误一目了然。

七、调查取证

在《刑事诉讼法》2012年修订后,没有明确规定侦查阶段辩护律师有调查取证权。但是,既然承认侦查阶段的律师是辩护律师,那么法律规定的辩护律师的调查取证权自然应当适用于各个阶段的辩护律师。

在《刑事诉讼法》2012年修订前,曾经有观点认为律师在侦查阶段不具有调查取证权,理由是刑事诉讼法所规定的律师调查取证权限定的是辩护律师的权利,也就是说,只有辩护律师才能享有调查取证的诉讼权利,如果不是辩护律师就没有此项诉讼权利。而根据《刑事诉讼法》对辩护律师的界定,公诉案件自移送审查起诉时,犯罪嫌疑人才能聘请辩护人,因此根据上述法律规定,刑事诉讼在侦查阶段时,犯罪嫌疑人聘请的律师不是辩护人,自然也就没有调查取证的权利。在《刑事诉讼法》2012年修订后,将侦查期间的律师界定为辩护人,这个问题也就得到了解决。

实际上,无论法律是否规定律师的调查取证权,实践中调查取证都是律师无法回避的问题。委托人在聘请你之后,不会仅仅让你听听案情,向你咨询咨询法律问题,请你到看守所见见人。如果无证据可取,倒也罢了。如果委托人认为犯罪嫌疑人是被冤枉的,就不可能在家中坐等侦查机关的调查结果。如果委托人认为案件背后有黑手暗中操纵,就更要先下手为强,找到有利于自己的证据。

我们注意到,法律并没有禁止性规定,不准犯罪嫌疑人及其亲属调查取证。事实上,一些书证、物证就在犯罪嫌疑人的住处,犯罪嫌疑人或其亲属更容易找到。一些了解案情的人也会被犯罪嫌疑人或其亲属寻找到,特别是那些能够证明犯罪嫌疑人无罪的目击证人,更是寻找的首要对象。像这样的工作,不能等到移送审查起诉以后才去做。法律没有规定犯罪嫌疑人及其亲属在侦查阶段收集的证据不能在法庭上出示或者不能被采信。那么,就是可以出示、可以采信的,律师应该帮助委托人收集证据。

《刑事诉讼法》要求辩护律师将收集到的有关犯罪嫌疑人不在犯罪现

场、未达到刑事责任年龄、属于依法不负刑事责任的精神病人的证据，及时告知公安机关、人民检察院。辩护律师要深入理解立法的精神，准确判断和区别这三类证据。事实上，我们不是简单地告知侦查机关，而应当提出书面意见并附上所收集的证据。如果确实存在犯罪嫌疑人不在现场、未达到刑事责任年龄或者属于依法不负刑事责任的精神病人的情况，应及时和侦查机关沟通，向侦查机关阐明观点，有利于使犯罪嫌疑人尽早摆脱被追诉的困境，尽早回归正常的生活。

至于其他证据，律师如果认为对定罪量刑有重要意义，确实能够改变侦查机关看法的，也可以提交。但是，有些证据原本是客观的，但在个别心胸狭隘的侦查人员别有用心的调查后，极有可能变成虚假的证据。这些证据，律师还是暂时不告知侦查机关比较好。

但是，毋庸讳言，有些律师在侦查阶段根据侦查机关掌握的情况，帮助犯罪嫌疑人及其亲属制造伪证或者威胁、利诱他人作伪证，这是法律所禁止的行为，一经查实，将吊销律师的执业证。律师应该权衡利弊，不能因为一时之利或者贪图虚名而毁掉自己的前程。更应该注意的是，在律师不知情的情况下，犯罪嫌疑人或其亲属也可能制造伪证，而这些证据最终都要经律师的手提交法庭，一旦被查处，律师会有跳进黄河也洗不清的感觉。所以，律师对犯罪嫌疑人及其亲属拿来的证据，也要谨慎对待，认真分析。律师更不可对犯罪嫌疑人及其亲属的行为睁一只眼闭一只眼，发现他们有作伪证的苗头，应该及时制止，以绝后患。

八、提出意见

律师在了解案件情况后，如果根据已经掌握的事实，形成了自己的意见，就需要考虑是否向侦查机关提出自己的意见。

律师必须明白，这个时期因为没有看到全部的案卷，律师对整个案件事实的了解可能还是有限的。立足于有限的材料所形成的意见，就有了很大的局限性。或者说，这个阶段形成的律师意见，未必是正确的意见。因此，除非律师对自己的意见有绝对的信心，而且当事人力图在侦查阶段就说服侦查机关作出撤销案件的决定或者撤销对某些事实的追究，否则，我们不主张在侦查期间就向侦查机关提出自己的意见。

人总是倾向于坚持自己的意见，所谓固执己见。在犯罪嫌疑人已经被立案、被羁押的情况下,侦查人员会努力证明自己立案、羁押的正确性,不会轻易接受律师的意见,承认自己犯了错误。相反,会想尽办法来证明自己立案、羁押是正确的。甚至为了证明自己的正确性,使出一些其他招数来。比如,在这个事情上,发现自己确实立案错误,会从其他角度找犯罪线索,如看看注册资金是否到位,是否有逃税、漏税的行为,想方设法找个罪名将犯罪嫌疑人定罪。为了避免不必要的麻烦情况的发生,律师还是暂时沉默为好,将自己的意见留到检察院或者法院去讲,也许能发挥更大的作用。

在侦查阶段,律师除考虑向侦查机关提交律师意见外,还应当考虑在人民检察院的审查批准逮捕环节提交意见。犯罪嫌疑人在被拘留之后,律师了解了情况,如果认为侦查机关的立案存在问题,认为不存在犯罪行为,或者认为犯罪嫌疑人的行为不构成犯罪,不应当被追究刑事责任等情形,律师应当向侦查机关递交意见,和侦查机关沟通。如果沟通不畅,意见不被侦查机关采纳,则考虑向人民检察院提交意见,努力在审查批准逮捕时让检察院考虑律师的意见。尽管《刑事诉讼法》规定人民检察院可以听取辩护律师的意见,但实践中承办检察官主动听取辩护律师意见的还是比较少。律师还是需要找上门去,主动和检察官沟通,当面阐释自己的观点,并附上书面意见。

除犯罪嫌疑人可能无罪的情形下律师需要和检察院沟通外,大部分情况是就犯罪嫌疑人是否具有社会危险性、是否应当予以逮捕提出律师意见。司法实践中一个很严重的问题已经引起社会的注意,就是羁押措施的滥用,导致犯罪嫌疑人的权益常被侵害。立法机关也在努力扭转这种趋势,在修订《刑事诉讼法》时强调社会危险性的考察。对于律师认为构成犯罪的犯罪嫌疑人,律师也要考虑其是否具有社会危险性,是否属于采取取保候审尚不足以防止发生社会危险性的情形。如果认为没有逮捕必要的,律师依然应当向负责审批逮捕的人民检察院陈述自己的意见。即使在逮捕之后,律师还可以要求人民检察院对羁押的必要性进行审查,要求释放或者变更强制措施。但律师对这些程序不要抱太大的希望,特别需要和当事人亲属讲清楚取保候审的艰难。否则,律师的意见不被接受,犯罪嫌疑人依然待在看守所出不来,会失去亲属的信任。

第十章　审查起诉阶段律师的辩护

要　　目

一、办理手续

办理手续，实际上有两层意思：一是委托人和律师的手续；二是律师和检察机关的手续。

一些委托人在侦查期间和律师事务所办理手续时，就把所有阶段的委托辩护手续一并办好，在委托合同和委托书中明确委托期限到一审完毕。这时候，在律师事务所和委托人之间就无须再办理手续。一些委托人根据案件的进展来办委托手续，侦查阶段归侦查阶段，审查起诉归审查起诉。这样，就需要再办理委托手续。还有委托人到审查起诉阶段才聘请律师，也需要办理委托手续。

一些委托人常常会问律师这样的问题：我们什么时候开始请律师好。在 2018 年《刑事诉讼法》修订之前，我的建议是考虑案件的实际情况，考虑委托人的家庭经济实力，再决定是否聘请律师。当时认为，有些案件在审查起诉阶段聘请律师，充其量也就是早阅卷，早知道一些案件情况，对实质性的辩护并没有多大影响。但在《刑事诉讼法》确定认罪认罚制度后,笔者的态度发生变化,主张委托人应当在审查起诉阶段聘请律师。律师早介入,早看卷,可以早决定是否认罪认罚。应当认罪认罚的案件,及早认罪认罚,从宽的幅度比较大。当然,如果委托人有一定经济实力,不在乎律师费,早些请律师一定是有好处。如果委托人经济拮据,拿不出许多钱来请律师,笔者甚至建议委托人在审查起诉阶段找个资深律师,去看卷,去判断是否应当认罪认罚;如果确定了认罪认罚,到审判阶段再换个年轻律师,甚至可以让法律援助机构指派律师。既然已经决定认罪认罚,律师的好坏就无所谓了。这种情况,律师给委托人讲清楚,委托人会产生律师从自己的角度考虑问题的感觉,会更加信任律师。舍与得的辩证关系,律师要清楚。必要的放弃,也许会得到更多的回报。

由监察机关调查的案件移送到人民检察院审查起诉后,亲属也会尽快找律师辩护。这类案件在留置期间律师不能提供辩护,移送到人民检察院后亲属会要求尽快办理委托手续,尽早见到犯罪嫌疑人。只要亲属对律师信任,就不要推辞。

在律师和委托人协商一致后,依然需要签订委托代理合同。如果犯罪嫌疑人没有在押,应该由犯罪嫌疑人与律师事务所签订合同;如果犯罪嫌疑人在押,则由犯罪嫌疑人的监护人、近亲属与律师事务所签订合同。同时委托人还应该填写授权委托书,一式三份,一份提交检察机关,一份提交看守所,一份律师留存。

二、阅卷

如果说侦查阶段律师进行的第一件工作是会见犯罪嫌疑人,那么,在审查起诉阶段,律师接手案件之后所应该做的第一件工作则是提交律师事务所出具的公函并阅卷。

在办理完委托手续之后,律师应该在尽可能短的时间内去检察机关。律师将律师事务所出具的公函和委托人的授权委托书交付检察机关以后,律师的辩护人身份才真正确立,才可以进行其他的工作。律师只有阅卷之后,才可以知道侦查机关的工作情况,才可以进行以后的工作。律师尽快进入状态开始工作,委托人才可以放心。拖拖拉拉,很长时间都不能到检察院递交手续,会让委托人对律师丧失信心,从而破坏律师自身的形象。

律师到检察院后，应该到公诉科或者公诉处找到承办的检察官，将律师事务所出具的公函和授权委托书一并递交，检察官会将其入卷收存。如果律师和检察官不熟悉，律师还应该让其查验律师执业证。之后，检察官会提供案卷供律师查阅。《刑事诉讼法》规定律师可以查阅、摘抄、复制本案的案卷材料，指的应当是所有的案卷材料。

有些检察机关有专门为律师准备的阅卷室，律师可以在里面阅卷。大部分检察机关没有这样专门的地方，律师只能在检察官的办公室找地方坐下来看卷。要注意的是，未经检察官的允许，律师不可随意拿着案卷到其他地方，包括检察院的其他办公室，更不用说检察机关以外了。

律师坐下来，大概先把案卷翻一次，初步了解案卷中有什么材料。有些律师拿到案卷直接去复印，不管有用无用，先复印回去再看。如果完全不在乎钱和时间，确实可以这样做。但当律师时间长了，就知道一些案卷中的材料其实没有复印的必要。如所谓的诉讼文书，这些文书均为格式化的文书，律师应该留心阅读侦查人员所填写的文字。首先注意比较立案决定书和批准逮捕决定书，看立案的原因和批准逮捕的原因是否一致。拘留证、逮捕证和搜查证，则注意时间和签字，看是否符合法律的规定。看过之后，根据情况可以简单做记录，记清时间和主要的内容。这些诉讼文书律师应该仔细阅读一次，一般没有复印的必要。

案卷中的主要材料是侦查机关收集的证据，需要律师仔细研究，完整地复印回去是最佳的办法。一些检察机关内部有复印机，律师提出复印要求后，检察官会安排人拿着案卷去复印，律师只需说明复印的页码，在旁边付钱就行了。如果检察机关没有复印机或者因为其他原因，无法在检察机关内部复印的，就必须到检察机关之外的地方，检察官会自己陪同或者安排人去找地方复印。好在有检察院的地方，总会有人做复印的生意。律师切不可自作主张将卷带出检察院，即使你不做任何手脚，案卷完璧归赵，也会招来检察官义正词严的训斥。

有些案件涉及的人或者事比较多，案卷比较厚，律师就需要根据实际情况予以选择。与自己的犯罪嫌疑人无关的部分，完全可以不复印。或者可以先复印部分案卷，再根据情况决定是否复印其他部分。需要注意的是，如果是律师助理去复印案卷，最好是全部复印。承办律师自己去复印,在复印前阅卷,大概会对卷中的所有材料形成印象。若承办律师没有亲自阅卷,看到的复印案卷又是被省略的,则难免会误事。

法律规定律师的阅卷权利为查阅、摘抄、复制,律师也应当按照这个程序来阅卷。首先是查阅,把案卷简单过一次;其次是摘抄,一些不需复制的,可以仅就个别内容摘抄;最后是复制,把需要研究的部分复制回来。复制的最佳办法是复印,有时候不方便复印,律师可以用手机等设备把案卷拍摄下来,也是一种复制的办法。随着现代科技的运用,许多人民检察院在案件移送审查起诉后,即将全部的案卷扫描存入电脑。律师要求阅卷时,只需要将电脑中的案卷转录到一张光盘上即可,或者律师自己拿U盘从检察院的电脑中拷贝。但律师在拿到光盘、U盘后,依然存在是否需要打印的问题。不打印案卷,完全在电脑上阅读,对于习惯于纸质阅读的老律师还是一个问题。案卷少,不妨全部打印出来。案卷多,就需要挑选。

案卷打印好,律师就可以细细地看。我把刑事案件的阅卷总结为三句话:全文浏览划重点,时空纵横大事记,正反对比找差异。

第一步是全文浏览划重点。浏览,意味着很快地把全部的案卷看一次,知道案卷中的基本内容。在阅卷的同时,把律师自认为重要的段落标划出来,这样下次能够很容易地找到需要的内容。我的习惯是拿支铅笔边看边画,将重要的部分标示出来。这看似简单的工作,其实显示的是律师的功夫。画案卷中的哪些内容,取决于律师对证据相关性的理解。律师读过一页案卷,很快就能确定该页面的哪句话是重要的,与案件的定罪量刑有关。将与定罪量刑有关的部分标示出来,剩余的部分关联性不大,在之后的阅卷中可以忽视。不仅要画,而且要写,将阅卷过程中脑中闪过的想法记在案卷上。这本案卷就是律师的工作手记,由着律师去写去画。实习律师看过卷后,老律师再看卷,实习律师不妨比比自己画的哪些内容没有价值,哪些该画的地方没有画出来。这种阅卷的感觉是每个年轻律师需要培养的。

第二步是时空纵横大事记。我在民事案件的阅卷中已经提出制作大事记,在刑事案件的阅卷中制作大事记更重要。仅有浏览划重点远远不够,在浏览后需要再次细细地阅读。在第一步的浏览中,律师应该知道案卷中的材料哪些部分重要,哪些部分不重要。不重要的部分,可以略过不看。但重要的部分,需要仔细阅读。单单靠阅读还不够,每个人的记忆力有限,好记性不如烂笔头,需要做阅卷笔录,就是把一些关键的内容记录下来。特别是一些案卷多、案情复杂的案件,律师必须做阅卷笔录。

阅卷笔录有不同的做法,一些律师喜欢从案卷中大段大段地摘录,把自认为重要的部分摘抄下来。特别是替老律师看卷的年轻律师们,把大量的时间放在摘抄上。这样的摘抄的确可以省去老律师阅卷的辛苦,但无序的摘抄等于是第一步全文浏览画重点的重复。

我的办法是制作大事记。纵的轴是时间,按照事件发生的时间前后,将案卷中出现的细节标注在不同时间的后面。横的轴是空间,将同一时间发生在不同空间的细节标注出来。制作大事记的过程,就是第二次详细阅卷的过程。不同于第一次阅卷在案卷上划重点,这一次阅卷是将案卷中的重点简要标注在时空轴上。要完成这样的工作,就需要老老实实将案卷全部再读一次,而且这次阅读不能是浏览,需要注意某些细节。再次阅完卷,做完大事记,整个案情的来龙去脉就清楚地体现在大事记中。而且,律师在制作大事记的过程中,还能发现一些问题。如对同一件事情,不同的人陈述的发生时间不一致。同一时间发生的事情,不同人陈述的发生空间不一致。在同一时间、同一空间发生的事件,不同的人陈述的细节不一致。通过再次详细阅卷制作大事记,把同类的问题集中在一起,事后看起来就一目了然。电脑为我们提供了极大的方便,在电脑中制作大事记,可以不断地穿插文字,可以轻易地把案卷中不同部分的内容集中在一起。有些问题,分别去看似乎意义不大,但集中在一起进行比较后,中间存在的问题便凸显出来。一份好的大事记,能包括所有法庭上需要的内容,或者说把律师辩护需要的证据内容都提炼出来,免去以后翻阅案卷的麻烦。

第三步是正反对比找差异。不是每个案件都需要第三次阅卷。如果案卷中对事件的陈述并没有大的差异,在制作大事记后就掌握了所有的细节,无须再次阅卷。但有些案件,特别是犯罪嫌疑人否认犯罪的案件,或者不同的犯罪嫌疑人、证人供述差异比较大的案件,在大事记中就包括不了许多的内容,需要重新制作阅卷笔录。这样的阅卷笔录可以是表格式的,依据不同的标准将相同的内容对比,最终体现其中的差异。第三次阅卷的结果应当是大事记的集中版或者放大版,就某个具体的问题,各方陈述不一致的情况下,集中将这些不一致的部分摘录下来,放在一个容易阅读理解的体系中。如犯罪嫌疑人供述的差异,就可以从时间和细节的角度,用表格的方法,将犯罪嫌疑人不同时间就同一事实作出不同的细节陈述罗列出来。

律师通过这样阅卷,对案卷中涉及的事实就特别清楚。提到某个具体的细节,案卷中有什么材料,清清楚楚。这是办好一个案件的基础。

律师在复制案卷和阅卷过程中,要注意案卷的保密。尽管没有法律明确将刑事案件审查起诉阶段的案卷规定为保密的范围,但大家普遍认为律师复制的案卷应当保密。如果在街上文印店打印案卷,律师应当始终在场监督。特别要防范犯罪嫌疑人亲属复制和翻看案卷,犯罪嫌疑人亲属有强烈的想看案卷的欲望,想了解犯罪嫌疑人、其他犯罪嫌疑人的供述及证人的证言。他们的这种欲望也未必就是要去作伪证,但事后万一有事,就是律师的责任。特别在手机照相功能强大的背景下,亲属随时可以拿起手机对案卷拍照,将案卷传播出去,就可能成为律师的“罪过”。

三、研究起诉意见书

在复印案卷时,一定要记住,将起诉意见书复制。

起诉意见书是侦查机关在侦查终结后形成的总结性书面文件,内容包括侦查机关查清的案件事实以及应该适用的法律。通过阅读起诉意见书,我们就会知道,在侦查机关看来,犯罪嫌疑人实施了什么样的犯罪行为,其行为触犯了《刑法》的多少条,应该按什么罪追究刑事责任,是否应该从轻、减轻或者从重处罚。

律师如果在此之前已经了解了案件的事实,那么就可以判断侦查机关认定的事实与犯罪嫌疑人的陈述是否一致,从而确定调查取证的重点。大部分律师在这个阶段未必对案件事实非常清楚,可能无从判断侦查机关认定的事实是否正确,只能在会见犯罪嫌疑人之后再说。律师也可以暂时不去考虑事实如何,只着眼于适用法律,思考侦查机关认定的罪名是否正确。

有了起诉意见书,律师起码知道了案情的大概,知道了侦查机关认定的大概事实，知道了侦查机关认定的罪名，这是律师下一步工作的基础。

四、研究鉴定意见

按照《刑事诉讼法》的规定："侦查机关应当将用作证据的鉴定意见告知犯罪嫌疑人、被害人。如果犯罪嫌疑人、被害人提出申请，可以补充鉴定或者重新鉴定。"如果案卷中有鉴定意见，阅卷时应特别注意，不可漏过。

在侦查阶段，律师仅仅知道鉴定意见的结论，至于这个结论是怎样得出的，则无从得知。因此，即使心中不服，也未必能提出合适的理由去申请补充鉴定或者重新鉴定。只有在仔细阅读鉴定意见的全文后，律师才可以得知整个鉴定的依据、鉴定的过程、鉴定的手段，在此基础上全面评价鉴定的正确与否。

我们知道，鉴定是为了查明案情，解决案件中的某些专门问题，而由侦查机关指派或者聘请的有专门知识的人对专门问题作出的科学推断。对于专家的意见，律师要考虑其是否正确，这就需要律师也要知道一些专门的知识。律师不能凭感觉去判断一个专家的鉴定意见，必须凭借科学的理论。因此，对于鉴定意见，律师需要根据涉及的领域去寻找相关领域的书籍并进行研究。当然，律师不可能在几天内成为一个专家，但通过初步的阅读，律师起码可以大概知道与该鉴定有关的基本常识。有些鉴定意见，或者是由于鉴定人水平太差，或者是由于鉴定人故意徇私舞弊，其中的漏洞非常明显，也许律师靠着临阵磨枪学来的几招，就可以上阵。律师自己研究出的道理，可以设法找专家去验证，并向专家请教。对于实在想不出个所以然的案件，律师当然也可以直接请专家去挑毛病。在西方专门有这样的专家，而且愿意作为专家证人出庭作证。我国的刑事诉讼制度不仅允许鉴定人出庭，也允许为了推翻鉴定意见而聘请的专家即所谓有专门知识的人出庭。我们不妨也说服专家出庭，对鉴定意见提出自己的看法。但是，即使请教了专家，专家拿出了意见，仍然需要律师深入领会。如果鉴定人出庭，律师要质证鉴定人，律师自己不掌握一定的专业知识依然是不行的。

有些案件律师全部的工作就在鉴定上，整个案件无罪有罪，罪轻罪重，便全部在这一纸鉴定上。有些律师不把功夫放在研究问题上，而把精力放在做鉴定人的工作上,这是不可取的。我国的司法鉴定制度正在一天一天健全起来,完善的司法鉴定制度需要律师能够切实指出鉴定的错误,这就需要律师的真功夫了。律师应该有一种精神,每接触一个专门问题,就要把有关该问题的权威性著作找到,通过仔细地阅读把自己由门外汉变成门内汉。

五、会见犯罪嫌疑人

律师在接受委托后,在办理律师事务所提交检察机关的公函的同时就应该办理好律师会见在押犯罪嫌疑人、被告人专用介绍信。但律师一定要在将代理手续提交检察机关后,再去会见犯罪嫌疑人。尽可能避免还没有把手续交到检察院,就急匆匆去看守所会见人。合适的会见时间应当在阅卷之后。阅完卷,对案件事实有了了解,会见的效率会更高。

一些公诉人不希望律师在其会见之前会见,担心律师会教唆犯罪嫌疑人改变口供。在2012年《刑事诉讼法》修改之前,尽管法律规定在审查起诉阶段辩护律师会见犯罪嫌疑人不需要经过检察机关批准,会见时检察机关也不应该派员在场,但一些检察官依然希望知道律师会见的情况。一些检察官甚至通知看守所,没有他的允许,不准律师会见犯罪嫌疑人。从近几年的实践中,还很少见检察官阻挠律师会见的事例。

律师见到犯罪嫌疑人之后,首先应当要求犯罪嫌疑人在委托书上签字,表示犯罪嫌疑人同意律师为其辩护。然后律师应当将侦查机关的起诉意见书交给犯罪嫌疑人,让他仔细阅读。律师应当询问他对起诉意见书的看法,了解犯罪嫌疑人对侦查机关所认定事实的态度,看哪些事实的认定是正确的,哪些事实的认定是错误的。侦查机关的事实叙述不可能非常详细,所以,律师应当要求犯罪嫌疑人仔细地回顾事件的整个过程,在回顾之中进一步明确起诉意见书中认定事实的正误。律师同时还应该捕捉对犯罪嫌疑人有利的细节,这些细节显然没有引起侦查机关的注意。

2012年修改后的《刑事诉讼法》增加了“自案件移送审查起诉之日起,可以向犯罪嫌疑人、被告人核实有关证据”的规定,意味着律师可以名正言顺就案卷中材料的内容和犯罪嫌疑人进行沟通,而不用担心泄露国家秘密的风险。律师在听取犯罪嫌疑人对事实的叙述过程中,就要留心他的叙述哪些和案卷中的材料一致,哪些不一致。对于不一致的地方,要特别留意,分析是什么原因导致不一致。

一些案卷中会有一些犯罪嫌疑人对自己不利的供述,在和律师接触后,会明显意识到这些供述可能导致有罪的判决或导致更重的量刑。一些犯罪嫌疑人会想到在公诉人讯问时改变口供,或者在法庭上翻供,甚至有个别律师教唆犯罪嫌疑人翻供,把辩护的基础建立在犯罪嫌疑人最新的供述上。这不是明智的方法。口供不是不可以改变,基于各种原因,犯罪嫌疑人原先的供述可能是虚假的,或者在个别细节上的陈述不实。如果新的供述能够与其他证据相互印证,新的供述有可能被检察官、法官接受。如果没有其他证据足以印证,这样的翻供意义不大,法官一般不会采纳,还会留下恶劣的印象。

犯罪嫌疑人对侦查机关认定的事实有异议的,律师在了解犯罪嫌疑人的看法后,应该要求犯罪嫌疑人提供能够证明其观点的证据线索,律师可以利用这些线索去获取有利的证据。

如果说对起诉意见书的事实部分律师主要是听的话,适用法律部分律师则主要是讲。律师应该详细向犯罪嫌疑人阐释侦查机关所认定的罪名,具体分析这些罪名的构成要件以及从轻、减轻的条件。在了解罪名后,犯罪嫌疑人可以依据这些理论去反思自己的行为,从而努力回想案件的各种细节,提供给律师。

律师在审查起诉阶段会见犯罪嫌疑人时,尽管没有侦查人员在场,但律师仍然应当遵守羁押场所的规定,不得为犯罪嫌疑人传递物品、信函,不得将通信工具借给其使用,不得进行其他违反法律规定的活动。现在有一种理解,认为法律规定辩护律师会见犯罪嫌疑人、被告人时不被监听,但并不意味不被监视。事实上,几乎所有的律师会见室都安装有监视摄像头,律师的一举一动都记录在电脑中。律师心中有数,心里假设有人在监听,对自己是约束,行为自然就规范。

有些人怀疑律师会在这个阶段教唆犯罪嫌疑人,会见的时候就可能有一些人默默地溜进会见室,或者打开门探头探脑,或者站在门外长时间不走。律师被如此监视有时会非常恼火,但没有必要生气,也不必去交涉,坦坦荡荡地说你该说的话,或者干脆沉默不语,以无声来表示你的抗议。他感到无趣,也就走了。

六、与犯罪嫌疑人通信

尽管律师与在押的犯罪嫌疑人通信是法律赋予双方的权利,但事实上这个权利的行使是很难的。我们翻阅各种律师学教程以及律师实务的著作,都不提及律师应该如何与犯罪嫌疑人通信。在各种司法解释中,也没有关于通信的具体规定。所以,实践中律师很少运用这项权利。倒是有时可以收到犯罪嫌疑人从看守所寄来的明信片,上面的内容寥寥无几,只是要求律师尽快去会见的请求。

如果犯罪嫌疑人被羁押在律师执业的地方,一般是用不着采用通信方式和犯罪嫌疑人联系的。信纸的空间毕竟有限,不能够很好地沟通,即使要耗费些时间,律师也最好去会见犯罪嫌疑人。审查起诉阶段律师会见没有那么多的麻烦,程序比较简单,一般不会浪费多少时间。

如果犯罪嫌疑人被羁押在离律师执业地比较远的地方,律师在接受代理后也必须去会见犯罪嫌疑人。仅仅凭通信是不可能办理好案件的。只有在会见之后,律师想到个别问题需要和犯罪嫌疑人沟通,才可以采用通信的办法。

律师在对案情研究之后,对于某些细节问题需要犯罪嫌疑人解释的,可以在信中提出问题要求犯罪嫌疑人回答。在会见时,犯罪嫌疑人提出的问题,律师一时无法回答的,也可以用通信的方式回答。法律尽管没有对律师与犯罪嫌疑人通信的内容作出明确的限定,但也不可随意写,内容应该局限于与本案相关的问题,不得向犯罪嫌疑人提及可能妨碍侦查的有关同案犯罪嫌疑人及其亲友的情况。

信写好后,应该在信函上加盖律师事务所的公章。交付邮局邮寄最好采用挂号信的形式,这样可以确保信件到达犯罪嫌疑人手中。在信封上,律师应该标明律师事务所的名称,律师的姓名,并表明律师辩护人的身份。律师应该将所寄信件复印一份,存入卷中备查。犯罪嫌疑人寄来的信件,律师也应妥善保存在卷中备查。

七、调查取证

律师在和犯罪嫌疑人见面之后,听取了犯罪嫌疑人对侦查机关起诉意见书的看法。如果犯罪嫌疑人对侦查机关认定的事实没有异议,也就无所谓调查取证,律师应该把精力放在法律的适用上。如果犯罪嫌疑人对侦查机关认定的事实有异议，且这些事实影响到对犯罪嫌疑人的定罪和量刑，律师就应该想方设法证明侦查机关所认定事实的错误。

犯罪嫌疑人在对侦查机关认定的事实提出异议的同时，会为辩护律师提供一些证据的线索，主要是一些案件知情人名单。在刑事案件中，找证人取证是风险非常大的事情，许多刑事辩护律师由此主张律师自己绝不亲自找证人作证。但具体情况具体分析，有些情况下律师还是应该设法找到这些人，并取到证据。有些人对司法机关的取证无所谓，但对于律师的取证则心怀戒心。因此，律师不可掉以轻心。

需要犯罪嫌疑人的亲属有人配合，这个人需要机敏善言，见过些世面。律师需要他引路，避免耗费时间到处寻找。律师更需要他在见到知情人后引见，以消除与知情人的隔膜。当然，这就需要他与知情人平时有一定的往来，使知情人不好意思不说实话。

律师和犯罪嫌疑人的亲属事先要估计一下知情人的配合程度。有些人一贯豪爽，敢作敢当，对上门调查来者不拒；有些人则谨小慎微，唯唯诺诺，一说作证就退缩。前者不妨事先联系，约定时间，以免白跑；后者则要设法堵在门内，律师到了门口，大多数人还是会把律师迎进家的。

进门以后不要着急去谈案情，不妨和对方聊聊天，缓和缓和气氛，慢慢地切入主题。不要一开始就摆出架势又要作笔录，又要出庭作证，吓得知情人闭紧了嘴巴再也不愿意开口。不妨先了解了解情况，看看知情人了解多少情况，有哪些情况属于律师事先不知道的，或者与律师知道的情况不一致，有哪些情况律师将来可以作为辩护证据。在大概了解情况之后，确定该知情人所了解的情况是否有价值，是否应该作为证人出庭作证。

如果知情人了解的情况有价值，可以证明某些事实，律师准备作为证据使用，律师可以向该知情人提出记录的要求，在征得同意后律师再开始正式记录。如果知情人迟疑，律师应该想方设法打消他的顾虑。如果知情人明确拒绝，律师也没有任何办法，只得打道回府了。但应该尽可能从知情人的嘴里探听有用的信息，探听是否有其他知情人，这个知情人不愿意作证，说不定别的知情人愿意作证。

但是如果该知情人侦查机关已经找过，我们应该知道他向侦查机关讲述的和向律师讲述的是否一致,侦查机关询问过什么问题,是否作了笔录。如果该知情人所知道的情况侦查机关已经作了记录,律师暂时不要作笔录。

调查笔录的格式是固定的,首先写明调查的时间、地点,调查人、被调查人及记录人的姓名及基本情况。然后记录双方谈话的内容。律师在正式发问前首先应当表明自己的律师身份,告诉对方自己受委托调查取证。特别要注意应当明确向知情人发问是否同意接受调查。在得到同意的明确回答并记录后,要告知知情人应当如实作证,以及作伪证的法律后果。将这一切记录完毕后再开始就具体问题发问并记录。律师根据自己需要证明的对象提出问题,让知情人根据问题回答。律师要完全根据知情人的语言来记录,不要自作主张改变知情人的原话,知情人的原话更能显示证言的真实性。问完以后,把笔录让知情人阅读,确认记录无误后让知情人签字认可并按上指印。律师在调查取证时,包里应该永远有一盒印泥,以免需要时到处寻找。另外要注意让知情人在每一页调查笔录上都按上清晰的指印,避免将来被知情人污蔑调包。

按照《刑事诉讼法》的规定,犯罪嫌疑人可以委托一名到两名律师作为辩护人,也就是说,法律并没有要求律师只有两人才能办案。注意这和法律规定的侦查机关办案必须两人是不一样的。但律师为了保护自己,避免麻烦,在向知情人取证时最好由两个律师进行。这就是中华全国律师协会制定《律师办理刑事案件规范》时规定"一般由二人进行"的原因。

在向知情人了解情况时,要注意不要让其他知情人同时在场,特别注意不能让几个知情人共同回忆案件事实,互相补充。如果大家你一言我一语,凑出一个证据来,即使是客观真实的,将来在法庭上也容易遭到攻击。不让其他知情人在场,并不等于不让其他人在场。律师在调查取证时有与案件无关的人在场有时候不是坏事而是好事,关键时候可以证明律师调查取证时的行为符合法律的规范。因此,对于关键的调查取证,律师可以让在场人签字作为见证,以证明自己的清白。如果知情人是未成年人,律师一定不要单独询问,要通知其监护人到场,如果形成调查笔录,一定要让监护人签字认可。

如果案件的知情人比较多,律师应该不怕辛苦尽可能见到所有的人。

尽管在案发时知情人都在现场，但每个人所处的位置不一样，每个人的注意重点不一样，每个人的心理状态不一样，都会导致知情人了解的事实发生差异，有些关键的细节可能只有少数人看到。所以，律师应当会见所有的知情人，一步一步地挖掘案情的细节，也许会有特殊的效果。但被害人、被害人的近亲属以及被害人提供的证人，律师不可轻易去会见，要经过人民检察院的许可。律师要考虑是否有必要去会见这些人。不到非见不可的地步，律师不要动这个心思，或者至少在审查起诉阶段不要动这个心思。

在刑事案件中，律师最好不要把希望寄托在所谓的言词证据上。这些言词证据来自记忆，我更喜欢称为“记忆证据”。既然是记忆，难免容易变化，而这些变化对于律师来说都是灾难的根源。从证据规则的角度来看，实物证据的证明力要大于记忆证据的证明力。因此，律师应当把更多的精力放在寻找实物证据上，努力用实物证据去证明犯罪嫌疑人无罪或者罪轻。

对于有犯罪现场的案件，律师一定要亲自到现场看看。只有实地考察现场，律师才能对案件事实的发生有感性的认识，才能够更深入地理解其他的证据。律师应该细心查看现场，说不定还能找到些有利于犯罪嫌疑人的证据。侦查人员勘查现场，往往更留意犯罪嫌疑人有罪的证据，容易有意无意地遗漏一些有利于犯罪嫌疑人的证据。

八、认罪认罚

律师在经过研究以后，对犯罪嫌疑人是否构成犯罪，构成此罪还是彼罪，一定会有自己的看法。2018 年《刑事诉讼法》修改后增加了认罪认罚程序，律师在审查起诉阶段的作用就发生了变化。

在设置认罪认罚制度前，从辩护律师的角度出发，未必要向人民检察院提出自己的意见。因为律师和公诉人毕竟是将来法庭上的对手，公诉人不是法官，公诉人不可能像法官一样思考问题，律师把自己所有的思考全盘托出，事实上是为公诉人弥补漏洞。公诉人听取了律师的意见后，未必会改变自己的看法，反而会根据律师的观点完善自己的思路。

但是在设置认罪认罚制度后，律师的思路应当转变。

如果律师认为侦查机关的指控是正确的，应当建议犯罪嫌疑人认罪认罚。律师也认可公诉机关的指控,同意量刑建议和认罪认罚程序适用的,在律师在场时犯罪嫌疑人签署认罪认罚具结书,随起诉书一并移送人民法院。人民法院原则上将根据人民检察院的量刑建议予以判决。这样,在审判阶段律师的作用就小了。依笔者的判断,将来大部分律师的作用发挥在审查起诉阶段,被告人冤枉的案件毕竟是极少数,大部分的案件将通过认罪认罚程序解决。这就需要律师在审查起诉阶段介入,为当事人判断是否应当认罪认罚。律师认为没有辩护空间的案件,就应当积极鼓励当事人认罪认罚,以求得更轻的判决。

对于有被害人的案件,律师和犯罪嫌疑人决定认罪认罚后,就需要积极和被害方沟通,就民事赔偿达成和解或者调解协议,争取被害人出具谅解书。《人民检察院刑事诉讼规则》第 276 条规定:“办理认罪认罚案件,人民检察院应当将犯罪嫌疑人是否与被害方达成和解或者调解协议,或者赔偿被害方损失,取得被害方谅解,或者自愿承担公益损害修复、赔偿责任,作为提出量刑建议的重要考虑因素。”鉴于人民检察院的量刑建议一般是确定刑,且原则上人民法院将根据人民检察院的量刑建议判决,因此,犯罪嫌疑人对被害方的民事赔偿就不能拖到法院审判阶段,而应当尽可能在审查起诉阶段完成,以求得人民检察院将赔偿谅解作为提出量刑建议时的考虑因素。律师应当给予犯罪嫌疑人和亲属赔偿数额的建议,让他们知道合理的赔偿数额是多少。有些犯罪嫌疑人亲属自己就可以出面和被害方沟通,达成和解协议。但如果亲属没有这个能力,也许需要律师出面谈判。这也是考验律师谈判能力的时候。一些被害方会趁机加码,提出更高的请求,律师需要综合情理法多角度说服被害方放弃不合实际的请求。如果被害方的赔偿请求明显不合理,无法说服被害方,律师要及时和检察官沟通,让检察官出面协调,这样检察官就会知道犯罪嫌疑人主动认罪和积极赔偿的态度,律师就可以建议犯罪嫌疑人及其亲属暂时不赔偿,等到审判阶段再进一步沟通。

一些案件侦查机关的指控有瑕疵,或者是指控的事实与客观事实不符,或者是认定的罪名律师有异议,就需要律师和承办案件的公诉人沟通。律师向公诉人陈述自己对案件的看法,争取公诉人接受律师的意见,在提起公诉时改变事实或者罪名。如果公诉人接受了律师的意见,律师自然应当建议犯罪嫌疑人认罪认罚,并在律师在场的情况下签署认罪认罚具结书。如果意见不被公诉人接纳,律师就需要和当事人及其亲属沟通,共同决定是认罪认罚,还是坚持到底,要求法院给一个公道。在决定是否认罪认罚时,需要考虑三个问题,第一,律师的观点是否正确;第二,法官采纳的可能性多大;第三,认罪认罚对量刑带来的好处和不认罪不认罚的坏处的比较。如果律师对自己的理由都持怀疑态度,或者凭经验知道法官多半不会采纳,律师就不必坚持不认罪。犯罪嫌疑人认了罪,法院可能判较低的刑罚。但如果律师建议犯罪嫌疑人不认罪,最后判了一个较高的刑罚,委托人就会埋怨律师。在认罪认罚制度实施之前,个别律师的辩护有些无话找话的感觉,唠唠叨叨说了很多,但仔细思索,有价值的观点并不多。有些律师自己心里也知道所说的话无用,法官根本不会采纳,但挣了当事人的钱,总要讲些话出来,哄得当事人高兴。这样的做法,以后会逐渐失去市场。

有些案件犯罪嫌疑人认罪,但不认罚,对公诉机关建议的量刑不认可。律师可以就量刑问题和公诉人沟通,达不到目的的,可以建议不签署认罪认罚具结书,到法院审判阶段再争取更轻的刑罚。

如果律师认为侦查机关对犯罪嫌疑人立案侦查就是错误的,犯罪嫌疑人没有犯罪行为或者其行为根本构不成犯罪,人民检察院应当作出不起诉的决定,律师应当向人民检察院提出自己的辩护意见,形成书面意见送交公诉人,或者和公诉人当面交流看法,说服公诉人同意律师的看法,及早把犯罪嫌疑人从“灾难”中拯救出来。但如果律师发现公诉人比较固执,不容易听取律师的意见,律师则要把话留在肚里,准备在法庭上说给法官听。

一个真正好的刑事辩护律师,在审查起诉阶段就会表现出来。认真阅过卷之后,就能判断出案件的发展趋势。该认罪认罚的,一定认罪认罚,以换取一个更轻的刑罚;不该认罪认罚的,坚决不认,法院判了无罪,或者更轻的刑罚,这才是好律师的本事。

第十一章　公诉案件审判阶段的调查研究

要　目

一、接受委托	五、会见被告人
二、复制案卷	六、调查取证
三、研究起诉书	七、研究法律
四、研究控方的证据	八、确定辩护思路

一、接受委托

人民检察院决定提起公诉，将案件起诉到人民法院以后，案件进入审判阶段。如果律师已经在审查起诉阶段接受委托，委托人和律师事务所签订的合同包括审判阶段，则需要委托人就审判阶段签署委托书，律师事务所向法院开具公函，律师将委托书和律师事务所的公函送到人民法院，交到承办法官手中。如果委托人和律师事务所只签订了审查起诉阶段的委托合同，则需要另行签订委托合同。

但是，如果委托人在审查起诉阶段完成以后，不愿意在审判阶段继续聘请你作为辩护人，律师就应该反思自己的行为，是否有令委托人不满的地方。当然，律师如果对案件不感兴趣，也可以不续签合同，让委托人另请高明。但这可能意味着你将永远失去这个客户。委托人实际上如同商业营销中的客户，如何留住客户，使他成为你的终生的客户，是值得律师考虑的问题。

一些在审查起诉阶段不认罪的案件，在审判阶段会找到律师，要求辩无罪或者罪轻。律师就需要认真阅读起诉书,思考无罪或者罪轻的理由是否成立,并进而决定自己是否代理。个别案件被告人感到非常冤枉,律师也认为确实存在问题,律师甚至可以不考虑律师费的高低,努力为被告人提供服务。笔者和律师事务所的其他律师曾经为一宗抢劫杀人案的未成年被告人提供辩护,历经6年,最后判决无罪。在判决无罪后,笔者对该案进行了麻雀式的解剖,写成《冤案个案研究》一书在法律出版社出版。在最初接触该案这些农村孩子的父母时,我们就敏锐地感觉到这是起冤案,不挣钱也要干。

二、复制案卷

接受委托之后,律师在第一时间所干的工作是将委托手续送到人民法院。律师应该调整自己的工作时间,不要拖拉,尽可能快地到人民法院递交。在递交手续之后,以后的工作才可以进行。借口工作忙不断推迟到法院的时间,会让委托人感到失望。

去法院之前,律师一定检查是否带齐了所有的手续:委托书、律师事务所公函和会见被告人的专用介绍信等。律师执业证书更应当是随身携带。有些法院会要求律师提供委托人与被告人亲属关系的证明,律师最好准备一份。律师到人民法院递交手续之后,就应该立即向法官提出阅卷的要求。正常情况下,法官会立即安排律师阅卷。

在2012年《刑事诉讼法》修改前,人民检察院提起公诉的案件,应当向人民法院移交起诉书、证据目录、证人名单、主要证据复印件或者照片,但实践中有些检察官仍然把所有的案卷全部移交法院。此次修改,恢复了1979年《刑事诉讼法》确定的起诉时全卷移送制度,废止了1996年《刑事诉讼法》确定的主要证据材料移送制度。事实上,虽然律师在审查起诉阶段参与辩护时早已复制过案卷,但在起诉之后,律师仍然需要再查阅一下案卷。因为在审查起诉过程中,可能发回侦查机关补充侦查,就会有新的证据材料补充到案卷中,或者检察官自行侦查了一些事实,也会有新的证据材料进入案卷中。在审查起诉阶段,可能由于律师阅卷早,这些材料还没有形成,当时律师看到的仅仅是侦查机关收集的证据。

我们习惯上说的“阅卷”,准确地讲是查阅、摘抄、复制。随着社会的日益现代化,阅卷已经几乎等同于复制了。但是律师依然需要查阅,即拿到卷后要很快地翻阅一次,了解案卷中的基本内容。在翻阅以后,律师应该向法院提出复印的要求。将案卷复印后,律师可以坐下来细致地分析研究。在人民法院匆匆忙忙地看一会儿抄一会儿,已经不是现代律师的做法。但如果案件复杂,涉案人员比较多,证据材料一大摞,律师也不能不分青红皂白一概复印,律师要把所有的案卷翻阅一次,找出与自己的当事人有关的证据材料予以复印。更现代的办法是法院直接将存有所有案卷的光盘交给律师,或者从法院的电脑中拷贝案卷,律师取回来自己打印。但哪些案卷需要打印出来,哪些不需要打印,也需要律师动动脑筋。

在没有复印机的时代里,律师的阅卷工作是非常辛苦的。无论有多少案卷,律师的唯一办法就是辛辛苦苦地看,辛辛苦苦地抄。许多老律师对此感慨颇多,经验也颇多。在1996年《刑事诉讼法》第一次修改以前,律师只有在法院审判阶段才允许介入,律师的调查取证权利也受到了很大的限制。开庭以前律师的主要工作就是到人民法院阅卷,律师的基本观点都是在阅卷中产生,律师辩护的证据也是靠阅卷来收集,阅卷便成为刑事辩护律师最主要的工作。律师不能把案卷带回家,也不可能全部抄下来带回家研究,只能待在法院里读。如果没有一个舒适的环境,或者法院有意安排一个条件差的环境,律师的阅卷就成为非常辛苦的事。有老律师称近视眼镜度数的增加完全是在阴暗的角落里长时间看卷所致,诚不为虚言。正因为阅卷的辛苦,许多律师都摸索出一套适合于自己的阅卷方法,如对照法、重点法、边阅边记法等,这些经验确实是金玉良言,现在的律师在回家分析证据材料时依然用得着,但在法院阅卷时,就没有必要再细细读了,复印回来再细细读效果会好得多。

三、研究起诉书

将案卷中的材料复印后,律师首先应该研究的是人民检察院的起诉书。因为起诉书中包括了被告人的基本情况、指控的罪名和案件来源、案件事实、起诉的根据和理由,体现了公诉机关对案件的基本认识。

首先,律师要比较起诉意见书和起诉书的异同。起诉意见书是侦查机关在侦查终结后制作的法律文书,体现了侦查机关对案件的基本认识。人民检察院审查案件,实际上就是审查起诉意见书认定的事实是否清楚,是否有足够、确实的证据支持,犯罪的性质和罪名的认定是否正确,是否应当追究刑事责任。如果经过审查没有问题,人民检察院起诉书的内容和侦查机关起诉意见书的内容应当相同。如果在一些事实或者法律的适用上人民检察院的意见与侦查机关不一致,那么就会体现在起诉书中。律师应该认真比较这两个法律文书,比较两者的异同。如果发生了变化,律师就应该研究这种变化的原因,判断这样的变化是否正确,是否对被告人有利。

其次,律师要研究人民检察院在起诉书中认定的事实和被告人陈述的事实有无差异。如果律师在移送起诉之前已经介入案件,已经会见过被告人,了解被告人对案件的陈述,律师就应当比较被告人的陈述是否与起诉书中认定的事实一致。如果不一致,应该找出不一致的地方,要分析比较哪种陈述更接近客观事实,哪种陈述对被告人有利。

再次,律师应当研究起诉书确定的事实是否清楚,犯罪的时间、地点、经过、动机、目的、危害后果等与定罪量刑有关的事实要素是否都有交代,是否明晰、准确。律师还应当结合所掌握的公诉人的控诉证据,看起诉书中认定的每一个事实是否有相应的证据支持。

最后,律师应当分析起诉书认定的罪名是否正确。可以从两个角度来分析起诉书认定的罪名:一是基于起诉书认定的事实来分析罪名,看按照起诉书认定的事实,被告人是否构成犯罪,或者应当构成何罪;二是按照被告人陈述的事实,分析被告人是否构成犯罪,或者构成何罪。

另外,律师要注意起诉书中认定的被告人的基本情况是否正确,特别应该注意与定罪量刑有关的情况是否正确,如被告人的出生年月日,被告人的职业、工作单位及职务,以及被告人是否受过刑事处罚等。

四、研究控方的证据

如果被告人对公诉人指控的事实没有异议,律师在阅过一次案卷了解了基本的案件事实后,没有必要再下大功夫去阅卷。但是,如果被告人对公诉人指控的基本事实有异议,律师就要下大功夫去研究证据。

首先要比较被告人的历次供述,去分析历次供述之间是否存在矛盾,有无供述的变化,并进一步了解供述发生变化的原因。其次要对比同案被告人对同一情节的供述是否一致,异同在何处。最后再去了解相关证人、被害人对同一情节如何陈述。

在供述和证词等不一致的情况下,律师做阅卷笔录就是必需的事情。要反复阅读案卷,把案卷中就某一情节不一致的地方均摘录出来,弄清被告人如何供述,同案被告人如何供述,证人、被害人如何陈述。在弄清这些基本事实后,再去和其他书证、物证等证据比较,看哪些供述是真实的,哪些证词是真实的。在一些案件中,律师如果把阅卷笔录做好,把案卷中相互矛盾的地方摘录出来进行比较,并在法庭上提交给法官,比说很多话有意义。有时候用列表格的方式将摘录的内容分门别类,更能让人看得一清二楚

笔者在司法实践中发现了"漏斗型供述"的现象。被告人在开始讯问时的供述和其他被告人的供述差异比较大,之后逐渐缩小。这样的被告人供述,真实性就存在问题,极有可能是诱导、逼供的产物。因其没有实际参与某些事件,在一些细节上就无法和其他供述、证言相一致。侦查人员发现这种不一致,会有意无意提示被告人更正补充,于是以后的供述便趋于一致。"漏斗型供述"应当引起律师的注意,努力用其他证据来证明后期供述的虚假。

在刑事案件的案卷中,大部分是被告人的供述和证人证言,最麻烦的也是这部分证据。律师要下功夫,彻底熟悉这部分证据,达到能娴熟运用这部分证据的程度。

至于其他书证,律师要真正读懂,要理解书证的内容和本案的关系。这些书证基本是复印件,有时候会模糊不清,律师要有耐心仔细阅读。相对于被告人的供述等言词证据,书证反映的事实更具有客观性,更真实,律师应当给予高度重视,并以此为依据去衡量其他证据的真实性。

律师另外要特别注意公诉机关的补侦卷中的补侦提纲和侦查机关的补侦报告。补侦提纲是承办案件的公诉人在阅卷过程中发现的问题,要求侦查机关继续侦查,以弥补不足。仔细研究补侦提纲,律师可以琢磨出公诉人对本案的观点。一些事实不清、证据不足的案件,从补侦提纲中罗列的问题,就可以发现公诉人其实内心也认为案件存在问题。律师再去阅读侦查机关的补侦报告,看公诉人提出的疑惑是否解决。如果研究补侦卷中的证据后,发现补侦的证据不能很好地解决公诉人提出的质疑,就需要沿着公诉人提出的质疑进一步思考。在公诉人已经存在疑问的情况

下，律师与其一致的意见更能获得公诉人的共鸣。

具体的阅卷法可总结为阅卷三步法，即全文浏览划重点，时空纵横大事记，正反对比找差异，在前章中已细述，本章不再赘述。

五、会见被告人

律师在阅卷之后，初步了解了公诉人的证据，就应该去会见被告人。有时候，律师在阅卷的同时就应该考虑会见被告人，特别是在外地办案的情况下，以避免来回路途的奔波。但即使时间安排得非常紧凑，律师在阅卷以后，也应该找个僻静的地方，静下心来，把复印到的材料细细消化一番，再去见被告人。如果材料比较多，不能在短时间内掌握，不妨第二天再去见被告人。

律师在去看守所之前，一定要检点所有的手续是否带全，人民检察院的起诉书副本、授权委托书、律师事务所会见被告人的专用证明和律师执业证，一样一样点清楚，一样都不能少。

在见到被告人之后，不急着直奔主题，不妨先和被告人聊聊天，向被告人谈一些家人的情况，关心关心被告人在看守所的生活，与被告人建立信任关系，让被告人逐渐接纳律师。如果律师是第一次见被告人，这种沟通就更有必要了。如果是被告人的亲属委托律师的话，需要让被告人在委托书上签字认可委托。

大部分情况下，被告人已经收到了人民检察院的起诉书，律师要注意询问被告人收到起诉书的时间。如果开庭时间已经确定，则起诉书副本最迟应当在开庭 10 日以前送达被告人。不足 10 日的，律师应当提醒法庭更改开庭日期。

正式的工作开始后，首先应该让被告人阅读起诉书。让被告人注意起诉书中所载明的被告人的基本情况，看是否有差错。如果是未成年人，特别应该注意被告人的出生年月日；如果所涉及的案件是职务犯罪，应该注意被告人的职业、职务等。如果被告人认为有错误，应该让被告人提供线索，以方便律师调查取证。

起诉书中关于犯罪事实的认定是这次会见所要解决的主要问题，律师应该逐句让被告人阅读，让被告人发表意见。同时应该耐心听取被告人对起诉书中事实认定的意见，将被告人提出的问题记录下来。在挑拣出起诉书中的错误后,律师应该要求被告人讲述事情的真实情况,以及任何能够取得证据以推翻起诉书中事实认定的线索。有时候,起诉书中认定的事实其实是正确的,被告人为了逃避处罚往往不愿意承认这些事实,常常会编造出些谎言来哄骗律师。严格地讲,这个时候的律师未必能够判断真话和假话,因为律师接触的材料依然是有限的。所以,律师最好不要以怀疑的态度听取被告人的陈述,而是应当以肯定的态度鼓励被告人讲出自己的观点。如果动辄向被告人指出你这句话不是真的、你那句话是哄律师的,就会失去被告人对律师的信任,让被告人心里怀疑你到底是他聘请的律师还是代表国家的检察官。如果律师有证据证明被告人在说假话,可以在开庭前的会见时再向被告人指出。

律师从法院复印到的案卷能否让被告人知道?这个问题原本不是问题,但李庄案发生后,某些司法机关的表态使这成为一个说不清的问题。笔者认为,如果不允许律师就公诉方证据的真实性与被告人进行沟通的话,律师就无法进行有效的辩护。辩护的一个最基本的出发点是事实的真相和证据的真伪。事实到底如何,只有被告人清楚。证据是真是假,也只有被告人清楚。因此,律师在阅读公诉人提交的证据时,要判断证据的真伪,必须依赖于被告人的判断。一个书证、物证,律师只有事先出示给被告人,才可以知道真伪。其他被告人供述、被害人的陈述和证人证言,律师只有让被告人知道内容,才可以知道他们说的是真话还是假话。律师对证据质证的基础是被告人的态度,律师只有在开庭前知道被告人对证据的态度,才可以确定自己的质证意见,才可以确定辩护策略。如果不让被告人庭前接触证据,律师就无法对证据的真实性作出判断,律师的辩护就成为无源之水、无本之木,必然是一个失败的辩护。好在 2012 年《刑事诉讼法》修改时,明确了这个问题,规定辩护律师自案件移送审查起诉之日起,可以向犯罪嫌疑人、被告人核实有关证据。

就证据和事实沟通之后,律师还需要就辩护策略与被告人进行初步的沟通。说初步的沟通,是因为律师也是刚进入状态,仍然是调查取证阶段,过早地确定辩护思路实际上是不负责任的。律师首先要了解被告人就公诉人指控的事实有没有异议,特别是对于定罪量刑有关的重要事实有无异议,这涉及律师是否有必要进行调查取证。如果对基本事实没有异议，律师就不需要把工作的重点放在调查取证上。另外，律师对起诉书指控的罪名应当有个初步的意见和被告人沟通。如果律师对指控的罪名没有异议，也需要向被告人作出分析。如果事实和罪名均没有异议，律师只能做从轻、减轻或者免除的量刑辩护。这些都需要律师在会见时做初步的沟通，和被告人取得一致的意见。

六、调查取证

如果说审查起诉阶段律师的调查取证是针对侦查机关认定的事实来进行的，力图找到证据来否定侦查机关的结论，那么到了审判阶段，律师需要推翻的就是检察机关所认定的事实，需要找到证据否定检察机关的证据。可以这样说，审判阶段律师调查取证的重点是针对检察机关的证据来进行的。

律师在会见被告人之后，被告人会告诉律师哪些证据是真实的，哪些是虚假的，律师的任务就是揭示虚假证据。这个阶段也是律师风险最大的阶段。个别律师单纯追求案件的胜诉，制造伪证，或者教唆证人改变证言，常常因为被戳穿而身陷牢狱。但也有律师缺乏防范意识，不知道自我保护，不知不觉中惹上一身麻烦。

律师要否定检察机关的证据，最好的办法是寻找新的物证和书证。物证和书证只要不是伪造的，就应该是事情发展过程中遗留下来的物品，这些实物证据的证明力远远大于言词证据，更能有力地证明案件事实。律师如果能下功夫找到侦查机关没有找到的实物证据，并能否定检察机关的证据，无疑会对案件起到决定性的作用。而且只要实物证据是真实的，不是律师伪造的，律师就没有任何风险，律师不用担心否定了检察机关的证据而惹来麻烦。当然，律师如果能找到视听资料、电子数据，能证明与指控不同的事实，也是非常有力的证据。

有些证人在侦查机关询问时作了证，但基于多种原因没有向侦查机关讲实话，事后愿意改变证言，为被告人作证。对此类证人，律师要慎之又慎，千万不要简单地找他做个笔录，三言两语否定了原先的证词。如果检察机关逼问证人为什么改变证词，是否有人教唆。两份证词，肯定有一份是假的，可以追究刑事责任。如果后一份是假的，只要说出是谁指使你改变的，就可以免于追究责任，在压力下，许多人就战战兢兢说是受被告人亲属或者律师指使的,律师就说不清了。

因此,如果有证人要改变证词,律师不妨了解一下是否还有别的人特别是侦查机关没有找的人知道同一事实。如果有这样的知情人,律师应当去找这样的人提取证词。这样几个证人共同印证,效果会很好。如果涉案的事实只有该证人一人知道,律师就只好找他了,但在做询问笔录时,不要直接推翻原先的证词,可以换个角度,而且应当解释清楚为什么要改变证词,改变证词的原因要言之成理。律师在得到他的证词后,还应该努力寻找别的证据来印证。如果能用众多的证据与该证人改变后的证词共同来证明同一事实,来改变侦查机关和检察机关对某一事实的认定,其证明力就比较强,法庭接受的可能性更大。

在向证人取证时,尽可能两个律师进行,不要单独取证。尽可能不要在被告人家中进行,努力避免被告人亲属的影响。在做笔录时不要让被告人亲属或者与被告人关系密切的人在场,也不要让其他证人在场,应当向证人单独取证。为了保护自己,律师应当准备录音设备,如录音笔,将取证的过程记录下来,以防万一。尽管这样,依然奉劝年轻律师不要自己去找证人,可以申请证人出庭作证,让证人在法庭上面对法官把事情说清楚,律师事先不见证人,也不要给证人打电话。

七、研究法律

能否正确适用法律,取决于律师的法学理论素养。律师在调查取证的同时,就应该研究案件所涉及的法律。只有彻底掌握法律的内涵,才可以发现检察机关适用法律的错误,也才可以提出自己正确的主张。

一些律师疏于学习懒于读书,遇到案件只知道查《刑法》,翻刑法教科书。如果案件简单,大学所学的那点知识也许能够应付一时。但如果案件复杂,大学所学的那点知识就是皮毛了。因此,律师面对每一件案件,都不可掉以轻心,要认真研究法律,以确保适用法律的正确。

如果对案件的事实有异议,律师准备的重点是有关证据方面的法律。律师要熟悉刑事诉讼的证据规则,要了解取证规则有哪些,采证规则有哪些,查证规则有哪些,认定案件事实规则有哪些。对案件事实的异议会集中体现在证据的质证上,围绕证据的质证,客观性、关联性并不需要多少法律知识,但证据的合法性则依赖于律师对证据规则的掌握。律师只有在谙熟证据规则的情况下,才可以在法庭上随时针对公诉人的举证和质证提出有价值的意见。

如果案件涉及的是刑法总论中的问题,律师必须掌握刑法的基本原理。如是否属于排除社会危害性的行为,是否构成正当防卫,是否构成紧急避险;如属于何种犯罪停止状态,是犯罪预备,是犯罪未遂,还是犯罪中止;如是否构成共同犯罪,谁是主犯,谁是从犯,谁是胁从犯,谁是教唆犯;如是一罪还是数罪,是实质的一罪,还是法定的一罪,还是处断的一罪,或者是同种数罪或异种数罪,是并罚的数罪或非并罚的数罪。这一切都牵涉比较深奥的法理,律师只有切实掌握才可以提出有价值的观点。

如果案件涉及罪名的适用问题,律师必须对刑法分则中的罪名有比较透彻的理解。要了解所涉嫌罪名的概念和特征,从罪的主体、客体、客观方面、主观方面去把握每一个罪的特征,从而区分与其他罪的差别。

而要真正地理解这一切,单单依靠大学课本中的知识往往是不够的。因此,认真研究法律,意味着律师不仅理解课本,而且还要放开视野,从更深更广的角度去理解法律,把握法律,最终从法律中寻找到对当事人有利的依据。

律师要熟悉法律的演化沿革。任何一个法律条款都不是凭空制定的,都有一定的来龙去脉,有演变的过程。律师通过了解法律的演变过程,把握立法的基本精神。特别是《刑法》修订之后。律师要理解《刑法》修订的原因,注意新旧《刑法》的变化,才能正确理解。具体到案件涉及的罪名或者条款,无论案件发生在新《刑法》实施前还是实施后,律师都应该看看旧《刑法》,了解新《刑法》与旧《刑法》之间有何差异。

律师要熟悉司法解释。最高人民法院的司法解释是我国法律体系的有机组成部分,是人民法院判决刑事案件的依据。最高人民法院根据《刑法》实施的情况,会不断颁布新的司法解释以指导司法实践。律师应当把案件涉及《刑法》条款的所有司法解释包括已经失效的司法解释都找来予以研究,分析清楚司法解释变化的细节。为了更清楚地把握解释者的本意,律师甚至有必要找来最高人民法院刑事庭有关法官,即司法解释的制定者发表的文章读一读。每一个新的司法解释颁布后,在最高人民法院刑事庭编辑的《刑事审判参考》中均能找到相应的文章。

律师要查阅相关的法律、法规、规章甚至政策。有些罪名的认定单单依靠《刑法》和司法解释中的规定是远远不够的,只有结合其他法律、法规、规章甚至政策,才可以准确适用。如走私恐龙蛋化石的行为构成什么罪,是一般的走私普通货物物品罪还是走私文物罪,就需要律师研究我国法律关于文物的规定,就需要查阅研究《文物保护法》,查阅研究原文化部颁布的《文物藏品定级标准》,查阅研究国家文物局等部门下发的《关于加强文物市场管理的通知》。只有通过研究一系列的法律、法规、规章甚至政策,我们才可以知道到底什么是文物,才可以知道走私恐龙蛋应当按走私文物定罪量刑。

律师应该养成收集案例的习惯,特别是杂志、报纸、著作中的案例。但凡刊登出来的案例都有一定的价值,一定的新奇之处。律师在遇到一些少见的案件,自己感觉到适用法律有一定的难度时,不妨扔掉《刑法》,抛开司法解释,不要自己再绞尽脑汁去思考,找来自己收集的案例,随手一个一个翻过去,说不定在什么时候就有一个案例跃入你的眼中。这个案例中的事实说不定和你手中的案件的事实一模一样,你看看文章作者对案件的分析,也许能给你提供现成的法律分析,律师不妨也当回"文抄公",不用担心有人告你剽窃。我国不实行判例法,律师也不能像英美法系的律师一样把案例作为依据,但案例毕竟给律师提供了一个法律分析的思路。把案例提供给法官,法官也会作为参考。如果是最高人民法院在《刑事审判参考》或者《人民法院案例选》等杂志上公布的指导性案例,法官更会认真对待。同样的事实,法官如果判决和最高人民法院不一样,他会慎之又慎。

八、确定辩护思路

律师在调查取证并且进行法律分析之后,辩护思路就基本上形成了。《刑事诉讼法》规定:"辩护人的责任是根据事实和法律,提出犯罪嫌疑人、被告人无罪、罪轻或者减轻、免除其刑事责任的材料和意见,维护犯罪嫌疑人、被告人的诉讼权利和其他合法权益。"按照这样的规定,律师的辩护基本上分为三种思路:无罪,罪轻,从轻、减轻或者免除处罚。

律师首先考虑的是作无罪辩护。无罪辩护又可分为两类:依照法律规定的无罪和证据不足的无罪。

律师在确定辩护思路时,首先要考虑即使被告人的事实成立,按照我国《刑法》的规定,该行为是否构成犯罪。如果构成犯罪,律师应放弃无罪的辩护思路;如果不构成犯罪,律师应当考虑作无罪辩护。其中,对于一些行为虽然有一定的社会危害性,但符合《刑事诉讼法》第16条"情节显著轻微、危害不大,不认为是犯罪的"规定,律师也应当作无罪之辩。如果被告人不满16岁,律师应当请求法庭宣告被告人不负刑事责任。如果被告人是精神病人,在不能辨认或者不能控制自己行为的时候造成危害结果,律师应当请求法庭判决宣告被告人不负刑事责任。如果犯罪已过追诉时效期限,并且不是必须追诉或者经特赦令免除刑罚的,律师应当请求法庭裁定终止审理。

如果公诉人指控的事实不清,证据不足,律师可以考虑进行证据不足的无罪辩护。如果公诉人依靠直接证据来定案,则需要考虑直接证据的真实性和合法性。如果没有直接证据,而依靠间接证据来定案,则要考虑据以定案的间接证据是否已经查证属实,间接证据之间是否能够相互印证,是否存在无法排除的矛盾和无法解释的疑问,是否已经形成完整的证明体系,依据间接证据认定的案件事实结论是否是唯一的,是否足以排除一切合理怀疑。运用间接证据进行的推理需要符合逻辑和经验判断。律师可以参照上述具体标准,去考察研究公诉人的证据是否符合标准,从而考虑提出证据不足的无罪答辩。

律师决定作无罪辩护时应该慎重,要考虑自己的观点是否确实成立。有些律师喜欢作无罪辩护,案件一到他手中他就主张无罪,但辩护意见多数得不到采纳,这并不是一件好事。如果律师以自己对案件的分析,确实认为无罪,应当理直气壮地提出无罪的辩护,始终不渝地坚持自己的观点。但是,如果充其量是有些无罪的理由,但律师内心深处也犯嘀咕,对是否无罪心中无数,没有做到自己内心的确信,最好不要作无罪的辩护。法官也是有血有肉的人,他认为有罪的案件,如果律师喋喋不休牵强附会地讲无罪,法官会对律师产生反感,会认为律师在哗众取宠,在取悦当事人。有时候,法官潜意识中会迁怒于被告人,加重被告人的刑罚。

律师应首先考虑罪与非罪的问题,如果被告人的行为构成了犯罪,那么,律师接下来就应该考虑此罪和彼罪的问题,就是我们上文说的罪轻的辩护。罪轻的辩护的前提是承认被告人的行为触犯了法律,构成了犯罪,但构成的不是公诉人指控的罪名,而是其他罪名。当然,被告人构成的其他罪名比构成公诉人指控的罪名所受到的处分一定要轻。如果律师认为公诉人指控的罪名是错误的,但律师认为正确的罪名比公诉人指控的罪名要重,律师没有义务去纠正公诉人的错误。此罪与彼罪的问题多发生在同一类型的犯罪中,如故意杀人罪和故意伤害罪,非法拘禁罪和绑架罪等,律师要认真分析每一种犯罪的构成要件,抓住每一种罪的特征,准确地适用法律。

罪轻的辩护中不仅仅是此罪彼罪的问题,有时候还涉及犯罪的定量问题。我国《刑法》中的犯罪概念兼有定性和定量因素,有些行为达不到一定的量便不构成犯罪,有些行为由于量的不同适用的刑罚也不同。因此许多辩护就可以着眼于量的因素。如盗窃罪的辩护,在肯定罪名成立的情况下,律师就着眼于赃物的价值。贪污罪也同样如此,因为贪污罪定罪量刑的一个重要标志就是所贪污的数额。

在无罪辩护和罪轻辩护之间,我的建议是首选罪轻辩护。从司法实践看,无罪难,难于上青天!各种因素导致无罪判决越来越少,许多老律师感慨颇多。有些案件只能作无罪辩护,委托人也坚持作无罪辩护的,律师自然坚持无罪。但如果律师底气不足,就不要轻易选择无罪辩护,有罪而罪轻辩护更能得到满意的判决。

2018年《刑事诉讼法》再次修改后,确立了认罪认罚制度。律师在审判阶段为被告人辩护,需要充分考虑该制度的适用。如果律师原本在审判阶段之前就是被告人的辩护人,已经建议被告人认罪认罚的,且在律师在场的情况下签署了认罪认罚具结书,律师应当建议被告人继续认罪认罚。除非出现了新的证据,能够推翻公诉机关认定的事实,或者律师有了新的思路,律师需要和被告人及其亲属,共同讨论是否继续认罪认罚。如果律师是在审判阶段才成为被告人的辩护人,就需要审查被告人之前的态度是否正确。如果律师认为公诉机关的指控正确,则建议被告人认罪。

需要提醒大家的是,在被告人认罪的情况下,律师不应当再作无罪辩护。之前法庭上有这种现象,被告人口口声声认罪,辩护人喋喋不休无罪。更多时候是被告人和辩护人事先设计的圈套,被告人认罪以换取更轻的刑罚,辩护人辩无罪影响法官。这样做的理论基础是所谓辩护人的独立辩护权,认为辩护人的辩护既独立于公诉人、法官,又独立于被告人。辩护人可以无视被告人的态度,完全按照自己的思路来辩护。对这套理论我素来是否定的,除非被告人和辩护人事先串通,不然没有哪个主张无罪的被告人会同意辩护人的有罪辩护。2018 年《刑事诉讼法》修改时明确在审查起诉阶段犯罪嫌疑人签署认罪认罚具结书时要求律师在场,就是否定了律师的独立辩护权。如果被告人认罪认罚,应当不允许律师再进行无罪辩护。

第十二章　公诉案件审判阶段的庭前准备

要　　目

一、庭前会议

2012年《刑事诉讼法》修改时增加了关于庭前会议的规定，如果当事人及其辩护人、诉讼代理人申请排除非法证据的，或者证据材料较多、案情重大复杂的，或者社会影响重大的案件，审判人员可以召开庭前会议。

律师在接到庭前会议的通知后，需要进行准备，提前考虑庭前会议上可能涉及的问题。具体包括：

（一）是否对案件管辖有异议

律师一般不轻易对案件管辖提出异议。事实上，在刑事诉讼中不像在民事诉讼中那样，有一个正式的案件管辖异议的程序，当事人有提出管辖异议的具体期限，人民法院以裁定作出回答。在刑事诉讼中，如果律师认为管辖有问题，可以提，但一般不会有结果。法院总会有理由说自己管辖正确，除非院长不想审理这个案件。

（二）是否申请有关人员回避

律师一般也不轻易提出对合议庭成员的回避要求。符合法律回避情形的法官一般都会自行申请回避，不参与到合议庭中来。有时候，当事人会感觉某些法官有些倾向，但仅凭感觉没有证据最好不要申请回避，反而会引起法官的反感，对当事人不利。

(三)是否申请调取在侦查、审查起诉期间公安机关、人民检察院收集但未随本案移送的证明被告人无罪或者罪轻的证据材料

《刑事诉讼法》2012年修改前检察院庭前移送的是主要证据，就有可能将证明被告人无罪或者罪轻的证据材料扣留下来，但在修改后改变了证据的移送范围，要求全案移送，就是所有放入案卷中的材料全部应当移送。或者说，所有收集到的证据材料，都应当放入案卷中。如果确实有未移送的证据材料，涉及的问题或许就是隐匿证据了。

(四)是否提供新证据

律师如果有证据，应当在庭前会议提交。公诉人有新证据，也应当在庭前会议提交。这样做的目的是避免在法庭上双方突然提交新证据，特别是对定罪量刑起决定作用的新证据。

(五)是否对出庭证人、鉴定人、有专门知识的人的名单有异议

某些关键证人，如果律师对其证言有异议，可以在庭前会议上明确提出要求其出庭接受质证。如果其拒绝出庭，其证言的真实性无法确认的，该证言就可能不得作为定案依据。如果对鉴定意见有异议，律师也可以要求鉴定人出庭。

(六)是否申请排除非法证据

如果被告人提出其受到刑讯逼供违背意愿作出供述，律师就需要考虑申请启动非法证据排除程序。对被告人的陈述，律师要慎重考虑。实践中，一些刑讯逼供的现象确实存在，但直接使用肉刑的并不普遍。一些侦查人员使用更巧妙的方式来得到自己满意的供述，这些供述未必是客观真实的陈述，但绝对不是使用肉刑或者变相肉刑的结果。

(七)是否申请不公开审理

涉及国家秘密或者个人隐私的案件，是由法院决定是否公开审理。涉及商业秘密的案件，需要当事人申请不公开审理。而对于涉及个人隐私的案件，如果法院没有意识到存在隐私，律师可以提醒法院应当不公开审理。当然对于有些案件，尽管存在隐私，不太想让人知道，但为了实现

对法院的监督,一些当事人更乐意公开审理。

(八)对哪些证据有异议

庭前会议中涉及的举证问题其实相当于一个证据交换,即要求双方提交证据并初步对证据发表意见。在证据交换中,关键是对证据客观性的表态,而不是详细论证,以区别于开庭的质证。

(九)是否同意就附带民事部分进行调解

如果存在附带民事诉讼,在庭前会议上法官可能会主持调解。对于被告人方,如果在庭前能就民事赔偿达成协议,由被害人出具谅解书,法院在量刑时会适当考虑对被告人予以从轻处罚。

在把上述问题考虑清楚,并和被告人或者亲属协商后,律师就可以在庭前会议上按照事前的考虑一一发表意见了。

二、准备发问提纲

教师上课前要备课,即使是从教多年的老教师,是否备课也直接影响教学效果。律师也要养成类似备课的习惯,一定要在开庭临近时进行开庭的准备。

如何进行开庭准备,这是我们需要明确的一个问题。我的建议是对开庭程序的每一步都进行文字准备。

在法庭调查中,第一个程序是对被告人的发问,包括对委托自己的被告人的发问和对其他被告人的发问。为了保证发问的效果,律师在开庭之前应当准备一份发问提纲,把事先想到的问题记录下来,避免法庭上因忙乱而遗忘关键的问题。

律师这时经过研究,已经知道在整个案件事实中,哪些是对自己的委托人有利的事实,哪些是不利的事实。对己方被告人的发问,就是让己方被告人在法庭上把有利于自己的事实讲出来给法官听。因此,律师要准备好发问提纲,针对事先知道的对被告人有利的事实,一一列出问题,并列出预计被告人应该回答的答案。对被告人有利的事实,律师就是明知故问。不是律师不知道某些事实而要求被告人回答,而是律师明知道某些事实,通过律师的嘴问出来,给被告人一个陈述的机会,从而使法官对这一事实有个了解。

对其他同案被告人发问的内容,也是为了向法庭说明对己方被告人有利的事实,但同案的被告人律师事先无法沟通,其回答是否有利于己方被告人就成为问题。因此,设计问题的难度就比较大了。律师应当从案卷入手,看该被告人在案卷中的供述哪些对己方被告人有利,抓住这些供述设计问题,让该被告人在法庭上讲出这些有利的部分。至于己方被告人提出某些事实对自己有利,但在案卷中其他被告人的供述中并没有涉及,律师如果想在法庭上从其他被告人处得到印证,也可以提前设计问题,但法庭上是否提问,要谨慎判断。

三、准备证据质证意见

在法庭调查中对公诉人证据的质证是律师的主要工作,如果律师对公诉人提交的证据有异议,法庭上就需要一一指出。当庭发挥或许是可以的,凭借律师当庭对证据的了解和良好的应变能力也可能提出很好的质证意见。但负责任、有操守的律师不应该这样做。许多律师把对证据的质证意见要点罗列出来,当庭作为参考,这确实是个办法。但笔者认为,鉴于我们的书记员大多缺乏速记能力,律师在发言时又常常不能顾及书记员是否能够全部记录,法官如果开庭时又没有在意,就无法在庭后从法庭记录中了解律师的质证意见。因此,我们不妨把对证据的质证意见表现为书面材料,一条一条写在纸上。如果法庭上有新的意见,可以当庭补充。律师在法庭上发表完质证意见后,随即把针对每一个证据的书面质证意见交给法官,法官即使当庭有个别字句没有听清楚,一看书面质证意见,自然明明白白。庭后合议案件时,也可以从案卷中看到律师的质证意见。

对证据的质证,首先要表态是否认可该证据的真实性。事实上,委托人对案件事实比较了解,自然对哪些证据是真实的、哪些是虚假的心中有数。对于其他被告人、被害人、证人陈述中的虚假之处,律师要一一标注出来,在庭审上予以指出。对于委托人否认的书证、物证等,律师要仔细研究,寻找破绽,予以揭露。假的永远是假的,肯定存在破绽,关键是律师能否看出来,这就需要律师下功夫去研究。

有些证据不存在真假问题,但并不一定能证明公诉人的证明内容,因此,律师在认可该证据的真实性的同时,要表态不认可其证明的内容。

对证据的质证准备在对案件事实有异议的案件中,可能会多一些。

如果被告人和律师对案件事实基本没有异议,则证据质证也应当没有多少异议,准备工作就简单了许多。

四、整理辩护证据

律师对收集到的所有证据都应该进行整理分析,立足于证据的特点逐一审查,从而决定哪些证据作为辩护证据提交法庭,哪些证据舍弃不用。

律师首先应该考察证据的客观性,对证据的真实性做到心中有数。对于那些绝对是虚假的证据,律师应该坚决舍弃不用。律师应当向被告人讲清楚,明显虚假的证据会在法庭上遭到公诉人的充分反驳,使被告人和律师在法庭上难堪,惹法官反感。律师其次应该考虑证据的关联性,把那些与被告人定罪量刑关系不大的证据剔除出去。至于证据的合法性,笔者认为,律师暂且不要去考虑,如果证据的内容对被告人有利,就不要自己否定掉这些证据。法律上规定证据的合法性主要是为了限制权力机关的取证行为,防止其侵害公民的合法权益。而对于律师,就没有必要像对权力机关那样防备了。

经过一番审查以后,律师再着眼于证据的内容进行分类。内容上完全有利于被告人又没有任何瑕疵的证据,理所当然地准备作为辩护证据提出。如果一份证据中部分内容对被告人有利,部分对被告人不利,律师要仔细斟酌,权衡利弊。当然,如果完全不利于被告人的证据,律师没有义务拿出来指控被告人。

《刑法》第306条规定:“在刑事诉讼中,辩护人、诉讼代理人毁灭、伪造证据,帮助当事人毁灭、伪造证据,威胁、引诱证人违背事实改变证言或者作伪证的,处三年以下有期徒刑或者拘役;情节严重的,处三年以上七年以下有期徒刑。”之所以引用《刑法》的这一条款是提醒律师注意,是因为对于律师手中的不利于被告人的证据,律师不要毁灭,也不要交被告人的亲属保存,而应该将证据存在案卷中妥善保存。对被告人不利的证据,如果提交给司法机关会形成律师控告被告人的客观效果,与律师的地位和职责不符。但如果律师将不利于被告人的证据毁灭,或者唆使被告人亲属毁灭,律师也会引火上身。因此,最好的办法是将证据保存在案卷中,特别是一些独一无二的物证、书证、视听资料的原件,司法机关寻迹而来找到律师头上时,律师完完整整拿出来即可。

在初步确定所提交的证据以后,律师应该将证据复印(物证则照相),并撰写证据说明,将证据的种类、证据的来源、证据的主要内容、证据的证明对象,一一予以说明,工整地打印出来。这样,在法庭上举证时,律师按照事先准备好的证据说明,就可以非常流利地进行举证。

按照最高人民法院《关于适用〈中华人民共和国刑事诉讼法〉的解释》第182条的规定,法院应当通知当事人、法定代理人、辩护人、诉讼代理人在开庭5日前提供证人、鉴定人名单,以及拟当庭出示的证据。该司法解释要求法院在决定开庭后通知被告人、辩护人提交证人名单、证据目录,但实践中,律师常常收不到这样的通知。而律师在开庭前两三天要求法院通知证人时,法院可能又会说你为什么不在开庭5日前提交,因此律师应该不等法院的通知,在开庭5日前把证人名单、证据目录及证据复印件送到法院。律师申请人民法院通知证人、鉴定人等出庭作证的,应制作上述人员名单,列明姓名、性别、年龄、职业、住址和联系方式。

五、准备证人、鉴定人发问提纲

对己方证人,首先决定是否需要证人出庭。如果证人证明的事实不是很重要,也不必要求证人出庭。但如果该证人证明的事实很重要,决定定罪或者量刑,则应努力劝说证人出庭接受质证。

在决定证人出庭后,律师最好见证人一面,当面进行沟通。首先,告诉证人法庭的规矩,以及证人不得旁听的规定,让证人对出庭的程序有个大概的了解。其次,要告诉证人律师准备问的问题。这些问题一定是律师事先向证人了解的有利于被告人的问题,需要证人到法庭上说给法官听。最后,告诉证人对于其他辩护人、公诉人及法官的提问,一定不要慌、不要急,按照客观事实回答就好,不要自作主张现场编瞎话。一些证人在回答问题时往往有立场,会根据自己的立场按照有利于某方的角度去回答问题,这样的结果其实不好,会把事情搞复杂。因此,律师一定要提醒证人,无论对方的问题如何刁钻,一定要把住底线,就是你所感知的客观事实。即使对被告人不利,也要如实陈述。事实上,律师决定让该证人出庭时,需要有个基本的把握,就是该证人所知道的事实都是对被告人有利的。律师如果把一个掌握对己方被告人许多不利事实的证人引上法庭作证,就是律师的失误。己方证人在法庭上作证的内容律师事先是清楚的,但也应该把发问的问题一一写出,特别是关键的情节,如侦查卷中没有的内容或者需要补充的内容,以防止遗忘。

对其他方提供的出庭证人,律师要准备好发问提纲。对这些证人,律师要重点研究该证人的庭前陈述,看该证人准备证明什么问题,及其证明内容的真实性。如果被告人明确不认可该证人的证明内容,律师就需要仔细准备质证发问提纲,想办法通过发问来揭示该证人的虚假。律师虽然不可能设计好每一个问题,在法庭上按部就班地逐个提出问题,但一定要认真思考供述或证言的虚假之处,寻找其相互矛盾之处,精心设计陷阱,以揭露其虚假。

如果律师对鉴定意见有异议,可以要求法院通知鉴定人出庭作证,法院同意后,律师就需要做好发问的准备。律师应当从鉴定意见中发现的问题来设计提纲,力争通过发问来揭示鉴定意见的错误。律师必须对鉴定意见中出现的问题了然于胸,并知道问题出现的原因,在法庭上通过要求鉴定人解释问题来显现鉴定意见的错误。

六、准备辩护词提纲

前面的准备是为了应对法庭调查,后面的则是为了法庭辩论。

有些律师习惯于在开庭前将辩护词完全写好,甚至打印得工工整整,法庭上读完就交给了法官。这种办法我认为不恰当。在开庭前律师不可能把所有的问题都考虑到,法庭上总会出现律师意想不到的事情。我们的法院很少能当庭判决,书记员又记不全律师的发言,因此,庭后法官主要凭律师的辩护词了解辩护方的观点。依靠开庭前写就的辩护词,法官可能了解不到辩护方全部的观点。

笔者主张律师在开庭前应当起草一份翔实的辩护词提纲,不仅把律师的基本观点记录清楚,还要把一些关键的句子都事先草拟好。在法庭上,这份提纲既能提示律师按照已经设想好的思路发言,又不至于约束律师的临场发挥。但辩护提纲不可太简单,如果仅仅有个标题,一张纸上草草几行字,没有详细的论证过程,完全凭借自己的才华在法庭上现场发挥,即使口才再好,说得天花乱坠,也恐怕言之无物,有分量的话不多,而且容易漏掉很重要的观点。

所有的辩护词，毫无疑问是一篇议论文，或者更准确地讲是篇驳论文。辩护律师确定基本的辩护思路，其实就是确定了一篇文章的论点。是无罪，还是罪轻，或者是要求从轻、减轻、免除刑罚，必须旗帜鲜明。在确定论点之后，律师要考虑用来证明论点成立的理由和依据有哪些，是否充分。有哪些证据可以作为事实论据，有哪些法律可以作为理论论据，律师都应该一一梳理清楚。律师的辩护提纲应该是论据的罗列，按照律师计划的论证过程和证明方法，把论据分列在不同的分论点之下。律师在整理的过程中，就会考虑论据是否真实，是否能说明论点，是否充足，从而考虑自己的论点是否有说服力，是否正确。

撰写辩护提纲的过程实际上是一个思考的过程。在详细罗列观点的过程中，律师再次反思自己的辩护思路是否正确，是否可以说服法官。写辩护提纲的过程，也是一个逻辑推理的过程，可以再次检验律师的逻辑是否严密。在撰写过程中，常常会有新观点产生，也常常会推翻原来的思路从头再来。

七、再次会见在押被告人

律师在开庭之前最好再会见一次在押的被告人。许多律师仅仅会见一次被告人是不对的。案件接手以后律师会见被告人仅仅是工作的开始，是为了询问被告人对起诉状的意见，询问被告人对起诉状指控的事实的态度，要求被告人提供线索等。在调查取证以后会见被告人，是为了把调查取证的结果告诉被告人。在确定辩护思路以后会见被告人，是为了和被告人进一步沟通。只有在开庭前和被告人充分地沟通，律师才可以在法庭上与被告人相互配合，达到辩护的目的。

在见到被告人后，律师首先应当把调查取证的情况告知被告人，让被告人知道哪些有利的事实找到了证据支持，哪些事实没有找到证据，哪些证人愿意作证，哪些证人不愿意作证。律师还可以把自己对公诉人证据的质证意见让被告人过目，征求被告人的意见。律师要把准备在法庭上提交的证据告知被告人，让被告人心中有数。还要把自己整理的大事记让被告人过目，征求被告人的意见，看是否有错误。律师特别应该记住把准备发问的问题告知被告人，让被告人回答。律师的问题是从以往和被告人的接触中产生的，是在知道了答案后设计的问题，因此，律师不是在教唆被告人如何回答问题。

律师还应当将自己确定的辩护思路告知被告人,原则上应当取得被告人的认同。学界许多人主张在刑事诉讼中律师是独立于犯罪嫌疑人、被告人的,认为辩护人的诉讼地位是独立的,其辩护不受犯罪嫌疑人、被告人的左右。辩护人的辩护与犯罪嫌疑人、被告人的辩护是两种不同的辩护,在诉讼过程中基本上是各辩各的。辩护人在尊重事实和法律规定的前提下,其辩护具有完全的独立性和自主性。辩护人对案件怎样进行辩护,采用哪些辩护方法,提出哪些辩护材料和理由,都可以根据自己对于案情的分析和法律的理解来决定,不受犯罪嫌疑人、被告人意见的约束。对于犯罪嫌疑人、被告人不供认的事实,辩护人认为控诉是正确的,可以不提出辩护意见;相反,对于犯罪嫌疑人、被告人已经供认的事实,辩护人认为控诉是不正确的,仍然可以提出辩护意见。律师在进行辩护时,对事实不清、证据不足、适用法律不正确的案件,无论犯罪嫌疑人、被告人自己的观点如何,辩护律师都不应受犯罪嫌疑人、被告人意志约束,而应积极提出相反的材料和意见,请求法院核实。笔者不敢苟同上述观点。辩护制度是国家设置的,但律师却是被告人自己花钱聘请的。在法庭上,被告人声称无罪大喊冤枉,他所聘请的律师却义正辞严地说被告人有罪,希望法庭从轻、减轻处罚。在这种情况下,如果被告人知道自己的权利,完全可以当庭拒绝律师的辩护,要求律师收拾文件回家,他要重新聘请律师。这个时候,难堪的可是律师。律师被驱逐后可以说,我是行使自己独立辩护不受被告人约束的权利,人们听了,对你这样的律师只能敬而远之。在司法实践中,我们很少看到法庭上律师和他的委托人各唱各的歌,各吹各的调。如果律师和被告人不能就辩护策略形成一致意见,律师又不愿意无原则迁就被告人,律师宁可放弃这份钱,解除委托,也不要在法庭上与被告人唱对台戏。

律师将自己思考的辩护策略告知被告人,并向被告人阐释清楚自己的基本观点后,大多数情况下被告人会同意律师的意见。但是,如果被告人与律师的意见有分歧,律师应当努力说服被告人接受自己的观点。说服不了被告人,而且律师的意见与被告人分歧太大时,如律师认为有罪而被告人认为无罪的情况下,律师就只能要求被告人另请高明了。如果律师对辩护观点没有信心，理不直法庭上自然也就气不壮，辩护的效果就会大大打折扣，受害的还是被告人。当然，律师与被告人沟通的主要是辩护思路和对证据的看法，至于如何辩护这确实是律师自己的事，不能也不可能完全受被告人支配。

律师在与被告人沟通辩护策略以后，最后应当向被告人介绍法庭审理的程序和被告人的权利义务以及其他应注意的事项。许多被告人都是第一次上法庭接受审判，法庭上一站，很多人就六神无主不知所措了。律师应该向被告人介绍法庭的基本程序，让被告人心中有数。审判长宣布开庭被告人到庭后，首先要查明被告人的基本情况，律师要告知被告人如实回答。事实上这些情况都写在起诉书的开头，如果被告人没有异议的话不妨照着念。但收到起诉书副本和附带民事起诉状的日期，律师应提醒被告人记在起诉书副本上，以免法庭上一时想不起。审判长在宣布当事人的权利后，会分别询问当事人是否申请回避。除非律师和被告人事先有约定，被告人应该说不申请回避。法庭调查开始后，公诉人宣读起诉书，附带民事诉讼的原告宣读附带民事起诉状。之后，审判长会要求被告人就起诉书指控的犯罪事实进行陈述。注意，这里所谓的陈述事实上应该是答辩，被告人如果对起诉书中的事实有异议，应该借这个机会说出来。这样的异议律师应该帮被告人整理清楚，逐一讲出，不要有遗漏。在回答公诉人、被害人及其诉讼代理人、附带民事诉讼原告、法官的发问时，叮嘱被告人不要紧张，按照事实的本来面目回答，不要想当然乱回答。控方的证人、鉴定人到庭作证时，当法官允许辩方发问时，原则上应该由辩护律师进行发问，被告人在辩护律师发问完毕之后，认为需要补充发问的，可以补充。有时候，法官会先问被告人是否有问题向证人、鉴定人发问，被告人应该回答让我的律师问，被告人不要抢话，不然会扰乱律师的部署。己方的证人出庭作证更是如此，发问原则上应该由辩护律师进行，在辩护律师发问完毕之后，除非被告人认为律师漏掉了关键问题，不然不要补充。如果律师负责任的话，一般情况下不会出现疏漏。因此，法庭上的举证质证工作应当主要由辩护律师来进行。这是一个高度专业化的工作，被告人掺和进来有时候会打乱律师的思路。对未到庭证人的证言，被害人陈述，鉴定意见，勘验、检查、辨认、侦查实验等笔录，物证，书证和视听资料与电子数据,当法官让被告人发表意见时,被告人应该明确表态承认或者否认。注意被告人对证据的态度应当与庭前向律师的表达的看法一致,不然开庭前告诉律师某证据是虚假的,开庭后又自己承认是真实的,会导致律师丈二和尚摸不着头脑。法庭辩论中法官会允许被告人自行辩护,被告人自行辩护的观点应该和律师庭前沟通的基本观点一致,简明扼要把自己的想法表达清楚,不要长篇大论。被告人的自行辩护应当与律师辩护互相配合,在辩护律师发表完辩护意见后,针对辩护律师没有涉及或者没有答辩清楚的地方补充发言。最后一个程序是被告人陈述,这事实上是个总结,被告人在经过法庭调查、法庭辩论以后对公诉人指控的犯罪事实最后的态度。如果承认公诉人指控正确,被告人应该表示服罪,并希望法庭宽大处理以改过自新;如果被告人确实构成犯罪,只是公诉人指控的罪名不当,被告人也应当悔罪,但希望法庭公平判决,给予恰当的处罚。如果被告人依然认为无罪,则应当理直气壮要求法庭分清是非,判决无罪,还被告人清白。被告人最后陈述的基本观点应当与律师的辩护策略一致,被告人不要随意变更。

八、申请延期开庭

按照法律的规定,律师应该在开庭 3 日前收到人民法院的开庭通知书。至于送达的方式则多种多样,很少由法院直接送达,可能是邮寄送达,更多情况下是法官电话通知,或者由被告人亲属转告。我国诉讼法规定的送达方式已经远远落后于时代的发展,律师也没有必要苛求法院非直接送达不可,电话通知确实是最经济的送达方式,尽管它不是法律允许的方式,但诉讼法也没有强制性规定不允许。因此,只要当事人都按照电话的通知按时到达法庭,一般都没有什么异议。但在开庭之前 3 日内才收到出庭通知的,律师如果已经准备充分,也不必和法院计较,了解延迟通知的原因,仍然按时出庭。如果准备不充分,律师则有权要求法院更改开庭日期。

一些法院实行案件排期,审判员、开庭时间和所占用的法庭在立案阶段就由电脑确定,这样律师就无法就开庭时间与法官协商,但大部分法院暂时还做不到这一点。案件到法院以后,律师应该主动和法官联系,探听预计的开庭时间。如果律师已经决定了另外的开庭或者其他客观事由,应该事先和法官打招呼，尽可能让法官错开时间。

如果律师收到两个以上同一天或者相互冲突的开庭通知，律师应该写一份延期开庭的申请，带上开庭通知去找法官。法官一般会答应更改时间，但有时候也会遇上不怎么通情达理的两个法官，都坚持让对方改时间，把律师夹在中间左右为难不知所措。面对此种情况，中华全国律师协会想出的招是“与委托人协商，妥善解决”。

这样的招其实是无招。与委托人协商，中途解除合同，让人家另请律师，或是征得委托人的同意，律师事务所另派律师出庭。但临阵换将，兵家大忌，委托人会非常生气。因此，律师不要和委托人去协商什么，而应该和法官据理力争。

律师在开庭前发现重大证据线索，需要进一步调查取证或者申请新的证人出庭作证的，若在开庭之前不能完成取证的任务或者和证人取得联系，律师也可以向法院申请延期审理。人民法院不准许，律师还有一次申请的机会，就在法庭审理过程中，辩护律师依然有权申请通知新的证人到庭，调取新的物证，申请重新鉴定或者勘验。

在法院通知的开庭时间，律师应该准时到达法庭。如果到外地开庭，最好提前到达，找到法院所在的街道，通知法官已到达，还有个安静的夜晚可以再次熟悉案件。

第十三章　公诉案件的法庭审理

要　　目

一、准时到庭

在开庭的日子,律师应该比开庭通知规定的时间略早一些到达法院,然后通过电话通知主审法官或者书记员已经到达。按照中华全国律师协会的要求,从 2003 年 1 月起全国律师统一要求穿律师袍戴律师徽章出庭,律师应该按照律师协会的要求,上身穿律师袍,下身穿深色西裤,足穿深色皮鞋。但事实上你不穿律师袍出庭也没有人责怪你,但一些重大的案件,新闻机构要报道的案件,法官一般会事先通知律师穿戴整齐。有车的律师可以把律师袍放在后备厢中,需要穿随时可以找出来。辩护席一般设在审判席的左手,如果被告人只有一个,辩护律师自然独占辩护席。如果有两个以上被告人,一般第一被告人的辩护律师坐在靠近审判席的位置，其他辩护人依次入座。这样的排坐有助于法庭调查中法官依次询问辩护人。

入座后，把开庭需要的所有材料按照开庭顺序整理清楚，看所有的材料是否都携带齐全。律师的包里在开庭时应该永远携带一本刑法集成和刑事诉讼法集成之类的书，万一法庭上有人提出一些律师没有想到的观点，律师可以翻翻书找反驳的依据。大部分法庭允许律师带手机进入，但要在开庭前将手机调为静音。笔者不主张关机，是因为律师的手机随时要和当事人保持联系，开庭过程中有人打入，律师可以微信或者短信回复。当事人联系律师，律师手机常处于关机状态，会导致当事人的怀疑。带着手机还可以随时上网，遇到特殊情况，可以在网上查阅。

律师在法庭上注意力应高度集中，认真听每个人说的话，随时作出反应。特别是法庭审理的内容与委托人关系不大的时候，律师也不能心有旁骛。更不能容忍的是律师在开庭的时候打盹，甚至睡觉。律师在庭审中始终被人关注。被告人会关注律师，即使律师不发言，委托人也会注意自己请的律师在干什么。被告人亲属会关注律师，看律师在法庭的空闲时间干什么。如果律师心不在焉，心思不在法庭上，动辄起身离开法庭，他们心里对律师会有意见。

在开庭过程中，律师还应该认真记好开庭笔录。没有必要将开庭过程中的每一句话都记下来，但关键的话还是非常有必要的。记开庭笔录，可以使律师的注意力始终关注庭审中发言的人，可以促使自己及时对发言的内容作出反应。自己反驳的观点，也可以随手记在开庭笔录中。开庭笔录的作用还可以体现在庭后，在写辩护词的过程中，可以帮助回忆法庭上的情形。

二、宣布开庭

法官入庭就座，审判长宣布传被告人到庭后，开始查明被告人身份，姓名、出生年月日、民族、出生地、文化程度、职业、住址，是否受过法律处分，是否被采取强制措施，收到起诉书副本的时间等。在核对被告人的基本情况时，律师对可能影响定罪量刑的，要特别注意。如果法官没有问到，律师在法庭调查时予以澄清。在这个过程中，律师要注意法官是否会命令法警除去被告人的手铐。如果法官没有这样做，律师可以提出建议，或许能给被告人一些温暖。

之后,审判长宣布案件的来源、起诉的案由、附带民事诉讼原告和被告的姓名或者名称以及是否公开审理。被告人和律师认为本案涉及公民个人隐私或者被告人是未成年人的,法院没有宣布不公开审理,律师不妨提出异议,请求法庭不公开审理。反之,如果被告人和律师认为本案应该或者希望公开审理,而法庭却宣布不公开审理时,笔者认为被告人和律师也应该表示异议,提出请求,要求法院公开审理。《刑事诉讼法》没有赋予被告人和律师可以要求公开审理的权利。笔者认为这是立法的缺陷,是否公开审理关系到社会和舆论对审判的监督,关系到审判是否公平,就不应该完全由人民法院来决定,而应当赋予当事人申请或者反对的权利。尽管法律暂时还没有规定,但律师不妨直陈自己的意见,法官接受了当然好;不接受,律师也不必在意,法律毕竟没有规定。

之后,审判长宣布合议庭组成人员、书记员、公诉人、辩护人、鉴定人和翻译人员的名单。这些看似简单的程序,有时候也会有意想不到的问题,律师要注意。例如,合议庭的组成人员是否是本院有资格履行审判职责的法官或者陪审员,公诉人是否是起诉人民检察院所属的正式的检察官,辩护人是否符合法定的条件。至于书记员有时候是见习生充当,律师倒不必认真。审判长在告知当事人诉讼权利后,会分别询问当事人、法定代理人是否申请回避,申请何人回避和申请回避的理由。如果要申请回避,律师可以代替被告人阐述申请回避的理由。

《刑事诉讼法》在2018年修改时将第185条改为第190条时增加了一款内容:"被告人认罪认罚的,审判长应当告知被告人享有的诉讼权利和认罪认罚的法律规定,审查认罪认罚的自愿性和认罪认罚具结书内容的真实性、合法性。"这就意味着,在刑事诉讼的庭审程序中,法官此时要询问被告人是否认罪认罚。在审查起诉阶段被告人签署认罪认罚具结书的,法官要核实被告人是否自愿认罪认罚,以及认罪认罚具结书的真实性、合法性,要审查被告人是否明白认罪认罚的意义和法律后果。如果在律师的建议下被告人认罪认罚,只需要老老实实承认愿意接受处罚就可以了。即使在审查起诉阶段,被告人没有签署认罪认罚具结书,律师也可以在庭前和被告人协商好后,当庭认罪认罚。如果被告人承认公诉机关的指控认罪认罚，以后的程序就相对简单，律师的工作也应当少了许多。但如果被告人不认罪不认罚，律师就需要努力。诉讼起源于纠纷，认罪认罚的刑事审判不是真正的刑事辩护，真正的刑事辩护必然发生在被告人不认罪不认罚的前提下。

三、被告人陈述

法庭调查开始后，首先由公诉人宣读起诉书；有附带民事诉讼的，再由附带民事诉讼的原告或者其诉讼代理人宣读附带民事起诉状。宣读时，律师应对照手中的诉状仔细听，看是否有变更。

公诉人宣读完起诉书后，法官会要求被告人陈述。笔者认为被告人的陈述其实不是要求被告人对所谓的犯罪事实进行陈述，而是对公诉人指控的所谓犯罪事实进行答辩，对起诉书指控的内容进行表态。辩护律师在庭前应该向被告人说清楚。被告人陈述其实是整个法庭辩护的提纲，之后的所有辩护活动应该围绕着被告人的陈述或者答辩展开。如果律师和被告人庭前确定的辩护思路是无罪，被告人应该表示：公诉人指控是完全错误的，我没有犯罪，或者我的行为不构成犯罪。如果律师和被告人庭前确定的辩护思路是罪轻，被告人则应该表示；我犯的是此罪，不是彼罪，请法官明察。被告人的表态仅此而已，不要作太多的解释和辩解。

但如果被告人决定认罪认罚，则对指控的事实和罪名没有异议，请求法庭从轻、减轻、免除处罚。

四、向被告人发问

公诉人宣读完起诉书，被告人陈述之后，法官会让公诉人向被告人发问。

公诉人向被告人发问时，律师应当认真听。结合律师事先准备的发问提纲，看哪些自己准备的问题，被告人在回答控方的提问中已经回答清楚，在这些问题上做上记号。如果被告人回答控方的问题与律师庭前被告知的事实不一致时，律师也应该予以记录。被告人回答不清楚的问题，律师也予以记录。律师在认真听取被告人的回答时，没有必要把所有的回答都记录下来，应该把注意力集中在上述问题上。好的公诉人会通过发问引导被告人将指控的犯罪事实再向法庭陈述一次，让合议庭了解犯罪的过程。

在控方发问的过程中,律师应当注意控诉方的发问是否符合法律的规定。如果控诉方向被告人提出威逼性、诱导性或与本案无关的问题,辩护律师有权提出反对意见。但是,发言应当首先获得法官批准。我们在英美和我国香港特别行政区的影视剧中常常看到,律师可以举手说:"反对! 公诉人在威逼被告人。""反对! 公诉人在诱导被告人。""反对! 公诉人所提的问题与本案无关。"这些场面只是文艺作品,不能用在法庭上,否则,有可能被认为是扰乱法庭秩序。如要发言,必须事先举手示意。如果法官同意律师的观点,会告诉控方改变发问方式或者不准发问。如果不同意律师的观点,会驳回律师的意见,允许控诉方继续反问。对法官驳回反对意见的,律师应该尊重法庭的决定,不要再纠缠。

在控诉方发问完毕后,审判长会允许辩护律师向被告人发问。有些律师为了表现自己的公正,在开始发问前会非常严肃地对被告人说:"现在由我向你发问。你必须老实回答问题,不许说假话欺骗法庭,否则你要承担法律责任。"律师的用意是好的,希望通过这一番话向法庭表白被告人说的是实话。其实根本用不着这样的表演。律师的身份是辩护人而不是公诉人,不能说出不符合自己身份的话。

律师应该按照庭前设计好的问题开始发问。这些问题的答案是有利于被告人的情节,律师试图通过被告人对这些情节的陈述,为以后的辩护奠定坚实的基础。所有有利于被告人的事实,必须首先通过被告人的口说出来,然后律师再通过其他证据予以证实。因此,律师切不可忽视对被告人的发问,不可草草了事。

律师在发问时,对于庭前准备的问题被告人已经回答了控方的,可以再问一次,但不应该是简单的重复,而应该通过提问让被告人回答得更清楚更明确,以加深法官对该问题的印象。比如,可以这样问:"被告人,刚才你回答公诉人的提问时,你说是你将被害人送到医院的。你为什么要送被害人到医院?"通过这样的发问,既强调了这个有利于被告人的事实,又给被告人一个机会来解释自己当时的心理状态。如果被告人翻供,即改变了以往向侦查机关或者检察机关的供述,律师要特别注意,要通过发问让被告人向法庭解释清楚为什么要改变供述,原来的供述是在什么情况下作出的。

对于那些公诉人没有问到的对被告人有利的事实,律师逐一向被告人发问,让被告人一一回答。对于一些关键的问题,律师在被告人回答以后,可以有意作一些归纳总结:“在你对我问题的回答中有几个意思,第一……第二……是不是这样?”被告人回答:“是。”通过这样的一唱一和,强调被告人陈述的事实,以引起法官的注意。

律师在发问时,公诉人也可能提出反对意见,指责律师威逼、诱导被告人或者问与本案无关的问题。一般来讲,律师不会威逼被告人,但常有律师诱导被告人。其实,律师根本用不着诱导被告人。几乎所有问题都是庭前设计好的,律师都应该知道被告人的回答内容。如果被告人回答的不太清楚,律师可以要求他再讲一次。一些问题表面上看可能与本案无关,公诉人没有理解律师的意思,可能会提出反对意见。律师自己设计好的问题,不可轻易放弃,律师可以向法庭解释自己发问的意图,取得法官的同意。如果法官不支持律师的观点,律师不可向法庭表示不满,可以暂时放下该问题,重新找机会问出来,或者换个角度再问出来。

五、对同案被告人的发问

如果是共同犯罪案件,法官在公诉人发问完毕后,会首先要求该被告人的辩护人发问,之后按照被告人在起诉书中的排序挨个询问其他被告人的辩护人是否有问题发问。法官这时会强调,已经问过的问题不要重复。

对于其他被告人的律师,在公诉人发问时,律师一定要认真听,要注意对自己的委托人有利的情节在其他被告人的回答中能否得到证实。律师不妨拿着庭前准备的对委托人的发问提纲,逐一勾画哪些有利于委托人的事实与该被告人有关,哪些情节在该被告人处可以得到证实。

同案被告人之间最常见的问题是互相推诿,或者主张某关键的犯罪事实是他人所为,或者主张自己不是主犯是从犯。对于同案被告人把犯罪事实推诿到自己的委托人身上的回答,律师更要仔细听,详细记,并思考对策。

法庭允许辩护人向其他被告人提问时,律师对被告人已经回答过的但不清楚或者需要进一步解释的问题,不妨再问一次。这些问题应该有利于委托人,且能够与委托人的供述相呼应。律师通过再次发问,使该事实从法庭调查的众多事实中凸显出来,以引起法庭的注意。

对于把责任推诿到自己的委托人身上的其他被告人,律师的责任就更加重大,要通过发问揭穿其他被告人的谎言。如果律师在开庭前已经看到其他被告人供述,应该分析其供述发现虚假之处。否则,律师就必须依靠当庭的思考来戳穿其谎言。律师应该坚信,任何虚假的事实总会露出破绽的,律师的任务就是找出这些破绽来。辩护律师可以把某一被告人的回答与其他证据、其他证人、其他被告人的供述相比较,在比较之中找出破绽。破绽越多,其虚假就越明显。律师的发问其实就是制造破绽,精心设计一些问题引出其他被告人带破绽的回答。律师得到带有破绽的回答不必着急戳穿,立即戳穿,聪明的被告人会设法补救,最好是在以后举证或者辩论中再予以揭露,这时被告人即使想补救已经没有多少说话的机会。

六、向被害人发问

在被告人陈述之后,法官会要求被害人就起诉书指控的犯罪事实进行陈述。尽管二者都叫陈述,但性质却是截然相反的。我们说被告人的陈述其实是答辩,但被害人的陈述却是作证。被害人在法庭上陈述时实际上是证人的角色,法庭实际上是要求他就其被害的过程进行陈述。

被害人是事件的亲历者,对案情了解比较清楚。律师在被害人陈述时要注意对被告人有利的情节是否陈述到,是否陈述清楚。对被告人有利但被害人没有陈述或没有陈述清楚的情节,就是律师发问的重点。

但被害人是受害者,对被告人有着仇恨,无形中会夸大某些情节,以加重被告人的罪责。甚至有些被害人为了能得到赔偿,不惜胡乱指认被告人来充当替罪羊。还有个别所谓被害人编造事实,诬陷他人。这就需要律师明辨是非,从被害人的陈述中找到破绽,揭露其虚假性。

在辩护律师向被害人发问时,首先要进一步核实对被告人有利的事实。比如,被告人伤害被害人后及时把被害人送到医院治疗且服侍多日,这是伤害案中对被告人有利的情节。律师在对被告人发问时就应该强调这个情节,到发问被害人时,律师应该努力从被害人处得到证实。

如果被害人夸大犯罪事实,甚至虚构情节,律师就需要从细节入手,努力找出破绽。夸大的犯罪事实必然和犯罪的后果不相吻合,虚构的情节与其他证据也不相吻合，这不相吻合之处正是有破绽之处。律师的任务就是通过细心的研究找出这些破绽，再通过发问，让被害人自己说出这些破绽。当破绽越来越多，被害人不能自圆其说时，也就是法官对其证言否定之时。被害人夸大犯罪事实或者虚构情节是基于仇恨的心理，律师应该在发问中引出被害人的仇恨，但如果直接发问“你恨不恨被告人，希望被告人得到惩罚？”之类的问题，未免太露骨了。律师可以这样问：“请你描述一下被侵害后当时的心情。”在被害人明确表示仇恨之后，律师不要立即把这种仇恨心理和被害人夸大或者虚构的行为联系起来，在法庭调查中再用其他证据证明其陈述确实虚假之后，最后辩论中再将二者联系在一起，加以发挥，向法庭阐释清楚，正是这种仇恨心理导致被害人夸大犯罪事实虚构情节，企图加重被告人的刑罚。

对于寻找替罪羊的被害人，律师要为被告人洗净冤屈确实需用些脑筋。找替罪羊的被害人，对犯罪嫌疑人的描述可能出现差异。律师要注意被害人首次报案描述和被告人归案后的描述。在法庭发问时注意问被害人当时的犯罪嫌疑人形象，尽可能让被害人细致描述犯罪嫌疑人的形象，以发现和被告人不同的地方。

如果所谓的被害人是诬陷者，律师可以问问以前双方的是是非非，回答有矛盾或者是无矛盾都有利于被告人。被害人回答有矛盾，则让人联系到可能因为矛盾而诬陷；被害人回答没有矛盾，辩护人如果用证据证明有矛盾，则显出被害人在说假话。对于纯粹的诬陷，律师要逼问细节。既是诬陷，必有许多破绽。只有找不到的破绽，没有绝对完善的谎言。律师应当在细节的发问中，找到破绽，揭露谎言。在某起诈骗案中，被害人说被告人打下借条借了50万元后第二天失去联系，被告人坚持否认借过这50万元，更不存在诈骗，借条是早写的没有撕掉。律师在认真阅卷做大事记时发现，在被害人的银行卡明细中，指控诈骗之日被告人给被害人通过银行转账一笔钱，有零有整。在开庭前，律师向法院提出申请，要求被害人出庭接受询问。在发问时，律师先让被害人讲了一番诈骗的过程，然后淡淡地再问被害人是否这一天被告人向被害人还钱。被害人洋洋自得地回答，他没有钱，有钱的话不会再向我借钱。这时，律师发问，在你的银行卡明细中发现被告人转账给你的记录，如何解释？被害人这时候就茫然了。然后律师再进一步发问,你的50万元现金从何而来?为什么不转账?为什么还要继续借钱给被告人?类似的问题,让法官产生一个感觉,就是借款50万元的事根本没有发生,诈骗不成立。

但律师对真正的被害人应表现出应有的同情,刻意的刁难会引起人们的反感。

七、对证人的质证

证人到庭后,法官首先核实证人的身份、与当事人以及本案的关系,告知证人一定如实地提供证言和有意作伪证或者隐匿罪证要负的法律责任。之后,如果是控方证人,则由控方先向证人发问。

控方要求证人作证,是基于证人的证言可以作为控诉的证据,可以指控被告人犯罪。辩护律师在听取控方发问证人时,要注意证人的陈述中哪些是客观的,哪些是虚假的,哪些对委托人有利,哪些对委托人不利。对于那些虚假且不利于被告人的证言,律师应设法戳破其虚假,还事情以本来的面目。

对于证人的证言,一般认为应当从以下几个方面进行质证:

1. 证人与案件事实的关系;
2. 证人与被告人、被害人的关系;
3. 证言与其他证据的关系;
4. 证言的内容及其来源;
5. 证人感知案件事实时的环境、条件和精神状态;
6. 证人感知力、记忆力和表达力;
7. 证人作证是否受到外界的干扰或影响;
8. 证人的年龄以及生理上、精神上是否有缺陷;
9. 证言前后是否矛盾。

无疑,这些角度是正确的,律师应该深入领会灵活运用。但实践中,律师不能按此角度逐一去衡量证言的真伪。这其中的许多角度其实是在说明证人作伪证的原因,而不能说明证据本身的虚假。因此,辩护律师质证应该首先找到破绽,然后再去探讨证言虚假的原因。

其实,当一件事情完结后它就成了一段历史,后人写历史实际是尽可能复原历史。法庭调查的过程就是复原历史的过程。但过去的历史很少是完整的,往往是破碎的,需要一片一片拼接。过去的事情就好比一面打碎了的圆镜,破镜重圆需要细细地把许许多多的玻璃片捡起来,重新拼接在一起。这捡玻璃碎片的工作就是我们所谓的调查取证。如果捡回的碎片属于这面镜子,那么它的每一个边都能与其他碎片相吻合;否则,这个碎片就不属于这面镜子。所以,检验一个碎片是否属于这面镜子,就应该拿着这片碎片不断与其他碎片相比较。特别是在破镜重圆的工作基本已经完成,大部分碎片已经到位的情况下,对碎片的鉴别工作就非常容易进行。只要把碎片放在已经拼接出基本模型的镜子上,这个碎片如果不属于这个镜子,其边必然不能与其他碎片吻合。即使大致的形状相近,用放大镜仔细看镜片的边缘,也绝不可能吻合。一片片碎片就相当于一个个证据,举证的过程就是把碎片拼接在一起的过程,而质证的过程就是检验该碎片是否与其他碎片相吻合。不相吻合之处,就是破绽。如果一眼看不出破绽,就需要使用放大镜来仔细比较细节,看细节是否吻合,从细微处发现破绽。

所以,看证人的陈述是否真实可信,就需要与法庭已经认可的其他证据来比较,在比较中发现与其他证据相矛盾相抵触的部分,即所谓有破绽之处。谎言不可能照顾到周围环境的所有细节。只要把证人想象出来的事件与有关的真实事件相比较,就能发现真相。律师发问的过程,其实就是寻找破绽的过程。好的发问,让作假的证人无法避开一个个破绽,把所有的破绽展示在法庭上,最后彻底否定证人证言的可信性。

对证人的盘问应当事先精心设计,不可当庭凭感觉随意发问。要善于把真正的问题隐藏在一系列貌似无关的小问题之中。如果直接把你真正需要的问题问出来,证人可能就会一眼看穿你的目的,直接堵死你的路。把问题隐藏起来,让证人不知道你的真正目的是什么,不知不觉中说出了你想要的东西。

问题应当简短明了,让法官、证人都明白你问的是什么。尽可能不要使用太专业的术语,专业术语对一般人来讲意味着不知所云。学会把问题化小,用一个个简短的问话引导证人说出你需要的内容。

发问时应当和颜悦色,心平气和,不要带敌意,也不要质疑证人是否诚实。发问的内容应当让法官感兴趣,这样他不会轻易打断你的发问。

如果法官不理解你发问的意图,或者认为问题已经说清楚了,就会阻止你的发问。律师要学会见好就收,一旦获得有利的辩护证据就停止,不给证人解释的机会。当然如果证人的陈述对己方不利时,要学会及时停止。

律师不要向所有证人提出同一个问题。证人在法庭之外会相互交流,说律师如何问我,我如何回答。其他证人听了,事先知道了律师的问题,就会事先设计好答案。

在发现证人的破绽以后,律师再设法揭示证人证言虚假的原因。或许证人基于和被害人的亲密关系、和被告人的仇恨心理而作证,或许证人由于感知案件事实时的环境、条件和精神状态错误感知了事实,或许由于证人的感知力、记忆力和表达力的错误,或许证人受到了外界的干扰或者影响,或许证人由于年龄以及生理上、精神上的缺陷。律师在发现这些问题以后,再把这些问题与发现的证言的破绽联系起来予以说明,就更容易否定证人的证言。

律师在发问完毕以后,不要急于发表质证意见,等证人退庭以后,再对证人证言的可信性发表意见并阐释理由。如果对证人的证言没有异议,律师应明确表示认可;如果律师认为证言部分真实,部分虚假,律师应明确哪部分真实,哪部分虚假,并说明虚假的理由;如果律师认为证人的证言完全虚假,则明确予以否认,并结合发问的情况予以说明。

八、对鉴定人的质证

按照《刑事诉讼法》的规定,在侦查阶段,侦查机关就应当将用作证据的鉴定意见告知犯罪嫌疑人、被害人。如果犯罪嫌疑人、被害人提出申请,可以补充鉴定或者重新鉴定。在审查起诉阶段,律师也可以帮助犯罪嫌疑人要求补充鉴定或者重新鉴定。如果经过重新鉴定或者补充鉴定,控诉方和辩护方对鉴定的结果形成一致意见,法庭上律师对公诉人出示的鉴定意见不持异议同意采信。如果法庭审理前司法机关不同意重新鉴定或者补充鉴定,或者重新鉴定或者补充鉴定后,辩护律师依然认为鉴定意见是错误的,那么在法庭审理中就需要律师进行质证,指出该鉴定意见有疑问,不能作为定案的依据,需要重新鉴定或者补充鉴定。

对于鉴定人的质证,律师必须有充分的准备,应该掌握正确鉴定所必需的依据和材料、设备和方法以及科学依据,并找到相关的书籍作为依据。庭前律师应当申请法院通知鉴定人到庭接受质证。

鉴定是为了解决案件中的专门问题而由具有专门知识的人进行的，律师在质证鉴定人时，可以先询问鉴定人有关鉴定的专门知识，看鉴定人是否知晓，然后再结合鉴定意见看鉴定人的实际做法是否符合科学的理论方法。如果鉴定意见错误，在鉴定书中必然会出现与科学相违背的地方，律师通过发问，把错误昭示出来，让鉴定人自己不能合理解释，最终让法官相信，鉴定人不是依据科学进行鉴定。

律师进而去质证鉴定人与案件的关系如何，与被告人、被害人的关系如何，鉴定人的资格如何，鉴定人是否受外界的干扰和影响，进一步说明鉴定人的鉴定出现错误是有原因的：要么是鉴定人有私心，偏袒一方；要么是鉴定人水平有限。法庭上要证实这些问题，需要律师庭前取得证据。比如，律师认为鉴定人与被害人有私下交易，法庭上律师可以这样问鉴定人："你是否与被害人有接触？"鉴定人为了表示自己的清白往往会信誓旦旦地说除了鉴定时见过面没有在任何时候任何场合见过被害人，律师在得到确切的回答，并提醒对方仔细回忆后，就可以不慌不忙地拿出一张照片来问："这张在大酒店吃饭的照片上的其中一个人是否是你？"到这个时候，即使鉴定人说仅仅是朋友吃饭而已，没有别的意思，更与鉴定无关，也是此地无银三百两。

如果鉴定人没有出庭，则通常由公诉人宣读鉴定意见。律师如果对鉴定意见没有异议，也就无所谓要求鉴定人出庭接受质证。如果律师对鉴定意见有异议，开庭前又要求鉴定人出庭接受质证的，律师应该要求公诉人对鉴定人不能出庭作出解释。如果经人民法院通知后，鉴定人拒不出庭作证的，律师应当指出该鉴定意见不得作为定案依据。如果由于不可抗拒的原因或者其他正当理由无法出庭的，人民法院会根据情况决定延期审理或者重新鉴定。

九、对物证、书证的质证

在刑事诉讼中，物证、书证是应用比较广泛的一种证据，侦查人员在侦查活动中往往取得很多的物证、书证来证明犯罪嫌疑人的犯罪事实。物证和书证作为案件事实造成的特定的物品、痕迹和书面材料，属于实物证据，其证明力远远大过言词证据。

对物证、书证进行质证,关键的问题是确定该证据的真伪。如果被告人明确否定该证据,认为证据是伪造的,是有人陷害他,律师就应该认真对待。一些关键的物证、书证,对案件的定罪量刑起到决定性的作用,推翻了该证据,可能就否定了整个指控。当公诉人出示该证据后,律师首先应该着眼于证据的来源,要求公诉人予以说明。查清这些证据是在什么时间、地点、情况下被发现和收集的;是在犯罪现场收集的,还是在别处找到的;是犯罪嫌疑人、被害人或其他人主动提供的,还是由司法人员搜查出来的;收集的时候是否发生了变化,有无混淆、伪造的可能。对于虚假的物证、书证,多可以通过审查收集的过程来发现漏洞。因此,律师在质证时,如果公诉人轻描淡写地提到证据的来源,或者干脆不说证据的来源,律师不妨主动要求公诉人进行说明。如果是侦查机关搜查得到的证据,律师就要看侦查机关的搜查笔录,看该证据是否在搜查笔录中出现,看搜查笔录上是否有侦查人员和被搜查人或者他的亲属、邻居或者其他见证人签名或者盖章,看搜查笔录上签字的人是否目睹该证据从被搜查人处搜出。如果证据是一个侦查人员发现并提取,其他人并没有亲眼见到提取的过程,糊里糊涂在搜查笔录上签了字,那么理论上就存在该侦查人员作假的可能。对于扣押得到的证据,律师要注意查看扣押物品、文件清单,看该清单上记载的物品或者文件名称、编号、规格、数量、重量、特征及其来源,与法庭上作为证据出示的是否一致。另外,律师要注意物证和书证的保管环节,该证据在被扣押后是否一直处于妥善的保管之中,是否有被人暗中调包的可能。如从现场提取的头发,在移送到实验室的路上完全可能被人调包,用被告人的头发换掉现场提取到的头发。因此,被告人如果认为有人在陷害他,其他证据也显示有陷害可能,那么对于被告人坚决否认的物证、书证,律师就必须从源头上仔细考察,努力发现破绽。

另一个质证的角度是物证、书证与本案的关系,即关联性问题。律师结合本案的其他事实和证据,看该证据能否和其他事实和证据相吻合。比如,现场发现了一把刀,公诉人将其作为凶器提交法庭,被告人否认他用刀伤人,说被害人是自己失足碰到铁架上所致。律师就要注意刀上是否有血,如有血是否是被告人的血,被害人的伤口是否是利器所伤,是否是公诉人举证的利器所伤。物证、书证与案件事实之间有无客观的内在联系是确定物证、书证是否具有证据价值的关键问题。通过质证,去伪存真,防止把与案件无关的物品、痕迹和文件作为物证、书证使用;也防止仅根据被告人、被害人或者证人的描述,用与描述类似的物品来代替原物。

即使是真实的物证、书证,公诉人用来证明的对象也可能是错误的。

如果书证不是原始实物而是复印件,被告人对该复印件予以否认,律师就应该要求公诉人出示原件。如果公诉人不能提供原件,又没有合理的解释得到法官的许可,律师应该建议法庭不予采信。如果公诉人陈述了不能提交原件的理由,律师应该就该理由是否成立和公诉人辩论。如果法官最后确定该复印件可以作为证据提交,律师应该尊重法庭的决定,保留自己的意见,但要对该证据进行质证。

对物证、书证质证的又一个角度是取证程序是否合法。证据合法性的争论已经告一段落,学术界形成了大概一致的意见,承认证据具有合法性的问题,不同的刑事诉讼法教科书上都有类似的表述:"司法人员只有依照法定程序来收集证据,审查和运用证据,才能具有法律效力。""一切用违法方法收取的证据材料,都不能作为定案的依据。"理论上尽管有这样的认识,但在谈到对物证、书证的审查判断时,又几乎不谈从证据取得的合法性角度质证证据。不过大势所趋,证据的合法性必然会越来越深入人心,律师应该习惯于从证据合法性的角度去质证。

律师应该清楚我国《刑事诉讼法》第五章证据中关于勘验、检查、搜查、扣押物证、书证的规定,以此来衡量侦查人员的取证活动是否合法。特别应当注意搜查所得到的物证、书证,搜查时是否有搜查证,法庭上出示的搜查证是否是搜查完以后补填的;如果没有搜查证,是否属于《刑事诉讼法》规定的"在执行逮捕、拘留的时候,遇有紧急情况,不另用搜查证也可以进行搜查"。如果既没有搜查证,又没有在逮捕、拘留时发生紧急情况,律师应当主张该证据不能采信,即使该证据是真实的且与本案有关联性。律师的意见很可能在一个时期内得不到采信,但辩护律师应该时时把非法证据不得采纳这个原则体现在质证辩护活动中,坚持不懈,相信终有一天会得到采纳。这也算律师对我国法治建设的一点贡献。

十、对视听资料、电子数据的质证

视听资料的关键特点是能借助科学手段对过去的事件进行记录和复

原。能做到这一点的,首先是照相技术,然后是录音技术,最后是五花八门的录像技术。把照相排除于视听资料之外是错误的,尽管照相不是连续和动态的,但照相技术记录下的事件瞬间是客观真实的。电影其实就是多个照相画面与录音技术的结合。我认为视听资料不仅包括录音资料、录像资料,还包括照相资料。考察是否是视听资料,更关键的是看它的内容是否记录了案件事实本身。对犯罪现场的录像不是视听资料,只是勘验检查笔录的一部分。对证人询问过程的录像、录音也不是视听资料,而是对证人证言的固定。律师在公诉人提出一个证据主张其为视听资料时,要认真考虑,分析该证据是否为视听资料。

在所有的证据种类中视听资料对于复原案件事实最有证明力,相对其他证据而言受各种主观因素的影响比较小,因此,法庭上如果公诉人出示一个能够证明犯罪事实的视听资料,其杀伤力是很大的。但是,视听资料也不是一定就是客观的,人们可以利用科学技术手段对视听资料进行修改,这是律师在质证视听资料时首先要考虑的问题。如果被告人对视听资料中记录的事实坚决否认,或者当事人认为该视听资料内容有误,律师就应该考虑视听资料是否存在被篡改、伪造的可能,申请通过科学的手段进行辨别。

如果视听资料是真实的,那么律师就应该考虑该视听资料的形成过程是否合法。律师在公诉人出示视听资料时,要仔细注意该视听资料形成的过程,注意时间、地点及周围的环境,进而考虑该视听资料的取得是否侵犯他人的合法权益或者违反了法律的禁止性规定。如果视听资料不是侦查机关收集的,而是由案件的当事人或者其他人录制的,律师就应该考虑录制的过程中是否侵犯他人的利益或者违反法律禁止性规定。如果是由侦查机关录制的,律师要考虑是否违反《刑事诉讼法》中关于侦查的规定,采取的侦查措施是否经过有关领导批准。应该注意这二者的区别,侦查机关毕竟拥有侦查权,我们要考虑的是在行使侦查权时是否严格依照法律的规定来进行;而当事人或者其他人因为没有侦查权,所以其行为受到较多的限制,也容易侵犯他人的利益。

电子数据是《刑事诉讼法》修改时新增加的证据种类,在《刑事诉讼法》中和视听资料归为一类。对电子数据的质证,关键看该数据产生的时间是否有修改。记录在纸质媒介上的内容,如果修改后可以通过鉴定发现修改的痕迹,也可以通过鉴定确定书写人。但记录在电子媒介中的数据,修改的手段完全不同于纸质媒介。律师对此类证据,要了解一些电子技术手段,避免一些人利用其对电子技术的精通伪造证据。

十一、出示庭前未移交的证据

公诉人在开庭前已经向法庭移交了证据,因此,原则上审理中当庭所举的证据应当是庭前移交的证据。但有时候,公诉人也会举出庭前没有移交的证据,甚至有些公诉人故意把一些关键证据保留在手中,庭前不移交,故意不让辩护人庭前知晓,好在法庭上对辩护人突然袭击,令辩护人措手不及。

律师在公诉人举证时,要时刻注意所举证据是否庭前移交。如果发现公诉人准备出示庭前未移交的证据时,律师应该及时提出异议,举手示意审判长要求发言,得到审判长允许后,律师指出公诉人所举证据系开庭前未移交的证据,是否准许出示请法庭决定。法官会要求公诉人说明理由,理由成立并确有出示必要的,法官应当准许。在这个问题上,法官有相当大的自由裁量权。实践中,法官一般会准许公诉人出示。当法官允许公诉人出示证据后,尽管律师会认为该证据没有出示的必要,法官的准许没有道理,但没有任何一部法律赋予律师提出反对的权利,律师只能干瞪眼。但辩护律师有权要求休庭,要求法庭给予一定的时间,对公诉人提出的新证据做必要的准备。是否要求休庭,律师要根据案件的情况决定。如果公诉人出示的证据律师确实一时无法判断其真伪,或者事先没有准备反驳的依据,律师应当提出休庭的请求。如果对公诉人出示的证据没有异议,或者依靠手中的证据就足以反驳对方,则律师就没有提出休庭的必要。但如果律师准备不足,正希望找个借口休庭,这或许是个比较好的理由。

有时候,公诉人面对辩护人的攻势,会明显感觉到控诉的缺陷,需要寻找新的证据来抵御辩护方的进攻。法律允许公诉人提出延期审理的建议,来进行补充侦查。律师不要试图对公诉人的建议提出反对意见,因为法律没有赋予当事人和辩护人提出反对的权利。法官对公诉人提出的因补充侦查而延期审理的建议,其实没有审查的权力,因此,律师再提什么意见只会让人笑话。但在公诉人提出补充侦查的建议时,律师可以建议法庭告知公诉人,在延期审理期满后提请法院恢复法庭审理之前,如果人民检察院收集到新的证据,应当提前提交法庭。不然,律师在重新开庭后有权要求法庭休庭,对公诉人新提交的证据进行答辩的准备。

十二、辩护律师举证

在控诉方举证完毕后,法官会询问被告人和辩护律师是否有证据向法庭提交。律师应当在开庭前向被告人交代清楚,原则上所有的证据由律师来提交。当法官询问被告人是否有证据提交时,被告人只需要回答一句话:"有证据提交,由我的律师提交。"法官自会允许辩护律师举证。

律师在开庭之前已经向法庭提交了证据复印件和证据目录,原则上律师应该按照开庭前的设计来一一举证。但是律师应该根据公诉人的举证情况来进行适当的调整。如果公诉人的证据已经非常确凿地证明了某一事实,律师手中的证据存在明显的漏洞,极容易成为公诉人的靶子,律师就需要及时作出决定,调整自己的举证思路,撤掉那些不合时宜的证据。如果不顾法庭上局势的变化,不假思索地把所有事先准备好的证据全部举出去,那些缺陷明显的证据会遭到公诉人毫不留情的抨击。自己所举的证据一无是处,律师会很没有面子,对当事人也没有半点好处。

律师应该精心组织自己提交证据的顺序,力图使法官对律师要证明的问题有清晰的了解。律师应该根据公诉人指控的犯罪事实的顺序,根据被告人对指控的犯罪事实的异议,一组一组地提出证据,每一组证据针对公诉人指控的一个问题。公诉人举证是刑事案件的主角,要全面细致地证明被告人的罪行,被告人举证则是针对公诉人指控的错误事实而进行的,所以常常可以集中在某一个或几个单独的问题上。律师应该把反驳同一问题的证据集中起来向法庭提交,这样法庭对律师要证明的问题就会有清晰的认识。

举证不是仅仅把证据提交给法庭,需要详细向法庭陈述所举证据的形式、内容、来源以及所要证明的问题,以使法官明白律师举证的目的。律师的举证不妨这样开始:"公诉人刚才向法庭举证证明被告人有盗窃的事实。公诉人的指控是错误的。下面辩护人列举一组证据以证明公诉人的错误指控,事实上在盗窃犯罪发生时,被告人并不在现场。"律师的举证常常是针对公诉人举证而进行的,因此,律师不妨一开口就明确自己的目的,直接说明举证所要否定的事实,以引起法庭的注意。

在说明一组证据的总目的后,律师继续说明:"这一组证据总共有三份证据,从不同的角度证明了被告人不在现场这一事实。"然后,律师再分别举证,逐一对证据予以说明:"现在所举的第一份证据是书证,是被告人案发时在医院就医的门诊记录,是辩护人从被告人的家中提取到的证据。该证据记载了某年某月某日被告人在某医院接受治疗的事实,证明在某一时间被告人不在盗窃的现场,而在医院看病。"这段话首先说明律师所举的证据的种类是书证,其次说明证据的名称是门诊记录,再次明证据的来源是被告人亲属提供,复次说明证据上记载的内容,最后说明证据所要证明的问题是被告人不在现场。严格地讲,这五个方面的内容缺一不可。律师必须向法庭说明所提交证据的种类,只有符合法定种类的证据才可以作为证据提出,才具有合法性。任何一个证据总应该有个名称,有个称呼。说明证据来源或者取得的合法性是律师说明证据应当采信的重要理由。但许多律师在法庭举证时常常忽略掉这些问题,单单讲证据的内容和所要证明的问题。

律师所举证据中也可以包括来自公诉人的证据。如果律师认为公诉人提交的某些证据对被告人有利,不管公诉人是否刻意忽略,律师则不妨作为自己的证据再次举证。律师的目的在于强调该证据的重要性,在于引起法官对于该证据的注意。否则,该证据就可能淹没在公诉人的海量证据中,无法引起法官的关注。

律师每举一份证据或者一组证据,法官会要求公诉人对证据进行质证。律师应该认真听取公诉人的意见,并酝酿如何进行反驳。这是围绕证据进行的辩论,律师一方面要紧紧围绕所举的证据来论述其可信性,另一方面要紧扣辩论的基本思路,在证据的辩论中贯穿辩护的中心思想。

律师在调查取证的过程中,如果知道侦查机关收集的证据中有能够证明被告人无罪或者罪轻的证据,而公诉人没有列入证据目录,也没有在法庭上出示,律师有权请求人民法院向公诉人调取该证据。律师可以向法官这样陈述:"法官,辩护人在开庭前曾经向某人调查,该人说他持有的某一书证已经被侦查机关扣押,但公诉人没有向法庭举证。我们有理由认为该书证记载的内容有利于被告人。希望法庭向公诉人调取该证据。”对于律师的请求,法律没有规定法院审查的权力,因此,不存在是否准许的问题。但如果公诉人否认该证据的存在,律师有必要证明该证据存在。

在公诉人举证以后,律师有时会发现存在一些新的事实。这些事实律师和当事人原本以为法庭上不需要用证据来证明,但在开庭中才意识到必须用证据加以证明,否则被告人会承担不利的后果。这些证据应当是律师庭前就明确知道其存在,即知道证人的姓名和地址,知道书证、物证的存放地点,并知道这些证据所要证明的问题。在这种情况下,律师可以考虑申请通知新的证人到庭,调取新的证据。律师要向法庭提供新的证人的姓名或证据存放的地点,并说明所要证明的案件事实。法官根据具体情况,认为可能影响案件事实认定的,应当同意律师提出的申请,并宣布延期审理;不同意的,应当告知理由并继续审理。律师要提出申请时,应当向法庭说明调取该新的证据的必要性,这是法官是否同意的关键。再次强调,律师当庭申请调取的证据,必须是律师在开庭前调查取证过程中已经接触过的证据,律师明确知道该证据的存在且能向法庭说明该证据的基本情况。如果律师仅仅是在公诉人的证据攻势面前,感觉自己证据薄弱,需要寻找新的证据来补充弹药,但其实并不知道新证据是否存在、能否调取到,法庭可能会拒绝律师的申请。

如果法官不同意律师调取新证据的申请,律师应当针对法官拒绝的理由进行陈述,努力说服法官。但律师也应该注意,《刑事诉讼法》上并没有赋予律师申请复议的权利以及其他救济手段。如果法官允许律师继续说明理由,律师不妨据理力争。如果法官不愿意听,律师应当知趣一些,恰到好处停下来,不要惹法官讨厌。律师切不可因为法官拒绝申请而大动肝火,咆哮法庭。这样做不仅损害律师自己的名誉,也不利于被告人的利益。

在整个庭审中,律师要始终注意一点,律师和法官不是对立的双方。律师是配合法官查明事实,不是来监督法官,不能处处挑法官的刺。律师是纠纷的解决者,不是麻烦的制造者。即使发现法官在审理过程中有些程序性瑕疵,也要善意提醒,不要敌意指出。

十三、法庭辩论

合议庭认为本案事实已经调查清楚,审判长会宣布法庭调查结束,开始法庭辩论，组织公诉人、被害人及其诉讼代理人、被告人、辩护人就全案事实、证据、适用法律等问题进行法庭辩论。

辩论是从公诉人发表公诉词开始的。许多公诉人事先写好了公诉词拿到法庭来读，一般是从有罪的角度论述被告人如何构成犯罪，真正针对律师辩护的观点并不多。一般在第二轮辩论时，才会锋芒毕露。律师在公诉人发表公诉词时应当认真听取，记录要点，并注意公诉人公诉词中律师事先没有考虑到的新观点。

律师的第一轮辩论应当是庭前精心准备好的内容，最起码应当有份详细的提纲。有些律师习惯于庭前写好辩护词，但最好不要养成念稿的习惯，照本宣科容易使语调平淡缺乏气势。有志于成为大律师的年轻人应当特别注意自己在法庭上的举动，说话时的腔调、手势甚至眼神，都会对法官生产影响，都会影响人们对你的评价。每个人都应该研究自己说话的特点，根据自己的特点来锻造自己独特的风格，不要一味地模仿别人。有些能力出自天性，模仿只能得其皮毛，而得不到精华。律师永远应当注意，你的发言是说给法官听的，所以律师在辩论中的目光应当始终关注法官，看法官对你的发言的反应。有些法官赞同你的观点，会下意识地流露出来。如果你感觉到法官特别是审判长和承办法官明白了你的意思，该打住的时候就及时打住，没有必要啰唆。如果感觉法官对你的观点很感兴趣，不妨详细讲清楚。如果法官心不在焉，你要考虑改变说话的方式，以引起法官的注意。如果法官接听电话，你不妨停下来，等他的心回到法庭上再讲。法庭上，律师虽然表面上确实是在和公诉人辩论，但不要把注意力完全放在公诉人的身上。我们不是在说服公诉人，我们是在说服法官。律师更不可把旁听的公民作为发言的对象，特别是旁听的人比较多的时候。有的律师作秀的意识特别强，如果案件影响大，旁听的人比较多，就容易激发起他的演讲欲。他会面朝旁听席做演讲状，还会不时说些纯粹是说给旁听者听的话。律师这样做会引起法官的反感，法官可能借口发言时间太长或者重复而打断律师的发言。

一般情况下，律师应当根据庭前确定的辩护思路论述自己的观点，不要轻易变动。但是如果法庭调查中出现了意外情况，特别是在证据方面不能支持自己的主张时，律师不可依然照本宣科，必须根据法庭上出现的新情况,及时调整自己的思路。在论证自己的观点时,要有意识地将法庭调查中发问和证据质证中发现的问题补充进辩护词中。被告人在法庭调查阶段对律师发问的回答,也许法官早理解了,也许并不清楚律师发问的意图,在辩论过程中律师就需要阐释清楚。对某些证据的否定,在辩论中也一定要再次提及。人们说摆事实、讲道理,法庭调查就是摆事实,法庭辩论就是讲道理。摆事实是为了讲道理,因此,一定要把摆事实和讲道理结合起来,不能是"两张皮"。在法庭辩论中,一定要有意识地结合法庭调查中发现的问题。这部分内容不会事先写在辩护词中,需要律师临时补充进来。

律师在第一轮辩论的开始,就应当亮出自己的中心观点,即你为当事人作的是什么辩护,是无罪辩护,还是罪轻辩护,或者从轻、减轻、免除处罚辩护。这是一个不容回避的问题,是一个必须在一开始就讲清楚的问题。用一个成语来概括,就是要开门见山。律师没有必要隐匿自己的观点,故意藏着不说,放在后面说。一些律师思路不清楚,讲完也不知道辩护的中心思想是什么。律师辩护的目的是说服法官,一开始告诉法官你的基本观点,有利于法官的理解和掌握。

在亮出基本观点之后,还需要具体的论证。辩护词的主要内容其实就是论证的部分。律师应当围绕中心思想,逐项展开论证。先说明将从几个方面来论述自己的观点,再说第一点是什么。第一点也分层次一一讲来,思路清楚,逻辑严密。讲完一大点,不妨回过头来作个简单的总结,再讲第二大点。

在我国的法庭上,永远存在一个矛盾,就是律师想说,法官不让说。法官要么给律师限定发言时间,要么不断提醒律师发言要精练,不要念法条,不要空话连篇。确实存在一些律师东拉西扯讲很长时间,云里雾里不知所云的情形。对于律师而言,其实发言不一定要长时间,但要把问题说清楚。如果你准备得比较充分,分析得透彻,言之有物,讲得时间长些,法官也不会厌烦。如果问题简单,很快就可以说清楚,也没有必要故意拉长。律师要学会既把观点讲深讲透,又要让法官听得有兴趣。如果法官由于某些原因非要限制律师的发言时间,律师也要配合,在规定的时间内把自己的观点阐释清楚,不要刻意和法官较劲。

我始终认为,“不胡说”是律师应当达到的一种比较高的境界。不胡说,意味着你说的在法官听来都有一定道理,能自圆其说,有一定的参考价值。胡说,低级的是完全不着调地乱说,高级的是狡辩诡辩。完全不着调地乱说,在普通百姓听来也是胡扯。狡辩诡辩或许还能有一些外行人喝彩,但内行人听来认为完全是浪费时间。

公诉人的第二轮辩论才针对律师的发言进行反驳,律师要留意记录其主要观点。如果说第一轮辩护律师所讲的内容基本是事先准备好的,第二轮辩护则多是当场的发挥。公诉人会针对律师发言中的漏洞,一条条指出来批驳,律师则针对公诉人的批驳,一一予以反驳。在第二轮辩论前,法官多会提醒律师,已经说过的不要再重复。律师没有必要直接重复第一轮的内容,但在反驳公诉人时,可以在反驳的同时适度地进一步阐释自己的观点。在第二轮辩论中,不必事事反驳,一些明显站不住脚的观点无须费劲去反驳。要善于发现对方基础性的错误,或者根本性的错误,釜底抽薪,集中反驳对方立论的基础,其框架自然坍塌。

第一轮辩论和第二轮辩论的关系,可以总结为“立中有破”和“破中有立”。立中有破,就是以正面阐释自己的观点为主,同时捎带地批驳对方的观点。公诉人在举证、质证过程中就已经流露出一些观点,律师注意到以后,应当有针对性地批驳。不可自说自话,只顾从自己的角度讲,完全不理会对方的反驳。破中有立,就是在第二轮辩论中,主要针对公诉人的观点进行反驳,但反驳的落脚点依然要回到自己的主要观点上来。反驳对方的目的是要说明自己的观点正确。

也许还有第三轮辩论。法官会强调如果有新观点可以再讲,没有新观点,不要再重复。律师要抓住机会,针对公诉人所说的主要问题,简明扼要地讲一二三条,没有必要再细细展开。如果实在还有话要说,也可以留在辩护词中说。

在辩论过程中,容易发生的问题是辩护人和公诉人交锋。虽然双方的角色决定了语言的对抗,但应当清晰地认识到双方不是因个人恩怨在街头吵架,一定要把话说在适度的范围之内,不能进行人身攻击。可以指出对方的错误,但如果质疑工作态度,怀疑学识,甚至贬低人品,就远远超出法庭辩论的范围,会引起法官的厌恶和制止。万一说了过头的话,也需要及时调整情绪,缓和尴尬的场面。

如果被告人认罪认罚,律师的辩护可有可无,说些希望从轻、减轻、免除处罚的话就可以了。如果被告人认罪不认罚,律师的辩护可能主要是量刑辩护,就量刑的档次,是否存在法定的从轻、减轻情节展开辩论。如果被告人不认罪,或者不认可指控的罪名,律师依然需要作量刑辩护。有些人认为,既然我作的是无罪辩护,再作量刑辩护,就是相互矛盾。我不同意这样的观点。是否无罪,不是律师说了算。律师说了许多无罪的理由,但合议庭可能依然认为被告人有罪。在判决被告人有罪的前提下,法官就如何量刑看不到辩护人的量刑辩护意见,对被告人是不利的。因此,即使被告人和辩护人都辩护无罪,律师也一定要退一步说,即使被告人有罪,也存在如下从轻、减轻量刑情节。至于辩护此罪彼罪,原本就是承认有罪,一定不能没有量刑辩护。实践中,一些律师辩护无罪的案件,很难最后得到无罪判决,最后的结果是罪轻的判决。法官也许内心认可律师的无罪观点,但不愿意判决无罪,就可能给予相对轻很多的判决,如缓刑、免予刑事处罚,这时候就需要律师的量刑辩护意见。

在被告人众多的共同犯罪案件中,辩护人必然也多。如果你是第一被告的辩护人,对律师来说是表现自己的好机会,法官会给第一被告人的辩护人相对多的时间来辩论。第一被告人的辩护人应当抓住时机,好好表现。但对于之后的辩护人,就面临无话可讲的困境。一些辩护观点大家的认识是一致的,前面的辩护人已经讲得很清楚,法官就不会再让后面的辩护人重复。在辩护人众多的审判中,委托人都在法庭旁听,辩护人越多越可以在比较中掂量自己请的辩护人的水平。第一被告的辩护人一定要准备充分,不能只关注自己的当事人,而要把共同的问题讲清楚,讲到后面的律师一致支持无话可讲的程度。后面的律师首先要表达支持前面辩护人的观点,让法官知道有些观点是律师们的一致意见,另外要讲出前面律师没有讲出来或者没有讲深讲透的问题。律师讲的是新观点,或者是深入的阐释,法官就会有认真听的欲望,就不会轻易打断律师的辩护。但辩护人越多,耗费的时间就越长,轮到后面的律师发言的时候,也许已经到下班时间了,律师更要学会用简练的语言讲透自己的观点。

十四、撰写辩护词

有些律师在开庭前已经写好了辩护词,庭上一念,开完庭交给法官。

我不主张这样的做法。庭前写好辩护词,在庭上必然要念稿,发言效果就大打折扣。念得再好,也不如说得好。一些年轻律师老担心自己说不好,不敢放开去说,这更多是心理问题,不是水平问题。另外,在法庭上,必然会出现一些新问题,已经写好的辩护词中不可能事先写进去。因此,除非法庭要当庭宣判,一般情况下,律师应当在庭后再撰写辩护词。

辩护词的基本思路应当和庭前的提纲、法庭上的发言一致,但感觉不妥的,也可适度调整。原则上不可另起炉灶,撇开法庭上的思路,另讲一番道理。

在写辩护词之前,不妨翻翻开庭笔录,回忆公诉人的观点,看自己在法庭上是如何反驳的,哪些问题没有讲到,或者讲得不深不透。在法庭上出现的新问题,律师可以在辩护词中补充进去。一些没有讲深讲透的问题,律师在辩护词中可以讲深讲透。

讲问题要分开层次,不可一口气从头说到尾。"一、二、三""1、2、3"这样分列开来,有利于法官的理解。另外需要强调的是,每一点必须有标题,且在标题中点出本段的中心思想。让法官在尽可能短的时间内看清楚并充分理解。所以,需要律师不断总结中心思想。整个辩护词的观点,在开篇要开门见山讲清楚。每一大点的中心思想,在标题中要讲清楚。每一小段的中心思想在小段的开始或者结尾要点出来。

如果被告人认罪认罚,律师再写辩护词已经没有必要。正式开庭的案件,一定是辩护无罪或者不认可指控罪名的案件,辩护词中就需要将辩护人的观点讲清楚。无论是无罪还是此罪彼罪的辩护,都一定要紧紧围绕刑法理论上的犯罪构成要件来进行。律师认为不构成犯罪,要讲出指控的事实不构成某罪犯罪构成要件中的哪一条。没有争议的构成要件没有必要多讲,但存在争议的地方一定讲深讲透。在论述过程中,一定注意不要重复一些基本的法理,特别是重复刑法教材中的基本知识,现在的法官都是正规法学院系毕业,给他"上课"会引起他的反感。适度讲理,特别是能讲出一些法官也没有想到的理由,也许会让他静静地读完。冗长而枯燥的论述,会使法官不愿再细读,将辩护词扔在一边。

辩护词中要适度地引用案卷中的材料。一些人可能有这样的认识,法官也看过案卷,案卷中的材料点到为止,没有必要再详细引证,浪费笔墨。并不是这样。尽管法官也看过案卷,但案卷中的内容在法官记忆中也只是一个大概印象。法官看案卷,很少像律师那样看得细。如果律师在辩护词中蜻蜓点水,法官可能会不知所云。最好的办法就是把案卷中对被告人有利的材料或用于支持律师观点的材料不厌其烦地摘抄出来,罗列上去。表面上辩护词会显得啰唆,但法官看了辩护词,相当于阅卷,省了许多麻烦。

辩护词写好后打印校对整齐,最好让被告人或者被告人的亲属阅读一次,看是否所有的问题都已讲清楚,是否有补充。这是对被告人及其亲属的尊重,也借此让被告人及其亲属了解律师的工作。

一般在休庭时,法官会告诉律师多长时间内交来辩护词。即使法庭没有规定时间,律师也必须在一周之内递交辩护词。如果合议庭合议之前没有见到律师的辩护词,等于失去了一次影响法官的机会。

十五、宣判和上诉

在一审开完庭之后,律师应该勤和法官联系,及时了解法院判决的时间。对于民事案件而言,法院判决后会通知当事人和律师领取判决书,且当事人和律师联系方便,信息通畅,一般律师会及时看到判决书。但刑事案件则不然。大部分案件在作出判决后,法官并不开庭宣判通知律师到庭,而是直接到看守所将判决书送达被告人就算宣判。在送达被告人时,会问被告人是否上诉,有些被告人回答不上诉,法院就信以为真,一过上诉期就将被告人移送服刑。如果法院不同时给律师发判决书,被告人的亲属和律师这时候甚至不知道判决已经生效,被告人已经进了监狱。在很多情况下,是否上诉其实并不是被告人决定的,而是被告人的亲属决定的。如果错过了上诉期,被告人亲属会埋怨律师。因此,律师除及时和法官联系外,还应告知法官宣判后及时通知律师。也可在会见被告人时提醒,在判决后通过看守所和律师联系,共同决定是否上诉。

第十四章　公诉案件二审及死刑复核的辩护

要　目

一、研究一审裁判文书

当事人如果对一审判决、裁定不服要上诉，但对一审所聘请的辩护律师不满意，二审中往往要重新聘请辩护律师。如果当事人一审没有聘请律师，但对一审结果不服，觉得有聘请律师的必要，也会聘请律师参加二审。

当事人会带来一审的裁判文书，律师首先应当仔细研究一审的判决、裁定，看一审判决、裁定是否有错误。可以询问当事人对一审认定的犯罪事实的看法，看一审认定的犯罪事实与当事人认定的事实是否有出入，有出入的事实对定罪量刑的意义如何。可以看一审法院认定犯罪事实的证据是否确实、充分，询问当事人对这些证据的看法。进而研究人民法院适用法律的正确与否，看认定的罪名是否正确，量刑是否得当。

如果一审法院认定的事实，特别是与定罪量刑有关的事实没有大问题，定罪正确，量刑大体得当，律师不妨劝当事人服判，让被告人老老实实服刑，努力改造自己，争取减刑或者假释。如果当事人一定要上诉，律师也不妨接受委托,但应当给当事人讲清楚可能的结果。律师切不可自己心中明明知道一审判决正确,然后凭空编出许多错误来,误导当事人,或者口是心非支持当事人不合实际的想法,以达到接受委托的目的。

二、会见被告人

无论律师原本就是一审被告人的辩护人,还是二审中新聘请的辩护人,其在接受委托后应当立即去会见在押的被告人。对于二审新聘请的律师,在接受委托后,只能先去会见被告人,而不能先将委托手续送交法院。一审法院不会接收二审律师的手续,二审法院案件还未提起上诉,也不会接受二审律师的手续。

律师会见时应当带上一审裁判文书、二审的委托书和律师事务所开具的专门用于在审判阶段向看守所递交的函。当然,律师自己的律师执业证是永远不可少的。特别是二审新聘请的律师,有些看守所甚至要求律师必须有一审裁判文书的原件,才允许会见。

律师会见在押的被告人的主要任务是询问被告人对一审裁判的意见。这时候被告人拿到一审裁判文书已经有几天了,他已经反复研究了判决,而且还可能和看守所的其他在押人员交流过对一审裁判的意见。律师要耐心地听取被告人的意见,不要轻易反驳。

律师还要征求被告人对一审庭审的意见,看公诉人哪些意见是对的,哪些意见是错误的。律师不妨要求被告人对一审律师法庭上的表现发表看法,看一审辩护人哪些地方把握得好,哪些地方有失误。

如果被告人对公诉人提供的证据有异议,律师应当让被告人进一步提供线索,以方便律师在二审过程中能找到新的证据来支持自己的主张。

三、查阅全部案卷

如果律师没有参与一审,在接受二审委托后,应当到法院查阅本案的全部案卷。即使参与过一审的法庭审理,如果对公诉人出示的证据如被告人的口供、证人证言没有仔细阅读过的话,律师也应当到法院再次阅卷。

名为阅卷,其实应当是复制,把需要的材料复印回来,拿到办公室里细致查阅。案卷中包括一审中双方提交的全部证据,一审的庭审笔录,以及公诉人的公诉词和辩护人的辩护词。至于一些程序性的文书如送达回证之类没有多大的意义,不必复印。

复印的目的就是为了细致查阅案卷,律师可以在自己的办公室里,逐字逐句研究一审案卷中的所有材料,看能否发现一些一审中没有发现的“金子”。重点研究一审公诉人的公诉词和辩护人的辩护词,理解他们的思路。实践中,许多公诉人并不写公诉词,仅在法庭上说说而已,案卷中并不附公诉词,律师只能去阅读开庭笔录。事实上,开庭笔录仅仅是书记员记录的只言片语,只有大概意思,律师只能从其中琢磨公诉人的观点。一审辩护人的辩护词,律师也需要仔细阅读一次,看一审律师的辩护是否到位,是否把全部的理由讲清楚。一般而言,如果一审律师辩护到位,二审就不会更换律师。正因为一审律师辩护不到位,当事人才重新聘请律师。如果一审的审理过程曾经直播过,可以在最高人民法院的网站上找到直播的录像,认真看一遍。

律师在阅卷之后,要考虑一审的证据是否充分,一审辩护人是否收集到有利于被告人的证据。有些证据,也许一审中并没有意识到其重要性,到一审判决后,才知道提交该证据很有必要。或许一审律师没有考虑到从某些角度证明有利于被告人。这就需要二审律师有新思维,从新角度去考虑,努力收集一些新证据来证明事实。某些证据的收集其实取决于律师的思路。人人都意识到的证据在一审中都已收集,但如果律师能独辟蹊径,找出一个新角度去寻找证据,也许能找到一些新证据说明问题。

如果能找到新证据,应当及时提交法院。同时要注意公诉人是否提交新证据,及时复制回来思考对策。

四、撰写上诉状

如果律师在被聘请之前,被告人已经提起上诉,律师就不必考虑起草上诉状。如果临近上诉期满,当事人才委托律师,律师也只好匆匆忙忙起草一份上诉状递交上去。如果一审判决一拿到,当事人就聘请律师,律师就有了些空余的时间去阅卷,去会见在押的被告人。

刑事上诉状和民事上诉状最大的不同在于,民事审判的二审是围绕上诉人的上诉请求来进行的,当事人对一审判决不服在何处,均需要一一点出。如果当事人没有在上诉状中明确对一审判决的不服之处,二审法院就认为你服了而不再进行审理。刑事上诉状则不同。按照《刑事诉讼法》的规定,“第二审人民法院应当就第一审判决认定的事实和适用法律进行全面审查,不受上诉或者抗诉范围的限制”。这样,即使刑事上诉状没有明确表示的不服之处,律师也可以通过其他方式如辩护词向法官陈述。因此,如果律师时间紧张,还不能够全盘考虑案件,提出自己的整体意见,也不妨简单些写个上诉状,提交给法院。

刑事上诉状内容应当包括:第一审判决书、裁定书的文号和收到的时间,第一审人民法院的名称,上诉的请求和理由,提起上诉的时间。如果是被告人的辩护人、近亲属经被告人同意提出上诉的,还应当写明提出上诉的人与被告人的关系,并应当以被告人作为上诉人。

尽管法律规定了,辩护人、近亲属的上诉权允许辩护人、近亲属经被告人同意后提起上诉,但我认为这是多此一举。律师在接受二审代理后,必然要去见在押的被告人,因此,完全没有必要以辩护人或者近亲属的名义提起上诉。换个角度,如果确实由近亲属来提起上诉,上诉人又必须列成被告人,在上诉状中近亲属的身份是什么就成为问题。因此,既然被告人要提起上诉,就完全可以以被告人的名义提起上诉。

上诉状的格式没有什么特殊之处,题目叫“刑事上诉状”或者“上诉状”,然后列明上诉人的基本情况如姓名、性别、出生日期、住址等,下面是一段套话:“上诉人于某年某月某日收到某人民法院(法院文号)判决书。上诉人不服该判决,特提起上诉,希望二审人民法院撤销一审判决,改判上诉人无罪(或者罪轻或者应当从轻、减轻处罚)。理由如下。”正文部分阐述一审判决的错误之处以及上诉人无罪或者罪轻或者应当从轻、减轻处罚的理由。理由应当分条来叙述,一点一点讲清楚。最后是“此致某某人民法院”,即第二审人民法院。落款是上诉人的签名,当然不要忘了按指印,这是我们中国的规矩。落款的时间,最好是提起上诉的时间,而不是写上诉状的时间。上诉状的签名应当由被告人亲自签,不可由他人代签,更不能由律师代签。有个别律师不愿意去见在押的被告人,图省事就想出偷懒的办法,自己签或者找人代签,这是绝对不允许的。

上诉状必须在上诉期内交到法院,切不可耽误。律师应当对上诉期之类的时间特别敏感,牢记在心,或者记在笔记本、日历、手机上。如果因为律师的原因耽误了被告人的上诉,对律师而言是不可饶恕的过失。另外，需要注意不服判决的上诉期限为10天，不服裁定的上诉期限为5天，平时律师见到的法院刑事裁定书少，容易忽略裁定的上诉期限比判决短一半。

法律规定被告人有权在法定期限内以书面或者口头形式通过一审法院或者直接向上一级人民法院提出上诉。实践中，没有一个法院会接受所谓的口头上诉，被告人在看守所如何口头上诉？上诉状在看守所让被告人签字后可以交给被告人，通过看守所转给法院。看守所通过转交上诉状，可以把握哪些被告人上诉，哪些没有上诉。当然，辩护人在被告人签名后，将上诉状直接交到原审法院手中，也是正确的。但实践中，却有法院不接受辩护人递交的上诉状，一定要律师交给被告人，通过看守所转交法院。

五、提出辩护意见

《刑事诉讼法》在2012年修改前对二审的审理方式规定为应当组成合议庭开庭审理，对事实清楚的案件，也可以不开庭审理。也就是说，刑事二审案件开庭审理是原则，书面审理是例外。但实际中恰恰相反，刑事二审案件书面审理变成了原则，开庭审理倒成了例外。《刑事诉讼法》2012年修改时正视了现实，明确提出部分案件开庭审理，大部分案件不开庭审理。因此，律师参与二审辩护，就不可像一审那样等待法院通知开庭，而要和法官联系，看是否开庭。对于被告人被判处死刑的上诉案件和人民检察院抗诉的案件，大部分会开庭审理，除非法官决定发回重审。对于其他案件，裁量权就在法官手中，由法官决定是否开庭审理。

如果法院不开庭，律师的主要工作就是提交辩护词。按照法律的规定，法官书面审理刑事二审案件，不能仅仅阅卷，讯问被告人，还应当听取其他当事人、辩护人、诉讼代理人的意见。法律没有规定听取意见的方式，但实践中是要求辩护人提交辩护词。对于律师而言，如果能和法官进行面对面交流更好，这种面对面当然是指在法院的正当会见，而不是在酒店的餐桌上的面对面。和法官面对面的交流，可以感觉到法官对本案的态度和基本观点，律师可以针对自己的观点作解释和阐明。许多法官不愿意会见律师，或者即使见也是一言不发，那么，律师就只好提交辩护词。

辩护词应当尽早提交法院。早早将辩护词交到法官的手中，法官一开始阅卷就接触律师的辩护词,律师的观点就会早一些发生作用。如果法官在整个阅卷的过程中没有接触律师的观点,在他形成自己的观点以后,律师的观点作用于法官的力度就打了折扣。

二审的辩护意见不是一审辩护意见的简单重复,而应当努力增添新意。二审法官一般都会阅读一审辩护词,如果再读到二审辩护词发现在重复一审观点,不免会对律师有看法。特别是法官已经发现一审存在的问题,二审律师没有讲出来,法官自然会怀疑律师的工作态度或者水平。

二审辩护首先应当提出新的辩护意见,一审律师没有提出过的辩护意见。这就需要律师深入思考,仔细研究案件,在吃透案情的基础上提出自己的看法。永远记住,金子埋在沙里。只有辛勤地思考,才会有新的发现。如果确实没有新的观点,则需要考虑如何把旧观点论述得更清楚。实践中,一些律师的辩护词中提出了观点,但论述的水平太差。一个正确的观点,如果律师没有论述清楚,没有能够说服法官,就有可能不被一审法官接受。如果二审律师重新梳理思路,从不同的角度充分展开论述,也许能说服二审法官。

六、二审开庭

《刑事诉讼法》中明确了四类案件应当开庭审理。对于一审判处死刑立即执行的案件和检察院抗诉的案件,二审法院应当开庭审理。律师代理这些案件后,需要做好开庭的准备。但对于第一审判处死刑缓期二年执行被告人上诉的案件,和被告人对一审认定的事实、证据提出异议可能影响定罪量刑的上诉案件,二审法院未必开庭审理,这个决定权在二审法院。律师在接受委托后,要及时和法官沟通,及时知道是书面审理还是开庭审理。如果是被告人上诉主张无罪的案件,律师最好递交开庭审理申请书,希望法院二审开庭审理。毕竟通过开庭,律师有更多时间在法庭上阐释自己的观点,法官听取得更多,可能影响法官的机会更多。特别是被告人对一审认定的事实有异议,律师更应当收集新证据,促使法院为了质证新证据而不得不开庭审理。

在开庭前,律师要提前将二审的新证据提交法庭,同时看检察机关是否也有新证据提交。如果被告人或者辩护人对一审中的鉴定意见不服,二审开庭前要早早提出重新鉴定或者补充鉴定的申请,努力获得二审人民法院的同意。

二审开庭前的另一件事，就是督促鉴定人、证人、被害人、其他被告人出庭。如果律师对鉴定意见有异议，认为鉴定程序违反规定或者鉴定意见存在疑点的，庭前就应当和法院沟通，让法院通知鉴定人出庭作证。如果律师对公诉方的证人证言、被害人陈述有异议，且该证人证言、被害人陈述对定罪量刑有重大影响，律师也应当和法院沟通，让法院通知该证人、被害人出庭接受询问。对于共同犯罪中没有判处死刑且没有提出上诉的被告人，一般情况下可以不再传唤到庭。但如果认为仍然需要对该被告人进行讯问和质证，律师应当和法官沟通，请求传唤到庭。

在开庭前，辩护律师应当再仔细阅读上诉状，看上诉的理由是否齐备。特别是被告人自己书写的上诉状或者其他律师起草的上诉状，律师要审查是否有遗漏的上诉理由。如果有重大错误的问题在上诉状中没有表达，律师甚至可以起草一份补充上诉理由送达法院，让法官开庭前对争议的问题有个了解。

二审审理尽管依然是全面审理，但就开庭而言则是围绕有争议的问题进行，律师要围绕这一点进行准备。

对被告人的发问，依然是法庭调查的主要程序。律师应当事先设计好发问提纲，针对二审中的焦点问题，向被告人或者其他被告人进行发问。

对一审认定的事实和一审的证据，如果没有异议，二审可以不在庭审中调查。律师主要针对有异议的证据，在一审的基础上发表新的质证意见。如果二审提交了新证据，对新证据的质证则是二审法庭调查的重点。

在辩论中，律师也要紧紧扣住法庭争议的重点问题发表意见，一审中已经认定的事实可以略而不谈。如果上诉状写得比较详细，律师的大部分观点在上诉状中就已经体现，在辩论中就没有必要再重复一次上诉状的观点。这个时候，律师要针对法庭调查中公诉人的观点进行反驳，这需要律师的临场经验和实在的本领。如果上诉状写得比较简略，律师就需要全面阐释自己的观点。说全面，也依然要与一审相区别。一审判决中已经认定的问题，可以不谈或者少谈，重点针对一审判决没有采纳的观点，或者二审中提出的新问题展开论述。

七、死刑复核程序

对于一般的刑事案件,二审判决就是终审判决。人民法院宣布判决以后,就开始执行刑罚。但对于判决死刑的案件,还需要走死刑复核程序。代理二审的律师要给当事人讲清楚死刑复核的意义及律师在其中所能起到的作用,由当事人决定是否重新签订委托合同聘请律师参与死刑复核程序中的辩护。当然对于律师认为二审判处死刑有异议的案件,律师还应当树立当事人亲属的信心,努力在最后的程序中追求最好的结果。

最初制定的《刑事诉讼法》中并没有规定律师可以参与死刑复核程序。最高人民法院 1992 年曾经在最高人民法院研究室《关于律师参与第二审和死刑复核诉讼活动的几个问题的电话答复》(已失效)中表态:“死刑复核程序是一种不同于第一审和第二审的特殊程序。在死刑复核程序中,律师可否参加诉讼活动的问题,法律没有规定,因此不能按照第一审、第二审程序中关于律师参加诉讼的有关规定办理。”因此,在死刑复核权被统一收归最高人民法院行使之前,律师基本上不参与死刑的复核。

在最高人民法院收回死刑复核权后,最高人民法院、最高人民检察院、公安部、司法部于 2007 年 3 月 9 日颁布的《关于进一步严格依法办案确保办理死刑案件质量的意见》规定:“死刑案件复核期间,被告人委托的辩护人提出听取意见要求的,应当听取辩护人的意见,并制作笔录附卷。辩护人提出书面意见的,应当附卷。”这就明确了在死刑复核阶段,被告人可以委托辩护人并听取意见。

2008 年 5 月 21 日,最高人民法院、司法部颁布的《关于充分保障律师依法履行辩护职责　确保死刑案件办理质量的若干规定》规定:“死刑案件复核期间,被告人的律师提出当面反映意见要求或者提交证据材料的,人民法院有关合议庭应当在工作时间和办公场所接待,并制作笔录附卷。律师提出的书面意见,应当附卷。”这赋予了律师更大的权利,可以提交证据材料,可以当面向法官反映意见。

《刑事诉讼法》在 2012 年修改时增加了“辩护律师提出要求的,应当听取辩护律师的意见”的规定。最高人民法院《关于适用〈中华人民共和国刑事诉讼法〉的解释》则规定:“死刑复核期间,辩护律师要求当面反映意见的,最高人民法院有关合议庭应当在办公场所听取其意见,并制作笔录；辩护律师提出书面意见的，应当附卷。”

在最高人民法院刚收回死刑复核权时，一些律师很兴奋，奔走相告，以为又是一个新的业务领域。但从实践效果看，依然困难重重。

首先，律师没有阅卷权，无法从最高人民法院阅到卷。除非向原来的一审、二审律师借阅，否则根本见不到案卷更谈不上有效的辩护。对于没有参与过一审、二审的律师，不仅是看不到案卷，甚至连二审判决书都可能见不到。事实上，持有一份判决书是开展辩护的起码条件。如果连二审判决书都没有，律师应当解除委托放弃辩护。

其次，会见权模糊，往往取决于各地看守所值班人员的认识。有些看守所凭律师事务所函和当事人的委托书就可以会见，有些看守所则拒绝，向律师索要最高人民法院的函。

最后，律师和承办法官沟通很困难。法律没有规定最高人民法院有告知被告人可以请律师辩护的义务，也不告知被告人复核承办合议庭的组成人员。律师即使接受委托后，也无法从正规渠道获得承办法官的信息。如果要申请会见，则需要在最高人民法院信访接待处递交申请。

因此，对于已经参加过一审、二审的律师而言，如果没有新的证据，或者新的理由，再参加复核程序其实没有多大的用处。一审、二审的辩护词在案卷中均有，也是复核法官审查的重点。因此，原辩护律师如果没有新理由，不妨建议被告人亲属另请高明。

因此，无论是原二审律师继续代理的，还是新接受委托专门参与死刑复核的律师，一个很重要的任务就是在复核程序中讲出一些新的理由，一些被告人不应当被判处死刑立即执行的新理由。能讲出新理由，律师的介入就有了实际的意义。

大体来说，这些理由也无非仍然是围绕证据、事实、法律适用及程序，但是就死刑复核程序而言，围绕证据和事实的新观点会更加引起法官的兴趣。在事实清楚、证据确凿的情况下，如何适用法律，复核的法官比律师更能把握政策的界限，不需要律师去阐释。律师需要做的主要是就事实和证据提出自己的疑问。在佘祥林案、赵作海案等类似的案件不断出现以后，防止杀错人是复核法官思考的重点问题。因此，律师要认真研读最高人民法院、最高人民检察院等五部门下发的《关于办理死刑案件审查判断证据若干问题的规定》,深入理解死刑案件的证据标准,准确把握证据确实、充分的含义,立足于事实不清、证据不足提出自己的意见。在该司法解释中,有许多处“不能作为定案的根据”的表述,这是律师注意的重点。律师应当细致分析所有的证据,把所有的疑问找出来,并以该司法解释为依据进行分析。

律师在写好意见书后,可以寄到最高人民法院。一些律师试图见到复核的法官,当面陈述理由,也好给当事人一个交代。其实,律师只要通过书面意见书将自己的观点表达清楚即可,会见法官并无实际的意义。我以为,律师在提交意见书后,不妨通过电话和法官联系,如果法官表态已经阅读了律师的意见书,并了解了律师的观点,面谈就没有实际的意义。如果法官对律师的意见很感兴趣,对意见书中没有说清的问题还想了解,需要律师进一步阐释的,可能要求律师再次递交书面意见,或者当面交流。

如果律师的意见被采纳,最高人民法院作出不予核准的裁定,对律师是件高兴的事,可以兴高采烈地通知当事人亲属。但如果最高人民法院作出核准的裁定,律师可能就有些犯难。这就需要提醒,死刑复核案件在接案时一定要谨慎,不可向委托人作出任何的承诺,更不能承诺“保命”而向委托人收取高额的律师费。否则,一旦核准死刑,当事人容易和律师发生冲突。对死刑复核案件,律师应当始终向委托人灌输“死马当活马医”的理念,这样出现核准死刑的结局,当事人不会怪罪律师。

现在,律师在死刑复核程序中的地位并没有得到完全的保障,在裁定文书中不列明辩护律师,裁定文书也不送达律师。极有可能死刑执行命令已经下达而律师还不知道,但当事人,就认为律师应当知道。因此,律师只能和二审法官沟通,在最高人民法院死刑复核裁定下达后及时告知律师,律师可以转告亲属,并安排亲属会见被告人进行临终告别,也算尽律师最后的义务。

第十五章　被害人及刑事附带民事诉讼的律师代理

要　目

一、接受委托

最高人民法院在《关于适用〈中华人民共和国刑事诉讼法〉的解释》中缩小了刑事附带民事诉讼的范围，仅局限于“被害人因人身权利受到犯罪侵犯或者财物被犯罪分子毁坏而遭受物质损失的”情形，即所谓的人身损害和财物损害。需要明确的是，财物损害仅指财物被毁坏，而不包括财物被非法占有、处置的情形。被害人的财物被被告人骗取、盗窃等，如果财物仍然存在但被毁坏，可以提起附带民事诉讼。如果被骗取、盗窃的只是钱，或者被骗取、盗窃的物已经不存在，被害人只能寄希望于司法机关的追缴或者责令退赔，而不可提起附带民事诉讼。在这种情况下，律师可以作为被害人的代理人出庭，但不可作为附带民事诉讼的代理人。如果刑事被告人在国家工作人员行使职权时被侵犯人身、财产权利，只能依法申请国家赔偿，不能提起附带民事诉讼。律师也只能作为被害人的代理人出庭，但不可作为附带民事诉讼的代理人。

当事人找到律师请求帮助时，律师要给当事人讲清楚，什么情况下可以提起附带民事诉讼，什么情况下不行。实践中，因物品被毁坏而提起附带民事诉讼的案件比较少,大多数附带民事诉讼是因人身损害而提起的。

一般情况下,附带民事诉讼的原告往往就是公诉案件的被害人,律师在接受代理后填写委托书时,应当同时注明自己的身份,既是附带民事诉讼的代理人,又是被害人的代理人。在填写律师事务所递交法院的函中,也应当把这两种身份注明。之所以如此,是避免某些法官在法庭上不允许附带民事诉讼的代理人就刑事部分发表意见。另外,就是特别授权的问题。附带民事诉讼中往往伴随调解,如果当事人需要律师参加调解的话,就必须在授权委托书中写明律师有参加调解的权利。

如果律师已经是刑事被告人的辩护人,当事人在收到附带民事起诉状后,一般不会另行聘请律师单独代理附带民事部分,而会请求辩护律师同时代理附带民事部分。律师没有理由拒绝代理,但是否另外收费,可以根据情况自己掌握。原则上不主张另外收费,因为律师在代理刑事部分之后,对案件已经全部了解,民事部分的代理也就是在法庭上多说的几句话,不需要律师投入更多精力。在接受刑事辩护委托时,律师就应该考虑到是否会有附带民事诉讼,和当事人讲清楚,一并办理委托手续。如果要小心眼,在办理刑事委托时故意不说,接到附带民事起诉状后借机又让委托人交钱,否则只负责刑事辩护不管附带民事部分,总有些不妥。

一些被害人在移送审查阶段就会得到检察机关的告知,可以提起附带民事诉讼,便急匆匆来找律师,督促律师尽快写附带民事起诉状。律师应当给当事人解释清楚,不必着急,最好在公诉机关移送起诉之后,检察院认定的事实和罪名确定,律师再依据检察机关的起诉来提起附带民事诉讼。着急提起附带民事诉讼,并没有多大的好处。到审判阶段后再提起,也没有什么坏处。道理给当事人讲清楚,当事人就不会再催。

有些被告人亲属,在侦查、审查起诉期间,就想追求比较好的结果,如撤销案件、不起诉,可能会追着被害人方调解、和解。律师和当事人权衡利弊后,也不妨谈谈。如果赔偿数额合适,就可以达成调解协议、和解协议。所谓的合适,一方面要考虑被害人的损失大小,另一方面也要考虑被告人的经济状况。但律师需要给当事人讲清楚,只要达成协议并全部履行,就不可再反悔,且不得再提起附带民事诉讼。这个阶段的调解、和解,原则上应该要求被告人方一次性全部履行,不要给以后留尾巴。在调解、和解之后，被害人会给被告人出具谅解书，请求司法机关适度从轻处罚。

有些人身损害的案件，到提起刑事诉讼的时候，被害人的治疗还没有结束。刑事案件每个阶段有期限限制，公诉机关不会等待被害人康复再提起诉讼。一些被害人亲属在法院告知后，会要求律师先提起诉讼，主张部分赔偿，待将来治疗结束后，再另行提起民事诉讼。我的意见是可以先作为被害人参与诉讼，了解诉讼的动态。如果在一审判决前治疗结束，也可以提起附带民事诉讼，由审理刑事案件的同一审判庭审理后，和刑事案件一同判决。需要注意的是，另行提起民事诉讼，人民法院要收取案件受理费。但人民法院依然根据物质损失来判决，不会因为另行提起民事诉讼，就支持精神抚慰金等。

二、起草刑事附带民事起诉状

律师在起草起诉状前最好能看到公诉人的刑事起诉书。《刑事诉讼法》规定，人民法院在开庭 10 日前负责把人民检察院的起诉书副本送达被告人及其辩护人，没有规定要送达被害人。实践中，法院在告知被害人有权提起附带民事诉讼时，也不给被害人送达起诉书。被害人只有在提交附带民事起诉状后才能立案，只有立案后律师才有权阅卷，阅卷时可以复印公诉机关的起诉书。这样，在律师起草刑事附带民事起诉状之前，律师理论上是看不到刑事起诉书的。但律师不看刑事起诉书，就不知道公诉机关指控被告人的具体名单（特别是共同犯罪案件中），不知道指控的具体罪名，不知道指控的基本犯罪事实。可以这样讲，如果不知道这些基本信息，附带民事起诉状就无从下笔。也许可以靠道听途说知道一些事情，但毕竟是传闻，不能完全作为起诉的依据。因此，律师在起草附带民事起诉状前，还应该到法院一趟，即使法院不送达刑事起诉状副本，不让复印，也应当允许律师阅读。

在确定附带民事诉讼的原告时，要注意“已死亡被害人的近亲属”这种情形。如果“已死亡被害人”年岁大、儿女多，要全部通知到，不可遗漏。如果已死亡被害人的近亲属有放弃诉讼权利的，应当出具书面材料。如果这些儿女居住不集中，律师要不怕麻烦得到他们的授权和在起诉状上签名按印，不可偷懒自行代签和代按指印。有一种特殊情况律师要学会变通处理，即被害人的近亲属中有年迈的老人，亲属往往不愿意告诉老人被害人去世的消息,当然更不能告诉老人要打官司。律师可以看这家人家庭成员之间的关系如何,如果关系和睦,将来就赔偿款的分配不会起争议,也不妨让其他人代签,或者“骗取”老人的指印,但应当告知法官,法官多半会理解律师的用心。否则,律师应当严格按照规矩做事,以免事后的麻烦。

在大多数情况下,刑事被告人就是附带民事的被告人,但二者不总是一致。有时候在刑事被告人之外,还有没有被追究刑事责任的共同致害人也可能是附带民事诉讼的被告。有时候,附带民事被告人反倒不是刑事被告人,而是应该为该刑事被告人的犯罪行为承担民事赔偿责任的单位和个人。这主要体现在刑事被告人的犯罪行为是职务行为的案件中,附带民事的被告就应当是雇佣该刑事被告人的单位或者个人。在共同犯罪案件中,如果在提起公诉时,某位被告人已经死亡,则可以考虑把其遗产继承人作为附带民事诉讼的被告,但要考虑该被告人是否有遗产。如果没有遗产,将继承人列为被告也是徒劳,不存在父债子还,继承人仅在继承遗产范围内承担责任。最高人民法院《关于适用〈中华人民共和国刑事诉讼法〉的解释》中将“死刑罪犯的遗产继承人”列为“附带民事诉讼中依法负有赔偿责任的人”,有些令人费解。所谓死刑罪犯,应当是已经被判处死刑,明确为罪犯的人。既然已经被判处死刑,刑事审判已经完结,这样的附带民事诉讼附在哪一个刑事诉讼上?如果该被告还没有被判处死刑,就仅是可能被判处死刑,又有什么理由将其遗产继承人作为被告告上法庭?

在写诉讼请求时,一些被害人希望律师写上对被告人追究什么样的刑事责任等,这样做没有法理依据。对被告人的刑事处罚请求,是公诉机关的权力,只能由公诉机关提出。被害人虽然就被告人的罪名、量刑可以发表自己的意见,但不可作为一项诉讼请求提出。附带民事起诉状中的诉讼请求和民事侵权案件的诉讼请求原则上是一致的,区别之处,就是附带民事诉讼只赔偿物质损失。

在财物被毁坏的案件中,被害人也只有物质损失,事情比较简单。但在人身损害案件中,则比较复杂。最高人民法院《关于适用〈中华人民共和国刑事诉讼法〉的解释》第 155 条规定只赔偿医疗费、护理费、交通费等为治疗和康复支付的合理费用,以及因误工减少的收入。造成被害人残疾的,还应当赔偿残疾生活辅助具费等费用。造成被害人死亡的,还应当赔偿丧葬费等费用。最高人民法院的法官们在给各地法官培训该规定时说,这意味着死亡赔偿金和残疾赔偿金不再列为附带民事赔偿的范围。

关于死亡赔偿金和残疾赔偿金的性质,最高人民法院的态度有过变化。在 2001 年发布的《关于确定民事侵权精神损害赔偿责任若干问题的解释》中,曾经明确将死亡赔偿金和残疾赔偿金列为精神抚慰金的范畴。但在 2003 年出台的《关于审理人身损害赔偿案件适用法律若干问题的解释》中又改变态度,将死亡赔偿金和残疾赔偿金认定为被侵权人收入损失的赔偿,而不是精神损害赔偿。最高人民法院在此次修改中未将死亡赔偿金和残疾赔偿金归为精神抚慰金,是因为基于被告的赔偿能力的考虑,既然许多被告都没有能力赔偿,就不应当规定如此多的赔偿项目。

笔者看来,最高人民法院在越权解释。《民法典》第 1179 条明确规定了人身损害的赔偿范围,即造成被侵权人残疾的,应当赔偿辅助器具费和残疾赔偿金;造成死亡的,应当赔偿丧葬费和死亡赔偿金。第 22 条则规定了精神损害赔偿。比较这两条法律规定,可以看出立法机关将残疾赔偿金和死亡赔偿金的性质确定为财产损害赔偿,而不是精神损害赔偿。既然这样,最高人民法院就无权在司法解释中改变立法机关的认定。至于考虑被告人赔偿能力的问题,更是错误的。我们需要思考的是,在侵权责任法的理论上,确定赔偿范围和数额是否要考虑侵权人的赔偿能力,如何考虑。毕竟赔偿能力是个性问题,有些人具有赔偿能力,有些没有赔偿能力,不能因为有些被告没有赔偿能力,而免除了有赔偿能力被告的责任。我们认为,立法机关在《侵权责任法》中明确了人身损害的赔偿范围,最高人民法院作为审判机关,无权缩小人身损害的赔偿范围。《民法典》颁布后,将《侵权责任法》纳入其中,第 1179 条对人身损害的赔偿范围作出与《侵权责任法》基本相同的规定。

最高人民法院《关于适用〈中华人民共和国刑事诉讼法〉的解释》第 155 条中,更有一款令人费解:“驾驶机动车致人伤亡或者造成公私财产重大损失,构成犯罪的,依照《中华人民共和国道路交通安全法》第七十六条的规定确定赔偿责任。”按照接受过培训的法官的说法,该款的意思是因交通肇事导致的伤亡,残疾赔偿金和死亡赔偿金则依然列入赔偿的范围,由保险公司在赔偿限额内赔偿,不足部分由被告人赔偿。但如果我们仔细阅读《道路交通安全法》第76条,会发现根本就看不出这样的意思。"机动车发生交通事故造成人身伤亡、财产损失的,由保险公司在机动车第三者责任强制保险责任限额范围内予以赔偿。不足的部分,按照下列规定承担赔偿责任:(一)机动车之间发生交通事故的,由有过错的一方承担责任;双方都有过错的,按照各自过错的比例分担责任。(二)机动车与非机动车驾驶人、行人之间发生交通事故,非机动车驾驶人、行人没有过错的,由机动车一方承担赔偿责任;有证据证明非机动车驾驶人、行人有过错的,根据过错程度适当减轻机动车一方的赔偿责任;机动车一方没有过错的,承担不超过百分之十的赔偿责任。交通事故的损失是由非机动车驾驶人、行人故意碰撞机动车造成的,机动车一方不承担责任。"该条中并不涉及赔偿范围的规定,因此,我们不理解为什么从该规定中可以得出交通肇事的赔偿范围包括残疾赔偿金和死亡赔偿金的意思。

鉴于最高人民法院又规定,附带民事诉讼当事人就民事赔偿问题达成调解和和解协议的,赔偿范围、数额不受上述规定的限制,我们建议,在起草附带民事起诉状时,不妨依然将残疾赔偿金和死亡赔偿金列入,作为被害人的主张,律师在辩论中也依然据理力争,指出最高人民法院司法解释的错误,希望人民法院按照《民法典》判决。但应当给当事人交代清楚,这些请求多半得不到法院的支持,但可以在调解中进一步争取利益。

事实和理由部分,与纯粹的民事诉状一样。事实部分应当参照刑事起诉书中对犯罪事实的描述,除非被害人对公诉机关认定的某些细节有异议,可以按照被害人自己陈述的事实来写,其他部分应当和刑事起诉书一致。

律师在起草好附带民事起诉状后,应该尽快递交到法院。尽管法律规定附带民事诉讼在刑事案件立案之后第一审判决宣告之前均可以提起,但实践中法官会要求在开庭之前提出,最好在法官给被告人送达刑事起诉书时一并送达附带民事起诉状。

三、开庭前的工作

附带民事诉讼原告方的律师在附带民事起诉状被受理后,就有权利到法院阅卷了。有些律师认为法院的刑事案卷与民事赔偿问题关联不大,偷懒不去阅卷,这是错误的。律师应当知道,附带民事的原告往往还是刑事案件的被害人。基于身份的特殊性,阅卷是非常必要的。

如果对刑事部分没有什么异议,律师阅卷可以粗略些,完整阅读一次案卷,知道案卷里有什么就可以了。如果对公诉机关认定的事实以及罪名有异议,律师就需要复印全部的案卷仔细研究。另外,就是要注意案卷中与附带民事诉讼部分相关的证据,特别注意卷里有哪些支持附带民事诉讼请求的证据。

有时候律师不需要再去调查取证,案卷中的证据收集起来就可以支持原告的全部请求。有时候,就需要律师自己调查取证,特别是证明原告经济损失存在的证据。有时候,还需要律师申请法院调查,或者申请法院委托鉴定。在残疾赔偿金不再作为赔偿内容后,伤残等级鉴定就显得没有必要。但律师要考虑调解的需要,如果律师自己就可以大概确定伤残等级程度,也没有必要鉴定;如果有调解可能,而双方对伤残等级又争议较大,则还必须委托鉴定。

如果被告人有转移财产的迹象,律师还可以代理原告申请法院财产保全,对被告人的财产予以查封或者扣押。如果原告符合先予执行的条件,还可以申请法院先予执行。

四、开庭

开庭前,律师首先要和委托人协商被害人是否出庭。在一些人身损害的案件中,被害人出庭意味着要再次回忆伤害的过程,这种痛苦的回忆对被害人是种折磨。如果是被害人死亡的案件,更没有必要让被害人的近亲属出庭,法庭上出示的被害人死亡的照片会再次刺激亲属,难免做出过激的举动。事实上在有律师代理的情况下,附带民事诉讼原告方已经没有必要亲自出庭,律师可以给当事人讲清楚,由委托人自行决定。如果当事人要出庭,律师则一定要事先交代清楚法庭的纪律,避免因原告的情绪失控使法庭审理无法进行,法官会责备代理律师。另外,还要预防被害方亲属和被告方亲属在庭外发生冲突,更要避免被害方亲属打击被告人的辩护人。

在有附带民事诉讼的案件审理中,法官会分成两部分来审理,即刑事部分和附带民事部分。

在刑事部分的审理中,关键看被害人方对公诉机关认定的事实和指控的罪名以及建议的量刑有无异议。如果没有异议,律师的工作就比较简单,一句话不说也未尝不可。但应该注意与民事赔偿相关的事实和证据,及时发表自己的意见。如果有异议,律师会很忙。既要对被告人发问,又要对公诉人、辩护人出示的证据质证,还要代理被害人举证。这时候,有个问题常常会出现,即在对犯罪事实进行调查时,法官会遗忘被害人,忘了许可律师发问和质证。甚至有些法官会认为附带民事诉讼的律师只能在审理附带民事部分时发言,在审理刑事部分时无权发言。这种观点是错误的,作为当事人的被害人和附带民事诉讼原、被告的诉讼权利,在《刑事诉讼法》中都有明文规定。所以为了避免麻烦,建议律师在填写附带民事诉讼委托书时,同时在委托书中注明也是被害人的代理人。

按照《刑事诉讼法》及其司法解释的规定,审判长宣布法庭调查开始后,先由公诉人宣读起诉书,再由附带民事诉讼的原告或者其诉讼代理人宣读附带民事起诉状。然后在审判长的主持下,被告人、被害人可以就起诉书指控的犯罪事实分别进行陈述。被告人陈述这一环节执行得还算好,在审判长询问被告人对起诉书的意见后,先由公诉人发问,再由被害人、辩护人发问。通过回答问题,被告人完成对犯罪过程的陈述。但在被害人陈述这个环节,大部分法官不知道如何进行。许多法官省去了这个环节,在被告人回答完问题后直接开始举证。也有法官在被告人陈述后,让被害人坐在证人席上,由公诉人、辩护人发问。这时候,被害人的身份就类似证人,只能是狭义上的被害人来陈述,而不能是被害人的近亲属、法定代理人。但因为被害人在此前已经当庭听取了各被告人的陈述,知道了各被告人的当庭口供,被害人的陈述则违反了分别陈述的原则。

附带民事部分的审理比较简单。代理原告的律师主要就请求赔偿的数额向法庭举证,向法庭描述清楚每一笔项目的计算方式及依据。附带民事诉讼被告的律师则主要针对原告的赔偿请求,答辩是否应当赔偿及赔偿数额是否合理合法。

五、调解

在法庭辩论结束后,法官会询问双方是否同意调解。律师在开庭之前，就应当询问清楚被告人是否同意赔偿，是否同意调解，以及初步的调解方案。这样，在法官询问时，律师可以及时给予答复。但大多数情况下，法庭不会当庭组织调解，而是在休庭后组织调解。

现在，刑事政策明确把刑事案件的民事赔偿作为刑事处罚量刑的酌定因素，这样部分案件的判决结果与民事赔偿关系很大。如在一些故意杀人、故意伤害案件中，如果被告人能够赔偿被害人，取得被害人的谅解，被告人就可以取得从轻的判决。在一些轻伤害、交通肇事案件中，则可以获得缓刑或者免予刑事处罚的判决。律师要把这些政策给当事人交代清楚，帮助其决定调解的基本思路。

律师首先要给当事人交代清楚法律规定的赔偿数额，在此基础上由当事人决定调解的数额。一些被害人会利用被告人及其亲属“保命”的心态，狮子大开口索要巨额的赔偿。这时候，要充分考虑被告人的经济状况等因素。被告人方也许会接受被害人方的适度高要求，但如果索赔数额太高，被告人会放弃调解，转而作出其他努力。在调解无法进行的时候，被告方可以将法官认可的赔偿金直接交付法院，以显示被告人亲属积极赔偿的决心，法院合议时同样也会将此赔偿作为量刑情节考虑。在主持调解的法官心中，有一个内心认可的数字，律师在调解过程中可以感觉到。如果被害人方的要求超过这个数字，会引起法官的反感。

六、上诉

如果律师同时是被害人和附带民事诉讼原告的代理人，在判决宣告后会及时取得判决书，一般不会错过上诉的期限。但如果律师仅仅是被害人的代理人，则需要密切关注法院的宣判时间。因为法律把被害人当作当事人，赋予其诉讼权利及义务；但实践中许多法官并没有真正把被害人作为当事人，在开庭前不通知被害人出庭，在判决书中不列明被害人，在宣判后不向被害人送达判决书都是常事。如果律师一直等着法院通知去领判决书，就可能误事。只能靠律师勤和法官联系，在宣判后及时领取判决书。

作为被害人的代理人，在刑事案件宣判后，要向被害人建议是否申请抗诉。被害人的不服主要是三个方面：一是认为法院判决无罪是错误的；二是法院认定的罪名有问题，如将故意杀人罪认定为故意伤害罪；三是量刑偏轻,错误给予缓刑或者免予刑事处罚。律师如果认为一审判决在这几方面确实存在问题,不妨建议被害人申请公诉机关抗诉。但也需要和被害人讲清楚,抗诉权掌握在公诉机关手中,公诉机关不同意抗诉,律师也没有更好的办法。

一个补救的办法就是就附带民事诉讼部分提起上诉。如果一个刑事案件被告人不上诉,公诉机关不抗诉,该案件的刑事部分就发生法律效力。但是,在附带民事部分提起上诉后,案件就进入了二审程序。我国刑事二审程序的一个基本原则是全面审查原则,即使刑事部分已经生效,二审法院同样有审查的职责。二审法院在审理中发现第一审判决或者裁定中的刑事部分确有错误的,应当对刑事部分按照审判监督程序进行再审,并将附带民事诉讼部分与刑事部分一并审理。这样,律师可以通过提起附带民事诉讼,将案件带入二审程序,在二审中向法官阐明对刑事判决的看法,以获得法官的认可。

第十六章　刑事自诉案件律师的代理和辩护

要　　目

一、自诉案件的确定

许多当事人未必知道什么是自诉案件，什么是公诉案件，他只知道自己受到侵害以后，找公安机关、找法院主持公道。有些当事人也知道找律师寻求法律帮助。当事人找到律师时，或许别人已经告诉他，他的事情属刑事自诉案件，应该自己到人民法院提起刑事诉讼；或许他什么也不知道，需要律师判断当事人的案件是否属于自诉案件，是否需要走刑事自诉程序。

对于《刑法》上告诉才处理的案件，即侮辱、诽谤案、暴力干涉婚姻自由案、虐待案、侵占案，《刑事诉讼法》规定由人民法院直接受理。律师应当根据当事人陈述的事实和提供的证据判断是否属于告诉才处理的案件。需要特别指出的是，侮辱、诽谤案并不一概都是告诉才处理的案件，《刑法》第 246 条规定，“严重危害社会秩序和国家利益”的侮辱、诽谤案件不属于自诉案件，而是公诉案件。律师应当清楚地知道这条规定，根据当事人叙述的案件情况，考虑本案侮辱、诽谤是否涉及严重危害社会秩序和国家利益。鉴于出现了多起政府官员利用权力打击批评者的事件,2009年4月公安部下发《关于严格依法办理侮辱诽谤案件的通知》,严格限定了“严重危害社会秩序和国家利益”的三种情况:“(一)因侮辱、诽谤行为导致群体性事件,严重影响社会秩序的;(二)因侮辱、诽谤外交使节、来访的外国国家元首、政府首脑等人员,造成恶劣国际影响的;(三)因侮辱、诽谤行为给国家利益造成严重危害的其他情形。”律师应当把握政策的界限,准确界定是公诉案件还是自诉案件。对于一些不好界定的事件,只要能和“严重危害社会秩序和国家利益”搭上边,律师不妨首先建议当事人到公安机关控告。如果公安机关认为不属于“严重危害社会秩序和国家利益”的情形,当事人再走刑事自诉程序也不迟。之所以这样做是因为毕竟由公安机关收集、调取证据比较方便,力度比较大,而且公安机关可以采取强制措施。由公诉人指控被告人犯罪对被告人的震慑力大,效果较好。

自诉案件的第二类为人民检察院没有提起公诉,被害人有证据证明的轻微的刑事案件。这类案件有八种:故意伤害案(仅指轻伤);非法侵入住宅案;妨害通信自由案;重婚案;遗弃案;生产、销售伪劣商品案(严重危害社会秩序和国家利益的除外);侵犯知识产权案(严重危害社会秩序和国家利益的除外);属于刑法分则第四章、第五章规定的,对被告人可以判处3年有期徒刑以下刑罚的其他轻微刑事案件。最高人民法院在《关于刑事自诉案件审查立案的规定》中将其界定为“不需要进行侦查”的轻微刑事案件。其中最常见的是故意伤害轻伤案件,即明显属于轻伤害,因果关系清楚,不需要进行侦查的伤害案。但大多数情况下,公安机关不侦查,当事人根本无法取得起诉所必需的证据。多半是公安机关在侦查终结后告知被害人按照自诉程序自己到法院起诉,或者检察院在审查后,告知被害人按照自诉程序到法院起诉。律师应当建议当事人尽可能努力通过公诉程序来解决问题,通过自诉程序应当是无奈的选择。

自诉案件的第三类为被害人有证据证明对被告人侵犯人身财产权利的行为应当依法追究刑事责任,而公安机关或者人民检察院已经作出不予追究的书面决定的案件,即“公诉转自诉案件”。这类案件律师应当仔细考虑的是公安机关或人民检察院不予追究的决定是否正确。如果公安机关或人民检察院的决定有明显错误，被害人证据比较充足，律师应当建议被害人按照自诉程序起诉；否则应当谨慎。当然，有时候出于策略的考虑，即使证据不充足，当事人依然要把被告人推到法庭的被告席，执意要提起刑事自诉。

但是，如果犯罪已过追诉时效期限，或者被告人已经死亡，或者被告人下落不明，或者自诉人撤诉后（因证据不足而撤诉的除外）又以同一事实起诉，或者经人民法院调解结案后当事人反悔就同一事实再行告诉的，人民法院将不予受理。律师遇到这些情况，要向当事人解释清楚，不应当接受委托。

二、自诉案件证据的准备

律师判断案件属于刑事自诉案件后，不要急于起草自诉状，也不要急于到人民法院立案，首先应当考虑自诉人拥有的证据是否足够。自诉案件与公诉案件不同，人民法院要审查自诉人的起诉，关键要审查是否有足够的证据证明犯罪成立。自诉案件与民事案件也不同，民事案件也需要立案证据，但只证明起诉成立即可，其他证据在举证期限届满前提出即可。所以，律师在代理自诉案件后，应当认真审查当事人提供的证据，根据确定的罪名考虑所需要的证据。

如果自诉案属于告诉才处理的案件，全部的收集证据的任务就落到律师身上，诉讼是否能成功，一定程度上就取决于律师的取证是否扎实。律师要根据不同罪名的犯罪构成，确定不同的取证方案，做到不同的犯罪构成必须有相应的证据予以支持。

如果自诉案件属于轻微的刑事案件，律师可以充分利用公安机关收集的证据。对于此类案件，如果当事人在委托律师时没有向公安机关控告，律师应当建议当事人首先控告。这样做的最大好处是让公安机关进行基本证据的收集调取，可以省去当事人和律师的许多麻烦。事实上，由公安人员取证，证人或者证据的持有人会乖乖地作证或者交出证据。而律师去取证，证人或者证据的持有人就会想出千般理由万般借口予以拒绝。在公安机关侦查完毕后，决定不移送检察机关，而由当事人提起自诉，律师就可以到公安机关复印全部的证据。律师在认真审查这些证据的基础上，再做进一步的分析，看公安机关的证据是否齐全，如果有欠缺，不妨再做调查。

如果属于公诉转自诉的案件,律师要谨慎对待。公安机关不予立案的案件,公安机关也不会有太多的证据,仍然需要律师去取证。如果是公安机关决定撤销的案件,或者检察机关不起诉的案件,总还有些证据律师可以利用。尽管我国现行的法律没有规定律师可以复制公安机关撤销或者检察机关不起诉案件的案卷(这属于法律的漏洞,需要在立法上予以修补),但按法理讲,律师应有权查阅、复制案卷。一般公安机关或者检察机关也会允许律师复制案卷,但如果碰上认死理的警察或者检察官,以法律没有规定为由拒绝律师的要求,律师除据理力争之外,也没有其他的办法,只能在法院立案之后申请人民法院调取证据。

律师在复制案卷之后,应当认真分析。特别注意公安机关撤销案件的理由或者不起诉的理由,所依据的证据是什么,从而考虑该理由是否成立,律师是否能够取得有力的证据推翻他们的结论。律师应当避免在没有任何新的证据的情况下,单单依靠复制的证据提起自诉案件。公安机关或者检察机关在这些证据的基础上作出撤销案件或者不起诉的决定,总会有些道理;律师推翻他们的结论,总应当有些新的证据。

三、起草自诉状

律师在查清事实,收集到足够的证据情况下,就可以考虑起草自诉状了。尽管法律规定自诉人可以口头告诉,但实践中没有一个法院会接受口头告诉。律师代理自诉人起诉,当然更没有口头告诉的道理。一份叙事清晰、逻辑严密的自诉状是律师显露自己能力的关键。

最高人民法院《关于适用〈中华人民共和国刑事诉讼法〉的解释》第262条规定了自诉状应当包括的内容:

1. 自诉人(代为告诉人)、被告人的姓名、性别、年龄、民族、出生地、文化程度、职业、工作单位、住址、联系方式;

2. 被告人实施犯罪的时间、地点、手段、情节和危害后果等;

3. 具体的诉讼请求;

4. 致送的人民法院及具状时间;

5. 证据的名称、来源等;

6. 证人的姓名、住址、联系方式等。

实践中，人们一般按照民事诉状的格式来写刑事自诉状，即自诉人、被告人、诉讼请求、事实和理由、起诉法院和具状时间。

原则上自诉人是被害人本人，但是如果被害人死亡、丧失行为能力或者因受强制、威吓等原因无法告诉，或者是限制行为能力人以及由于年老、患病、盲、聋、哑等原因不能亲自告诉，可以由法定代理人、近亲属代为告诉。所谓的代为告诉，也分几种情况。被害人死亡的，自诉人就是其法定代理人或者近亲属；被害人丧失行为能力或者成为限制行为能力人的，自诉人为被害人，其法定代理人或者近亲属为代为告诉人；被害人因受强制、威吓等原因无法告诉或者由于年老、患病、盲、聋、哑等原因不能亲自告诉，也可以由其法定代理人或者近亲属代为告诉。这是不同于民事诉讼的规定，律师应当特别注意。如果律师受代为告诉人的委托代理自诉案件，还需要收集与被害人关系的证据和被害人不能亲自告诉的证据，提交法庭。另外，律师需注意的是，改变民事诉讼中出现这种情况时通常的称谓，不再使用“法定代理人”的说法，而改称“代为告诉人”。

在被告问题上，律师应当提醒委托人，如果明知有其他共同侵害人而不起诉的，人民法院将视为自诉人对其他侵害人放弃告诉的权利。如果自诉人在判决宣告后又对其他共同侵害人就同一事实提起自诉，人民法院将不予受理。因此，律师要和当事人商量，明确利害，最终确定被告人。把所有的侵害人都推上刑事法庭未必是好事，对立面会增多，对方会联合起来抗辩。适度地放弃对一些共同侵害人的追究，也许会缓和紧张的关系。

具体的诉讼请求就是要求法院以什么罪追究被告人的刑事责任。大部分情况下，原告还会有附带民事赔偿，也在此一并提出。这里涉及一个问题，就是在刑事自诉案中提起刑事附带民事诉讼，是只写刑事附带民事自诉状，还是分别写自诉状和刑事附带民事自诉状。笔者认为，没有必要写两个自诉状，一个刑事附带民事自诉状可以包括刑事和附带民事的内容。

所谓的“被告人实施犯罪的时间、地点、手段、情节和危害后果等”，就是事实和理由。律师不妨学习公诉人起诉书的写法，学会简明扼要地写出指控犯罪行为的时间、地点、手段、情节和危害后果。把握一个要点，就是在事实描述中所陈述的任何一件事情,均是与定罪量刑相关的事实,这样就可以省略掉许多无关的描述。

此外,尽管最高人民法院的司法解释中没有要求写出指控被告犯罪的法律依据,但我认为这依然是必要的,应当在陈述事实后写明,原告认为被告的行为符合《刑法》规定的要件,应当依据《刑法》追究其什么罪的刑事责任。

最后再附上证据的名称、来源以及证人的姓名、住址、联系方式等,打印校对清楚,让当事人过目确保无误后,按照被告人的人数准备自诉状副本。

四、立案

律师可以让当事人自己去法院立案,但需要律师准备好全部的材料。把自诉人签好名按好手印的自诉状,给法院准备一份,根据被告人的数量准备几份,律师、当事人自己再各留一份。全部证据应当提交 A4 纸的复印件,原件在开庭时或者法院通知时再提交。证据根据证据目录的编号顺序排好,用订书机订好或者装订好。法院最少提供一份,律师和当事人各留一份。再就是需要复印自诉人的身份证件。如果是律师去立案,还需要授权委托书和律师事务所的函。

律师在将立案材料送交法院后,在 15 日之内要和法官沟通,看是否同意立案。如果法官提出证据不足,希望补充证据的,律师要根据法官的要求继续调查取证,向法院补充证据。这是律师必须清楚的一点,即自诉案件只有在犯罪事实清楚,有足够证据的情况下,法院才会开庭审理。律师只有把全部的证据提交法庭,使法官认为证据足够使被告人定罪,才会开庭审理。或者说,自诉案件的立案审查是实体审查,不是程序审查。对于经过努力仍然无法取得的证据,律师还可以考虑申请法院调取。如果无法补充证据,或者补充证据后,法官依然认为缺乏罪证的,律师就需要和当事人商量,是撤回起诉,还是等待法院裁定驳回起诉。如果案件属于轻微的刑事案件证据不足的,律师还可以和法院沟通,由法院移送公安机关立案侦查,进一步补足证据。如果律师认为证据已经足够,人民法院裁定驳回是错误的,可以上诉至上一级人民法院。

鉴于自诉案件立案的特殊性,律师在和当事人签订委托合同时,一定要讲清楚，自诉案件立案的难度比较大。有些案件在律师看来证据足够，但法院就认为证据不足，律师无法左右。要避免因为无法立案，当事人对律师产生怨言，且要求律师退费。律师和当事人或者在合同中约定，即使法院不予立案，律师代理费也不予退还；或者约定，如果法院不予立案，退还一定比例的代理费，可以根据律师在立案准备阶段付出的工作时间而决定比例。

五、辩护与反诉

对于被告人的律师而言，在知道自诉人提起自诉后，首先应当考虑人民法院受理该案是否正确，努力促成法院驳回起诉，或者说服自诉人撤回起诉。尽管法律没有规定自诉案件在立案阶段辩护人的作用，但如果被告人聘请律师，律师自然就应当将驳回起诉作为首要的工作目标。

在努力追求驳回起诉的同时，律师要和当事人商量对策。法院没有因证据不足而驳回起诉，意味着法官一定程度上认可了自诉人的指控，律师如果没有新的证据，很难改变法官的看法。这时候就需要考虑是否存在反诉的可能，试图通过反诉来对抗对方的指控。比如，在轻伤害案件中，如果自诉人指控轻伤害成立，被告人反诉轻伤害也成立，就为以后的调解提供了有利的局面。

反诉是有条件的，不是任何一个案件中都存在反诉。如果律师分析自诉人的指控多半成立，又没有反诉可以对抗，那么，律师就只能考虑建议通过民事赔偿来获得相对有利的判决。

六、调解与和解

对于告诉才处理和被害人有证据证明的轻微刑事案件这两类案件，法律规定既可以调解也可以和解。如果当事人进行调解并达成一致，法院制作刑事自诉案件调解书，案件了结。如果当事人自行和解，自诉人撤回自诉，人民法院裁定准许，案件也了结了。

对于自诉人而言，如果指控比较有力，给被告人形成的压力较大，利用有利的局面达成调解或者和解，也许是好事。如果一味地穷追猛打，坚持要把对方送进监狱，可能会和被告方结仇，需要好几代人来偿还。不如利用有利的态势，逼迫对方以比较多的金钱赔偿来取代刑事惩罚。自诉案件大多数都可能判缓刑，如果通过调解取得比较多的赔偿，法院判个缓刑即免去了被告人实际坐牢的痛苦。

对于被告方而言,如果指控成立,便面临坐牢的威胁。为免除牢狱之灾,和自诉人协商,取得自诉人的谅解,也许是一个不错的选择。赔礼道歉,自然是不会少的,更多时候,需要用比较多的金钱赔偿来换取对方的谅解。如果自诉人始终不愿意以调解或者和解的方式来解决纠纷,律师则需要把工作的重点转移到法庭上,努力去陈述从轻、减轻、免除处罚的理由,以追求对被告人有利的判决。

七、简易程序和速裁程序

自诉案件,如果符合简易程序适用条件的,可以适用简易程序来审理。但适用简易程序审理的未必都是自诉案件。将律师在简易程序中的辩护与代理放在这部分来谈,纯粹是为了行文的方便。

最高人民法院《关于适用〈中华人民共和国刑事诉讼法〉的解释》第289条中增加了一个告知程序。即在基层人民法院受理案件后,经审查认为案件事实清楚、证据充分的,在将起诉书副本送达被告人时,应当询问被告人对指控的犯罪事实的意见,告知其适用简易程序的法律规定。被告人对指控的犯罪事实没有异议并同意适用简易程序的,人民法院可以决定适用简易程序,并在开庭前通知人民检察院和辩护人。尽管这样的规定还没有得到普遍的实施,许多法院在送达起诉书时还没有把询问当事人是否同意适用简易程序作为必经程序;但律师应当适应法律的变化,在和被告人会见时,将是否同意适用简易程序作为沟通的内容之一。

如果律师在人民法院送达起诉书前就见到了被告人,就需要和被告人讲清楚简易程序的法律规定。如果对指控的犯罪事实没有异议,不妨劝被告人同意适用简易程序。适当的认罪可以换来法院的从轻判决。可能公诉机关指控的事实未必所有的都正确,也许会存在一些偏差,律师要把握这些事实的偏差是否影响定罪量刑。如果这些事实的偏差对定罪量刑没有大的影响,律师应当建议被告人同意适用简易程序。

律师在人民法院决定适用简易程序后才接受委托的,仍然需要对本案是否适用简易程序进行思考。法律对简易程序的适用范围有明确的规定,如果律师发现存在问题,可以和法院沟通,建议将简易程序转为普通程序。事实上,律师对适用简易程序还是普通程序不要太敏感。在我国的司法实践中，二者并没有本质的区别，区别仅在庭审中审判席上的人数上，简易程序只有一个法官，普通程序变成三个。事实上，在合议过程中，是承办法官、庭长、院长在决定判决结果，不是合议庭成员。

至于简易程序的庭审，应当是很简单的。律师既然同意适用简易程序，就意味着被告人认罪，律师基本同意公诉人的指控，律师就不要再喋喋不休了。对一些无关紧要的事实，即使存在问题，律师可以简单地提出自己的观点，表达意见，但没有必要揪住不放。

在这类案件中，律师的主要作用是替被告人把关，帮助被告人决定是否认罪。经过律师的分析，被告人的行为构成犯罪，指控的罪名也正确，不妨劝被告人认罪，并把所有的从轻、减轻情节全部讲出来，努力追求较轻的判决是最好的选择。如果经过律师分析，发现被告人的行为可能不构成犯罪，或者被告人可能不负刑事责任，或者案件事实不清、证据不足的，律师就不能劝被告人认罪，而应当据理力争，追求公平和公正。

在2018年《刑事诉讼法》修改时，又在简易程序后增加了一节速裁程序。所谓速裁程序，理论上仍然是简易程序，是比现行《刑事诉讼法》中规定的简易程序更简易的程序。我个人认为没有再增加一个程序的必要，在原有简易程序一节增加些内容，就可以达到追求效率的目的。

在适用速裁程序审理案件时，一方面可以不进行法庭调查、法庭辩论，一方面又要在判决宣告前应当听取辩护人的意见和被告人的最后陈述。其实，当律师建议被告人同意适用速裁程序审理时，律师和被告人就做好了在法庭上什么也不说的准备。法官只需要问：起诉书收到没有？起诉书指控的事实是否正确？起诉书指控的罪名是否同意？公诉机关的量刑建议是否同意？是否自愿认罪认罚？是否知道认罪认罚的后果？被告人回答了这些问题，审理就结束了。所谓辩护律师的意见，也就是公诉机关指控的事实正确，罪名正确，量刑适当，希望给予更轻的刑罚。在这类案件中，辩护律师的真正作用是开庭前与被告人共同决定是否认罪认罚，而不是法庭上唇枪舌剑地辩护。

第十七章　行政诉讼原告的律师代理

要　目

在律师对办理民事诉讼、刑事诉讼案件有初步的了解后,我们再来学习律师如何办理行政诉讼案件。作为一个新入行的实习律师,无论将来自己如何定位,掌握行政诉讼的代理技能都是非常必要的。即使将来成为一名专业的非诉讼律师,如果不懂行政诉讼或者从来没有代理过一件行政诉讼案件,必将成为自身知识体系的缺陷,从而影响专业业务的办理。因此,在实习阶段或者最初从事律师执业的几年中,要有意识地办理一些行政诉讼案件。通过办理行政诉讼案件,加深对《行政诉讼法》的理解,积累行政诉讼的实践经验。

鉴于行政诉讼和民事诉讼有很强的一致性,我们没有必要像讲办理民事诉讼案件一样讲如何办理行政诉讼案件,重复会使人厌烦。读者学到的办理民事诉讼案件的技能在办理行政诉讼案件的过程中均会起到作用。因此,本书改变了以往的叙述结构,仅从行政诉讼原告的代理和被告的代理两个角度来重点讲述律师代理行政诉讼不同于民事诉讼的地方。

一、接受委托

当委托人向律师咨询时,律师在听取了委托人的情况说明并查看了

相关材料后,要逐项考虑以下问题:

(一)考虑所咨询的事项是否属于行政诉讼案件受案范围

1989年《行政诉讼法》规定人民法院审理行政案件是对具体行政行为是否合法进行审查,2014年《行政诉讼法》修改时取消了"具体"二字,这样就扩大了行政诉讼的受案范围。在《行政诉讼法》第12条中,也增加了行政诉讼具体受理事由的情形。

国务院其他部门针对不同的情况也作出了解释,如公安部《关于对火灾事故责任认定不服是否属行政诉讼受案范围的批复》和司法部《关于律师不能对年检注册中司法行政机关要求其补充材料的行为提起行政复议或行政诉讼的批复》。但律师需要注意这些解释是否符合《行政诉讼法》修改后的新精神。2018年施行的最高人民法院《关于适用〈中华人民共和国行政诉讼法〉的解释》进一步明确了不属于人民法院行政诉讼受案范围的行为,进一步明确了什么是"国家行为""具有普遍约束力的决定、命令""对行政机关工作人员的奖惩、任免等决定"等。

律师应当根据这些规定,认真分析,确定委托人所咨询的事项属于人民法院行政诉讼的受案范围,这是接受委托的前提。如果所咨询的事项不属于人民法院行政诉讼的受案范围,则不宜接受委托。

(二)考虑是否属于行政复议为提起行政诉讼必经程序的情形

律师除了解《行政复议法》中的规定外,还应当查阅其他法律、法规中的规定。《行政复议法》中有两处,第30条第1款规定:"公民、法人或者其他组织认为行政机关的具体行政行为侵犯其已经依法取得的土地、矿藏、水流、森林、山岭、草原、荒地、滩涂、海域等自然资源的所有权或者使用权的,应当先申请行政复议;对行政复议决定不服的,可以依法向人民法院提起行政诉讼。"第14条规定:"对国务院部门或者省、自治区、直辖市人民政府的具体行政行为不服的,向作出该具体行政行为的国务院部门或者省、自治区、直辖市人民政府申请行政复议。对行政复议决定不服的,可以向人民法院提起行政诉讼;也可以向国务院申请裁决,国务院依照本法的规定作出最终裁决。"其他法律、法规包括《税收征收管理法》《海关法》《商标法》《商标法》《专利法》《专利法》等,也有类似的规定。律师还应当注意法律的修改,及时查阅现行法律,确定是否属于复议前置的情形。

(三)考虑起诉期限

行政案件的起诉期限与民事案件的诉讼时效不同。民事案件的诉讼时效,人民法院不能主动适用,只有在被告以诉讼时效抗辩后,才可以审查。但在行政诉讼中,法院却会主动审查起诉期限,如果起诉超过法定起诉期限且无正当理由,法院将不予受理,或者受理后裁定驳回。

行政诉讼的起诉期限,2014 年修改后的《行政诉讼法》由“三个月”改为“六个月”。另外,《行政诉讼法》第 46 条第 2 款又规定:“因不动产提起诉讼的案件自行政行为作出之日起超过二十年,其他案件自行政行为作出之日起超过五年提起诉讼的,人民法院不予受理。”实践中有人错误理解该规定,认为这是将 6 个月的期限放宽为 20 年和 5 年。笔者认为应理解为,相对人不知道该行政行为的,其起诉期限为从知道或者应当知道该行政行为之日起 6 个月,但对涉及不动产的行政行为从作出之日起超过 20 年的,其他行政行为从作出之日起超过 5 年的,即使相对人刚知道该行政行为的内容,人民法院也不予受理。

需要强调的是,就起诉期限问题,《行政诉讼法》还有一句话,就是“法律另有规定的除外”,这句话常常被忽略。“法律另有规定的除外”,是指《行政诉讼法》或其他法律中对起诉期限的不同规定,因是特别规定,应当以此来确定对不同行政决定的起诉期限。如《土地管理法》规定的起诉期限为 30 日,《食品卫生法》《外国人出入境管理法》规定起诉期限为 15 日等。

再次强调,《行政诉讼法》中的起诉期限不同于《民事诉讼法》中的诉讼时效,律师要有意识地区分使用这两个概念。法庭上错用概念会导致法官对律师职业素养的怀疑。

行政诉讼只有起诉期限的耽误,没有起诉期限的中断。只有在起诉期限内提起诉讼的案件,人民法院才有权对其进行司法审查。超过起诉期限起诉的案件,人民法院只能裁定不予受理。如果在立案受理时没有查明,在审理过程中查明已超过起诉期限的,人民法院应该裁定驳回起诉。律师发现案件超过起诉期限,需要和当事人讲清楚利害关系,再决定是否提起诉讼。

(四)考虑行政行为是否存在违法之处

如果行政行为证据确凿、适用法律法规正确、符合法定程序,则应劝当事人放弃诉讼。如果存在主要证据不足、适用法律法规错误、违反法定程序、超越职权、滥用职权、行政处罚显失公正等问题,有可能判决撤销、变更行政行为的,则可以考虑起诉。但即使在律师初步判断可以起诉的情况下,律师还要建议当事人考虑起诉后的负面影响,避免因起诉给当事人带来更大的麻烦。

(五)考虑是否存在国家赔偿

如果由于行政机关的行政行为给当事人造成了损失,则存在国家赔偿的问题。曾经有司法解释规定,在行政诉讼过程中一并提起国家赔偿需要另行起草国家赔偿申请书,法院分别立案,合并审理。但从 2014 年修改后的《行政诉讼法》第 76 条"给原告造成损失的,依法判决被告承担赔偿责任"的规定来看,可以在提起行政诉讼的同时请求行政赔偿。2018 年施行的最高人民法院《关于适用〈中华人民共和国行政诉讼法〉的解释》第 68 条在解释《行政诉讼法》第 49 条第 3 项的"有具体的诉讼请求"时,将"请求判决行政机关予以赔偿或者补偿"列入其中,说明最高人民法院的态度是在行政诉讼起诉状中可以列原告的行政赔偿请求。但如果没有提起行政赔偿请求,可以另行起诉。

(六)考虑是否存在民事争议

在涉及行政许可、登记、征收、征用和行政机关对民事争议所作的裁决的行政诉讼中,可能存在民事争议。律师需要考虑是否申请法院在行政诉讼过程中一并解决相关民事争议,这样可以减轻当事人的诉累。

在将以上问题考虑清楚并和当事人充分沟通后,当事人委托律师代理的,就可以签订委托合同,正式开始工作。

在大多数情况下,签订委托合同的人就是原告,但有时候也存在不一致的情形。如果公民被限制人身自由,如被公安机关行政拘留,就无法亲自到律师事务所办理委托手续,只能由他的近亲属来聘请律师。如果由其近亲属办理委托手续,有一个问题比较麻烦,就是授权委托书如何签字的问题。在 2018 年施行的最高人民法院《关于适用〈中华人民共和国行政诉讼法〉的解释》中规定:"公民因被限制人身自由而不能提起诉讼的,其近亲属可以依其口头或者书面委托以该公民的名义提起诉讼。近亲属起诉时无法与被限制人身自由的公民取得联系,近亲属可以先行起诉,并在诉讼中补充提交委托证明。”同时规定,“公民在特殊情况下无法书面委托的,也可以由他人代书,并由自己捺印等方式确认,人民法院应当核实并记录在卷;被诉行政机关或者其他有义务协助的机关拒绝人民法院向被限制人身自由的公民核实的,视为委托成立”。关于该近亲属的身份问题,是该近亲属有权受原告委托直接作为代理人提起诉讼,还是该近亲属可以委托律师由律师以代理人的身份提起诉讼?从立法的精神来看,我认为两者都可以。如果该近亲属愿意出庭,则与律师共同作为代理人出庭。如果该近亲属不愿意出庭,则可以单独委托律师出庭。至于委托书,在签订律师代理合同后,律师可以持委托书要求行政机关配合由原告签字。如果行政机关拒绝配合,则直接交到法院,由法院去核实。只要在法院核实时,原告对提起诉讼的行为认可并愿意委托律师提起诉讼,法院就应当承认委托的合法。

但对于一些案件律师要谨慎代理。这类纠纷的历史一般比较长,且经过许多途径依然无法解决。当事人本人性格倔强、脾气大、喜欢钻牛角尖,往往已经咨询过许多律师,且自己对法律也有研究,甚至可以大段大段背诵法律条文,手里复印的某政策文件连律师都没有见过。这些当事人对法律有自己独特的解释,但由于缺乏对法学理论的整体学习,其解释又常常是错误的。某些当事人对诉讼的结果有着不切实际的愿景,往往希望通过打赢诉讼解决许多问题,甚至想通过诉讼让行政机关赔一大笔钱。对于这类当事人,律师切不可为了挣代理费而轻易受理,最后判决结果不好的话,当事人会迁怒于律师,把律师也变成上访的对象之一。

对于群体性行政案件,新律师缺乏经验最好不要单独代理,而应当与律师事务所中有丰富经验的资深律师共同代理。群体性案件通常有较为复杂的社会、经济、政治等原因,年轻律师缺乏把控这类案件的能力,一些小的疏忽就会造成比较大的影响。群体性案件不是不可以代理,关键在于代理的方式,有律师参与的群体性案件,有助于法院、行政机关和原告方的沟通,有助于行政争议的和谐解决。

二、起草起诉状

下文不再谈行政起诉状的格式问题,而着眼于起草行政起诉状时应当重点考虑的问题。或者说,我们不去讲解行政起诉状的形式问题,而关注实质问题。

（一）原告

律师首先考虑起诉人是否具有原告诉讼主体资格，即确定起诉人是否为认为行政行为侵犯其合法权益的公民、法人或者其他组织。《行政诉讼法》中的表述为："行政行为的相对人以及其他与行政行为有利害关系的公民、法人或者其他组织，有权提起诉讼。"律师应当依照法律、司法解释的规定，准确地确定案件的原告，并以原告的名义提起诉讼。律师还应当特别注意"与行政行为有利害关系"的几种原告的特别情形，如被害人的原告资格、相邻权人的原告资格、公平竞争权人的原告资格等。

（二）被告

律师应当准确确定行政诉讼的被告。尽管《行政诉讼法》第 49 条就提起诉讼的条件中仅规定"有明确的被告"，但实际上法院对被告是否适格要做实体的审查。如果原告起诉的被告不适格，人民法院将告知原告变更被告，原告不同意变更的，将裁定不予受理或者裁定驳回起诉。因此，律师要根据法律及司法解释的规定认真确定被告，努力避免出现法院要求变更被告的情况。

（三）诉讼请求

律师要根据案件的不同情况，提出不同的诉讼请求。在 2018 年施行的最高人民法院《关于适用〈中华人民共和国行政诉讼法〉的解释》中，对诉讼请求的表述方式进行了列举式的规定。律师应深入理解此条，使每一种诉讼请求的表述符合案件的具体情况。

最常用的诉讼请求是请求判决撤销或者变更行政行为。但要注意撤销行政行为和变更行政行为的区别。如果是被告不履行或者拖延履行法定职责，则可以请求判决行政机关履行法定职责或者给付义务；还可以请求人民法院判决确认行政行为违法或者无效，但要注意请求确认行政行为违法和无效的区别。如果存在行政协议争议，则请求解决行政协议争议。在以上诉讼请求的基础上，可以一并请求审查规章以下规范性文件，或者请求一并解决相关的民事争议。行政赔偿、补偿的诉讼可以单独提起，也可以一并提起，但需要有具体的赔偿补偿数额。

行政诉讼的诉讼请求也是法定的，原告的律师一定要根据案件的具体情况和法律确定明确的诉讼请求,避免因为诉讼请求错误而被法院驳回。诉讼请求不能互相矛盾,撤销就是撤销,变更就是变更,不能既要求撤销行政行为,又要求变更行政行为;既请求确认行政行为违法,又请求确认行政行为无效。律师在起草行政起诉状时一定要全面考虑,避免在法院将起诉状副本送达被告后又提出新的诉讼请求。在起诉状副本送达被告后,原告若再提出新的诉讼请求,人民法院一般不予准许,这一点和民事诉讼不一样。

(四)事实和理由

对事实的陈述应当简单明了,将事情说清楚就可以,切忌冗长拖沓。在事实的陈述中,除交代基本的事实之外,要特别强调和诉讼请求有关的事实,去掉那些和诉讼请求无关的事实。

理由部分实际上是要求原告讲出提起诉讼的法律依据。建议在起诉状中明确亮出原告的观点,以影响法官,使其在最初阅读起诉状时就倾向于原告。如果遮遮掩掩不愿讲出自己的有力观点,实际上是放弃了一次影响法官的机会。

(五)管辖法院

在《行政诉讼法》中,对行政案件的管辖有具体规定,律师应当认真研读法律,准确界定管辖法院。对于可选择管辖的案件,律师和原告要进行利害分析,向对自己有利的法院起诉。如果认为有管辖权的基层人民法院不宜行使管辖权的,可以以案件重大复杂为由,向中级人民法院提起诉讼,将球踢到中级人民法院,再努力由中级人民法院决定自行审理。即使中级人民法院不自行审理,也可能指定本辖区的其他基层人民法院审理。《行政诉讼法》第 15 条就中级人民法院的管辖明确为"其他法律规定由中级人民法院管辖的案件",因此,律师要格外注意其他法律中就行政案件管辖的特别规定。如果某些案件能够跨行政区域管辖,能离开行政机关所在地法院,就最好脱离行政机关所在地法院管辖。

律师在起草好行政起诉状后,应当认真阅读校对,避免出现低级错误。打印后最好交委托人阅读,在获得委托人的肯定后,再让当事人签名盖章。

三、立案

行政案件的立案原来是个麻烦的问题。尽管最高人民法院三令五申要保护当事人的诉权,畅通行政诉讼的渠道,但实践中仍然存在行政案件立案难的问题。现行《行政诉讼法》试图解决这个问题,规定了到场登记立案制度,强调不得未经指导和释明即以起诉不符合条件为由不接收起诉状,并明确了当事人的投诉权。这些规定无疑会使立案越来越顺利。

为了顺利立案,律师需要在立案前准备好全部材料。

在立案前,律师需要准备好立案的证据,人民法院不会仅凭几份起诉状就予以立案。立案证据应当包括:证明原告身份的证据及有效联系方式、证明被告行政行为存在或者不存在的证据、原告与被诉行政行为具有利害关系的证据等。

律师应当整理一份证据目录,将所有的证据按照一定的规律编排,注明证明的对象、证据的内容,编好页码,连同起诉书递交法院立案庭。

法院在收到起诉材料后会进行审查,给律师答复,是立案还是不立案。或者提出一些问题要求律师补正或者更正。律师需要耐心地理解法官的意思,根据法官的要求进行补正或者更正。无法补正或者更正的,要向法官解释,取得法官的理解。如果法院决定不予受理,大部分法官在裁定作出前也会和律师交流,告诉律师不立案的理由。律师在了解法院的态度后,要重新审视案件,看看法院的不立案理由是否正确。如果律师认为法院的理由不正确,需要及时向法官表达自己的看法,最好形成书面意见递交法院。行政诉讼的立案审查与民事诉讼的立案审查有不同的地方,需要律师注意。如行政诉讼中超过法定起诉期限人民法院不予立案,但在民事诉讼中人民法院不能主动审查诉讼时效;行政诉讼中错列被告且拒绝变更的人民法院不予立案,但在民事诉讼中只要被告明确即可,是否适格不是立案程序中考虑的问题;在行政诉讼中未按照法律规定由法定代理人、指定代理人、代表人为诉讼行为的,人民法院不予立案,但在民事诉讼中并没有强调这一点;民事诉讼中,原告撤诉后可以再提起民事诉讼,但在行政诉讼中人民法院裁定准许原告撤诉后,就不能以同一事实和理由重新起诉。

立案时最麻烦的事是,对于某些法院不想立案的案件,立案庭根本不接收立案材料,或者接收了材料但不出具任何接收证明。尽管法律规定在法院既不立案又不作出裁定时,起诉人可以向上一级人民法院申诉或者起诉,但律师甚至无法证明自己给法院递交过立案材料,上一级人民法院往往会以律师无法证明自己递交过材料为由不受理。出现这种情况,律师要和当事人讲清楚我国的国情,取得当事人的谅解。律师也要知道,下级人民法院不立案时往往取得了上一级人民法院的默许,是上一级人民法院纵容的结果,背后可能还有某领导的指示。

最高人民法院为解决行政诉讼立案难的问题,曾经专门下发《关于依法保护行政诉讼当事人诉权的意见》,提出要切实提高对行政案件受理工作重要性的认识,不得随意限缩受案范围、违法增设受理条件,依法积极受理新类型行政案件,完善工作机制,改进工作作风,加强对行政案件受理工作的监督。律师要认真学习,以此为武器来维护当事人的权益,解决立案过程中的难题。

但同时,律师要注意,对于一些如农村土地征收、城市房屋拆迁、企业改制、劳动和社会保障、资源环保等社会热点问题引发的群体性行政争议,律师代理原告要慎重。最高人民法院在《关于妥善处理群体性行政案件的通知》中强调"对于起诉到法院的群体性行政争议,符合法定起诉条件的,应当依法及时立案受理,不得拒之门外"。但同时也规定:"对于政治性、政策性强,难以单纯通过行政诉讼解决问题的争议,要慎重对待和处理,尽可能通过当地党委、政府统一协调解决。"律师如果遇到这种情况,要理智地和法院沟通,和党委、政府沟通,坚决不可以鼓动群众以极端的方式去维护权益。

在人民法院通知立案后,律师要及时提醒原告按照法院规定的时间预交案件受理费。如果原告符合缓交、减交、免交的条件,还可建议当事人申请,并帮助原告撰写申请书提交法院。如果申请不获批准,需及时提醒原告预交,避免因未预交案件受理费导致法院按撤诉处理。

四、行政案件的庭前准备

(一)及时到法院领取答辩状、复制证据并写出证据质证意见

原告在立案后,要关注法院送达被告的时间。在被告收到起诉书的15日后,及时到法院领取答辩状,并复制被告提交的证据和法律依据。准确地讲,原告律师应当在第16日的上午一上班即到法院要求复制证据。因为法律规定被告不提供证据或者无正当理由逾期提供证据的,应当认

定为其行政行为没有证据，而一些被告往往疏忽这一点认为迟一两天提交没有关系，或者自认为和法官关系熟，法官可以为其隐瞒实际的提交证据时间。

对于被告提交的证据，原告方律师在开庭前应当认真研究，写出质证意见。有了质证意见，律师在法庭调查时就有了底稿，有利于律师流畅地讲出原告方的意见。如果案件疑难复杂，律师可以提交法官书面质证意见，有利于法官理解原告方的观点。

（二）进一步调查取证

尽管我们强调在立案前就要完成调查取证工作，但在立案后，针对被告的答辩和举证，律师要考虑进一步调查取证，以反驳被告的辩解，完善自己的证据链。

对于原告知道线索但无法自行收集的证据，或者原告只有复印件、照片而没有原件、原物的证据，律师要考虑申请法院调取证据。

对于原告的举证期限，律师要注意人民法院送达的受理案件通知书中注明的举证期限。如果法院指定了证据交换时间，律师一定要按照法院指定的证据交换时间提供证据。如果法院不组织证据交换，则最好在开庭前将证据提交法庭，避免当庭提交证据。

原告方的证据准备齐全后，律师要准备书面的举证提纲。如果律师提交法院的证据目录比较详细，举证提纲好像没有必要，但如果证据目录简单，则需要准备比较详细的举证提纲。要考虑法院的争议焦点将证据分组，写出每一组的证明对象。具体到每一份证据，要写明律师想让法庭知道证据的哪些内容，该证据要证明什么问题。律师在庭前准备得越充分，在法庭上表现得就越游刃有余。

开庭前律师要和当事人联系，嘱托其准备好证据的原件。许多当事人不清楚原件在法庭审理中的重要意义，常以无所谓的心态对待律师的嘱托。因此，需要律师多提醒当事人，有时候甚至需要亲自将原件一一整理清楚，准备让法官和对方查验。

（三）起草代理词

事实上，起草代理词的过程也是律师研究案件的过程。律师只有把问题想清楚了，才能够写好代理词。

对于原告律师而言,首先要站稳自己的立场,把己方观点的正确性考虑清楚。如果原告的诉讼请求是要求法院判决撤销或者部分撤销被告的行政行为,则律师一定要考虑好请求撤销的理由是什么,是主要证据不足,还是适用法律、法规错误,或者违反法定程序,或者超越职权、滥用职权。可以是一个理由,也可以是几个理由。但理由必须在法律规定的范围之内,其他理由不能作为法院判决撤销的依据。如果原告的诉讼请求是要求被告履行法定职责,则律师要考虑清楚被告的法定职责是什么,又是如何不履行或者拖延履行的。如果原告的诉讼请求是要求变更显失公正的行政处罚,则律师要考虑清楚公正的处罚是什么,被告的处罚如何不公正。

其次要考虑对方的进攻角度,做好防御工作。被告的观点大部分会在答辩状中体现出来,原告律师可以有目的地准备反驳。但鉴于法律规定不提交答辩状不影响案件的审理,则答辩就是被告的诉讼权利而不是义务,被告在法庭上就有权讲出新的答辩意见,因此,律师不能单就答辩状准备自己的反驳意见,而要超出答辩状的范围设想被告可能的进攻角度。被告如果辩解其行政行为证据确凿,适用法律、法规正确,符合法定程序,原告律师其实在准备己方的进攻时已经准备完备,不需另行准备。原告律师需要重点考虑的是,如果被告主张裁定驳回起诉,或者主张判决驳回原告的诉讼请求,原告律师如何应对。裁定驳回起诉的情形在最高人民法院司法解释中有具体规定,律师应一一核对,确保无误。判决驳回原告诉讼请求的情形,律师也需要深入理解,做好应对的准备。

最后在律师考虑清楚全部观点后,应当准备一个代理词的提纲,将自己的观点罗列清楚。笔者不主张在庭前写好代理词,这样在法庭辩论时会念代理词,影响开庭效果。

五、其他问题

就行政案件的法庭审理而言,其实与民事案件的法庭审理并没有多大的不同,实习律师在认真学习民事案件法庭审理的基础上,就可以熟练应对行政案件的法庭审理了,故本章不再重复。以下仅就行政诉讼中特有的程序,提醒新律师。

(一)申请停止行政行为的执行

诉讼期间,不停止行政行为的执行。但如果律师认为该行政行为的执行会造成难以弥补的损失,并且停止执行不损害社会公共利益,可以建议原告申请停止执行。

(二)申请撤诉

如果在诉讼期间,被告改变其所作的行政行为,律师可以建议原告申请撤诉。但也要和原告讲清楚,原告可以不撤诉,要求法院继续审理。原告对改变后的行政行为不服,依然有权提起诉讼。

最高人民法院专门就撤诉问题作了《关于行政诉讼撤诉若干问题的规定》,鼓励和提倡双方当事人通过合意协商,在妥善解决争议的基础上通过撤诉的方式结案。特别是对于群体性行政争议,因农村土地征收、城市房屋拆迁、企业改制、劳动和社会保障、资源环保等社会热点问题引发的行政争议,更要注意最大限度地采取协调方式处理。原告方律师应当深入理解人民法院规范撤诉制度对于妥善解决行政争议的重要意义,积极代理当事人和被告协商,让被告认识到自己行政行为的违法或者不当,促使法院建议被告改变其所作的具体行政行为。

(三)申请先予执行

行政诉讼中的先予执行仅限于原告起诉行政机关没有依法发给抚恤金、社会保险金、最低生活保障金和工伤、医疗社会保险金的案件,但这些规定原告并不清楚。律师发现原告符合先予执行的情形时,要主动告知原告,征得原告的同意后为其递交申请书。

(四)群体性案件的代理

中华全国律师协会于2006年颁布《关于律师办理群体性案件指导意见》,基于正确处理群体性案件对建设和谐社会的重要性,对律师办理群体性案件进行规范和指导。群体性案件较多发生在土地征收、房屋拆迁、库区移民、企业改制、环境污染等领域,大多是行政争议。

群体性案件的重要特点在于涉及的人多,当事人加上各自的亲属、利害关系人,往往人数较多。尽管有共同的利益,但每个人又有每个人的想法。律师如果和每个当事人接触、沟通,时间上可能不允许。这就需要找到群体中的核心人物,能够代表群体利益的人物。律师可以帮助当事人选出诉讼代表,将这些核心人物选为诉讼代表,律师主要和这些人接触,再由这些人来和所有的当事人沟通。在接受代理后,律师可以召集所有的当事人开一次会,给大家讲清楚律师的基本观点和诉讼的思路,甚至要讲清楚可能出现的不利后果。同时也要告诉大家,律师无法满足每个人的请求,只能和选出来的代表进行协商决策。

对于群体性案件,政府主要担心的是人多了,一些当事人动辄就带领众人上访、堵路、示威、游行,通过类似的手段给政府、法院施加压力。律师这个时候要非常清楚,既不可背后秘密策划,也不可公开出面参与。律师如果陷得太深,该做的做,不该做的也做,政府的有关部门就会将目标转向律师,将律师视为影响和谐稳定的因素,从而寻找律师的问题予以打击。

在群体性案件中,律师所能做的只能是认真研究案件,为当事人指出解决问题的法律途径,并通过法律途径帮助当事人从法律角度陈述理由,指出合法、适当、平和与稳妥的争议解决路径与方式。律师固然要维护委托人的利益,但一个成熟的律师不会仅仅考虑委托人的诉求,还要顾及行政机关的难处。一味地站在原告方角度思考问题,甚至对原告方的违法要求、明显不合理的要求予以支持,会导致纠纷的扩大,使群体的情绪更加不稳定,使群众借口律师的话是正确的,更加与政府对立。

第十八章 行政诉讼被告的律师代理

要 目

一、提交证据和法律依据
二、提交答辩状
三、庭前准备及开庭

一、提交证据和法律依据

被告找到律师时,多半是原告已经提起诉讼,被告已经接到了法院送达的起诉书副本。律师应当要求被告提供涉诉的所有材料,以便判断其行政行为的合法与否,作出正确的诉讼策略。

如果被告的行政行为确实存在问题,律师不妨建议被告停止执行,或者变更行政行为。作为行政机关,明明知道自己的行政行为的合法性存在问题,一味地要面子,不愿出现败诉的局面,其实不符合行政机关的属性要求。对则对,错则错,作为国家机关的被告应当勇于承认错误,改正错误。

如果被告的行政行为是合法的,律师就可以接受委托,开始应诉。

应诉的首要工作是在收到起诉状副本的 15 日内向人民法院提交作出行政行为的有关材料,并提交答辩状。

所谓有关材料,其实包括两部分:一是证据;二是依据。证据是被告作出被诉的行政行为的全部证据。依据是被告作出被诉的行政行为所依据的规范性文件。律师应当要求被告将作出被诉的行政行为的全部证据复印两份交付律师,律师一份交法院,一份自己留存。在提交之前,律师有必要亲自看一次原件,避免因复印的问题疏忽某些细节。有些被告此时会发现证据中某些证据对自己不利,要求律师撤换某些证据,隐瞒某些证据。我认为,行政案件不同于民事案件。对民事案件而言,一些不利于当事人的证据,当事人隐瞒可以理解。但对于行政案件,隐瞒证据则是错误的。律师应该做的,是老老实实把作出行政行为时的全部证据提交法庭。

在收集证据过程中,律师一方面要牢记在诉讼过程中不得自行向原告和证人收集证据的禁令,但另一方面也要知道,如果原告或者第三人提出其在行政处理程序中没有提出的反驳理由或者证据的,律师可以针对其新的反驳理由或者证据进行调查取证,并提交给法庭。有一个问题法律规定得不清楚,律师在进行调查取证时需要先获得法官的准许,还是调查取证后提交证据时需获得法官的准许?实践中,一般是律师取证后提交法官获取准许出示。因此,在提交该证据时,律师要阐释清楚提取该证据的理由,以获取法官的准许,从而使证据的收集合法。这些证据提交的时间法律规定得并不明确,个人认为律师最好在15日内提交证据时一并提交法院。

除证据外,律师还需要准备作出被诉的行政行为所依据的规范性文件,也就是法律依据。如果在行政行为的法律文书中,明确了适用的法律、法规、规章,这些法律、法规、规章是必须提供的。即使在法律文书中没有提及的法律、法规、规章,但也是作出行政行为的依据,律师也应该提供。律师可以从相关图书中复印或者从网上下载,但需要注意提供正确的版本。有些法律修改比较频繁,律师不要只注意法律的名称而不注意适用的期限,提供已被修改的法律。

所有这些材料准备好后,律师要编制目录,对证据的来源、证明对象和内容作出说明,整齐编排好,送交法院。特别提醒的是,律师不能因自己的疏忽耽误提交证据的时间。如果出现这样的低级错误,对于律师来说是不可饶恕的。如果确因不可抗力或者客观上不能控制的其他正当事由不能在法定期限内提供证据,律师要在期限内及时提出延期提供证据的书面申请,努力获取法官的准许。在准许后,要特别注意允许逾期的时间,坚决避免再次逾期提供证据,导致法院认定被告"被诉行政行为没有相应的证据”的可怕后果。

二、提交答辩状

尽管法律规定被告不提交答辩状不影响人民法院的审理。但律师在代理被告之后仍然应当提交答辩状。提交答辩状是影响法官的手段之一，不提交答辩状等于放弃了一次影响法官的机会。

在起草答辩状之前，律师需要把抗辩的思路考虑清楚。

（一）考虑本案的受理是否正确

2018 年施行的最高人民法院《关于适用〈中华人民共和国行政诉讼法〉的解释》第 69 条中明确了裁定驳回起诉的情形：“（一）不符合行政诉讼法第四十九条规定的；（二）超过法定起诉期限且无行政诉讼法第四十八条规定情形的；（三）错列被告且拒绝变更的；（四）未按照法律规定由法定代理人、指定代理人、代表人为诉讼行为的；（五）未按照法律、法规规定先向行政机关申请复议的；（六）重复起诉的；（七）撤回起诉后无正当理由再行起诉的；（八）行政行为对其合法权益明显不产生实际影响的；（九）诉讼标的已为生效裁判或者调解书所羁束的；（十）其他不符合法定起诉条件的情形。”

律师应当对照该规定一项一项地审核，看是否存在驳回起诉的情形。

（二）考虑本案的管辖是否正确

首先要考虑是否存在管辖错误的问题，其次要考虑有无提管辖异议的必要。有时候即使管辖存在错误，但被告如果认为管辖错误不影响案件的公正审理，也可以不提管辖异议。

需要注意的问题是，有人认为在提出管辖异议期间可以不提交证据，待管辖裁定生效后再提交证据。但这仅仅是学术界的观点，律师不可轻易作为依据。如果因为提出管辖异议而不提交证据，最终被法院认定没有提交证据，会给当事人造成很大的损失。

（三）考虑能否驳回原告的诉讼请求

如果被诉的行政行为证据确凿，适用法律、法规正确，符合法定程序，现行《行政诉讼法》修改前规定的判决方式是判决维持，修改后改为驳回原告的诉讼请求。律师要注意到这种变化。另外，如果原告提起的是不作为类案件，原告申请被告履行法定职责或者给付义务，被告方律师认为起诉被告不作为理由不能成立的,则请求人民法院判决驳回原告的诉讼请求。

(四)考虑能否确认被诉行政行为的效力

对于一些不适宜判决驳回诉讼请求的案件,律师首先追求的目的是请求人民法院作出确认被诉行政行为合法或者有效的判决。如果被诉的行政行为确实违法,律师就需要考虑该行政行为是否可以撤销,或者撤销的后果。如果不具有可撤销的内容,或者撤销该行政行为将会给国家利益或者公共利益造成重大损失的,就需要请求人民法院作出确认被诉的行政行为违法的判决。如果被诉的行政行为依法不成立或者无效,则请求人民法院作出该行政行为无效的判决。

在将己方的观点考虑清楚之后,律师可以撰写答辩状。要注意答辩状不同于代理词,写出主要的观点,适度予以论证,但没有必要展开论述。

三、庭前准备及开庭

在将证据准备齐全并将答辩思路考虑清楚以后,律师就可以坐等开庭了。当然,在开庭前,律师还要继续关注原告是否在立案证据之外又提交了新的证据,并及时根据对方的证据调整自己的思路。行政诉讼中开庭前的准备和如何开庭其实和民事诉讼并没有本质的区别,我们不再重复。依旧对行政诉讼中特有的问题,分述如下:

(一)律师应当深入了解行政机关的运作过程

作为行政机关的代理人,律师对案件的了解不应当仅仅局限于案件本身,而应扩展开来,深入了解行政机关运作的全过程。法庭上无论是对方当事人还是法官,为了将事实查清楚,都可能就案件的相关事项提出问题要求回答。律师如果一问三不知,以"我是律师不清楚具体过程"敷衍法官,往往会给被告带来不利的后果。这就需要律师在接受代理后全面深入了解执法的全过程,研究相关领域的法律、法规、规章及其他规范性文件,做到心中有数。

《行政诉讼法》规定:"被诉行政机关负责人应当出庭应诉。不能出庭的,应当委托行政机关相应的工作人员出庭。"这就意味着被告不能将案件推给律师不管,律师不能单独出庭,必须有该机关的负责人或者工作人员出庭。如果该行政机关的负责人确实不能出庭,律师应当要求被告单位委托一个参与过行政行为的工作人员陪同律师出庭。律师在开庭前要和该工作人员有充分的交流,告诉他律师的全部观点,并互相探讨。该工作人员原则上在法庭上不发言,其出庭更多是在其他当事人或者法官提出律师不知晓的问题时救急。单位的其他工作人员可以旁听案件,遇有连出庭工作人员也无法回答的问题时,律师不要拘泥于旁听人员不能发言的规矩,适度建议法官向旁听人员发问,让旁听人员将事情说清楚。

(二)积极探索以和解方式解决群体性行政争议案件

《行政诉讼法》尽管规定人民法院审理行政案件不适用调解,但同时又规定:"行政赔偿、补偿以及行政机关行使法律、法规规定的自由裁量权的案件可以调解。"

在司法实践中,人们发现简单地通过裁判解决行政争议未必是最好的解决办法,有时候会激化矛盾。特别是在群体性行政案件中,和解协调往往是解决纠纷的更有效手段。最高人民法院下发的《关于妥善处理群体性行政案件的通知》中提出:"积极探索以和解方式解决群体性行政争议机制。"并要求:"对于群体性行政争议案件,要尽可能通过协调方式加以解决。在依法进行合法性审查的基础上,对行政行为违法或者明显不合理、不适当,符合和解条件的案件,根据当事人自愿,积极做好协调工作,促使当事人达成诉讼和解,以达到消除矛盾、减少对抗、定分止争、案结事了的效果。"

律师在诉讼中要积极和法官沟通,特别是在群体性诉讼中,要多协商、多商量,积极探讨能否通过和解方式解决争议。同时要给被告做工作,让被告理解和解的现实意义,争取被告同意以和解的方式解决争议。

对于行政行为确实存在违法或者不当的,律师应当建议被告变更或者撤销行政行为。有些行政行为合法但不合理,律师可以建议被告改变不合理的行政行为。对于不履行法定职责的案件,原告的目的不是在法院胜诉,而是通过行政机关履行职责获益,律师如果建议被告履行了职责,原告就可以撤回起诉。

律师接受委托处理群体性行政案件,要时时注意法律效果和社会效果的有机统一,要时时注意维护稳定和防止矛盾激化,坚决避免事态扩大酿成严重事件,要从大局出发,向当事人提出正确的建议,帮助当事人解决纠纷。

(三)认真完成被告的举证责任

《行政诉讼法》规定被告对作出的行政行为负有举证责任,即使原告提供的证明被告行政行为违法的证据不成立,依然不免除对被诉行政行为合法性的举证责任。律师应当清醒地知道被告的举证责任,并以实际行动帮助被告完成举证责任。

这就需要律师在庭前认真收集证据,研究证据,理解证据,在此基础上到法庭上呈现证据。对当庭的举证,律师不要简单地把证据给了法庭或念几句证据内容就了事。优秀的律师往往在举证完毕后就说服了法官,甚至无须再进行法庭辩论,法官已经接受了被告的观点。

这就需要律师在举证前进行证据的分组,根据事实、适用法律和程序将所有的证据纳入不同的类别。通过证据,将案件涉及的事实完整地呈现在法官面前,使法官对相关的事实一清二楚,明明白白。通过律师对事实和相关法律的阐释,使法官理解法律的正确适用。律师的阐释既要全面,涉及行政行为的方方面面,又要有重点,针对原告指出的问题做详尽的说明。

(四)正确适用法律规范

在民事和刑事诉讼中,不要求当事人提供法律规范,但在行政诉讼中,提供作出行政行为依据的法律规范是被告的义务。但行政审判涉及的法律规范层级和门类较多,律师不能简单地认可被告的说法,完全根据被告的意思来提交法律规范,而要依据行政案件适用法律的原则,确定正确的法律规范。

最高人民法院为解决实践中经常遇到的如何识别法律依据、解决法律规范冲突等各种疑难问题,专门下发了《关于审理行政案件适用法律规范问题的座谈会纪要》,就行政案件的审判依据、法律规范冲突的适用规则、新旧法律规范的适用规则和法律规范具体应用解释四个问题作出更详细的规定,律师应当认真学习。

在该文件中,明确现行有效的行政法规有以下三种类型:一是国务院制定并公布的行政法规;二是《立法法》施行以前,按照当时有效的行政法规制定并经国务院批准、由国务院部门公布的行政法规,但在《立法法》施行以后，经国务院批准、由国务院部门公布的规范性文件不再属于行政法规；三是在清理行政法规时由国务院确认的其他行政法规。该文件同时明确，全国人大常委会的法律解释、国务院或者国务院授权的部门公布的行政法规解释可以作为人民法院审理行政案件的法律依据，规章制定机关作出的与规章具有同等效力的规章解释可以在人民法院审理行政案件时参照适用。而对于司法实践中有关部门为指导法律执行或者实施行政措施而作出的具体应用解释和制定的其他规范性文件，最高人民法院明确，这些具体应用解释和规范性文件不是正式的法律渊源，对人民法院不具有法律规范意义上的约束力。但是，人民法院经审查认为被诉具体行政行为依据的具体应用解释和其他规范性文件合法、有效并合理、适当的，在认定被诉具体行政行为合法性时应承认其效力。人民法院可以在裁判理由中对具体应用解释和其他规范性文件是否合法、有效、合理或适当进行评述。律师需要注意的是，行政机关往往将这些具体应用解释和其他规范性文件作为具体行政行为的直接依据，一概认为只要是上级政府部门颁发的红头文件就可以适用。律师需要和被告方讲清楚，在提交这些红头文件的同时，还需提交作出这些红头文件的法律依据。

第十九章　合同的起草与审查

要　目

一、明确合同性质	四、严格合同主体
二、查找相关法律	五、推敲合同内容
三、审查合同效力	六、督促认真履行合同

作为一名律师,帮助委托人起草或者审查合同是基本功之一。一些委托人喜欢把合同的事完全推给律师来做,笔者建议先让委托人自己起草合同。只有委托人自己起草合同,才能从实际出发考虑到各种权利义务。律师不是万能的,一些专业的问题律师并不懂,一些在合同履行中可能出现的问题律师也不知道。现在网络发达,委托人完全可以在借助网上合同范本的基础上根据自己的情况予以修改。当然,在委托人起草合同后,律师的审查或者修改也是非常必要的。

一、明确合同性质

在起草或者审查合同之前,律师首先要明确该合同的性质。合同总要有个名称,我们不要千篇一律地写"合同书"或者"协议书",而不深究合同的性质。只有明确合同的性质,才能正确地给合同命名。律师应当养成习惯,即针对起草的每一份合同,都在合同名称中明确合同的性质。如果是审查修改合同,一定要让合同的名称和合同的性质相符。委托人对法律不了解,或者不写合同名称,或者凭自己的理解写一个名称,但律师是专业人士,如果合同名称与性质不符,会使人怀疑律师的水平。

之所以特别强调首先要明确合同的性质，是为了根据合同性质来确定适用的法律。只有明确了规范该合同的法律，才能审查合同的效力，明确法定的权利和义务。

在《民法典》合同编中，我们可以看到各种合同的分类，但仅仅依靠《民法典》中的分类是远远不够的，现实中存在的许多合同在《民法典》中并无规定，而是散见于其他法律法规中。律师在合同法之外，还需要查找其他相关的法律、行政法规，对合同性质进行正确的归类。

二、查找相关法律

在明确合同性质后，律师需要做的第二步工作是浏览该合同涉及的法律、法规、司法解释和规章等。

首先，律师需要查阅的当然是《民法典》。如果是《民法典》中的有名合同，律师需要将该章中的规定通读一次。不要对自己的记忆力有太多的自信，律师不可能把所有的法律记在心里。即使是当年通过法律职业资格考试时背得滚瓜烂熟的东西，时间长了不用，记忆也会模糊。因此，最简单的办法就是把《民法典》拿出来，翻上一遍，相关的记忆就会恢复。这时去起草或者审查合同，就可避免犯低级错误。通过这样的方法，律师也可以不断温习法律，加深记忆。

其次，相关的行政法规也是必须查看的。这些法规律师未必都学习过，大学课堂不讲，法律职业资格考试不考，但司法实践中却常常涉及，需要律师了解。这些行政法规的内容不需要律师记忆，但律师得知道有这样一部法规，在需要时知道找到这部法规来浏览一次。

再次，要查阅最高人民法院的司法解释。这是更实用的工具，是律师在起草或者审查合同时必须看的材料。往往有许多法律、法规没有规定的内容在司法解释中有处理的方法。况且，真正有了纠纷起诉到法院，人民法院的主要依据还是最高人民法院的司法解释。

最后，在以上基础上，根据情况决定是否需要查阅规章和其他规范性文件。

三、审查合同效力

在对涉及起草合同的法律法规有个大致的了解后，律师接下来需要考虑的就是该合同的法律效力。当事人之间签订合同的目的是相互制约,所谓口说无凭,立约为据。法律规定无效的合同自始无效,合同无效会导致虽有约但不可为据,当事人的权利义务就得不到保障。因此,律师在把关时首先需要注意的问题就是合同的效力。如果律师起草的合同最后被认定为无效,则无疑是律师的责任。当事人如果要求律师赔偿因此造成的经济损失,法院会支持当事人的诉讼请求。

律师应当认真学习《民法典》中关于民事法律行为效力和合同效力的规定,掌握合同无效的多种情形。律师要注意,诸如恶意串通或者违背公序良俗的事情,律师是不应当参与的,更不用说帮助起草合同了。一些律师守不住底线,收了当事人的钱,就认为什么事都可以做,在一些事情中参与得太深,甚至为当事人出谋划策,损害国家利益、社会公共利益。遇到这些事情,理智的律师应当给当事人讲清利害关系,给予劝阻。劝阻无效,只能退出,不可助纣为虐。但律师没有举报的义务。

律师应重点从"违反法律、行政法规的强制性规定"的角度把握合同的效力。对该条文中的"法律、行政法规",最高人民法院在司法解释中明确:人民法院确认合同无效,应当以全国人大及其常委会制定的法律和国务院制定的行政法规为依据,不得以地方性法规、行政规章为依据。强制性规定进一步区别为效力性规定和管理性规定(或取缔性规定)。所谓效力性规定,指法律及行政法规明确规定违反了这些禁止性规定将导致合同无效或者合同不成立的规范;或者是法律及行政法规虽然没有明确规定违反这些禁止性规范将导致合同无效或者不成立,但是违反了这些禁止性规范后如果使合同继续有效将损害国家利益和社会公共利益的规范。所谓管理性规定或取缔性规定,是指法律及行政法规没有明确规定违反此类规范将导致合同无效或者不成立,而且违反此类规范后如果使合同继续有效也并不损害国家或者社会公共利益,而只是损害当事人的利益的规范。最高人民法院在司法解释中明确强制性规定为效力性强制性规定。

因此,律师在起草或者审查合同时,对相关法律、行政法规中的禁止性规定要特别注意,要分析这些规定是否为强制性规定,违反这些规定是否会导致合同的无效。要查阅相关的司法解释,在一些司法解释中,会明确规定违反哪些情形法院将认定合同无效。

律师应当将合同无效的后果给当事人讲清楚，如果当事人仍然坚持订立合同，律师也无可奈何。社会的现实情况远比我们设想的复杂，有时候当事人明知道如此订立的合同将是无效合同，但考虑到各种因素，他仍然会订立合同。律师如果一味地劝阻当事人，就有些不合适。

四、严格合同主体

在确定合同的效力后，我们再考虑订立合同的主体。

如果签订合同的主体是自然人，要看是否具备完全的民事行为能力。如果不是熟悉的人，一定要看身份证件，并将身份证复印留存。特殊情况下，甚至需要通过公安机关核对一下该身份证的真伪。

如果是代理人，一定要对方出示委托书。在委托书中要明确授权范围和委托事项，防止无权代理或者越权代理。

如果签订合同的是单位，要考虑是法人还是其他组织，要审查该单位的证件如营业执照或者组织机构代码证，看是否年检，并审查该单位的资质或者经营许可等。

与单位签订合同一定要盖该单位的公章，如果不盖公章，仅有单位法定代表人签字，有时候会区分不清签订合同是个人行为还是单位行为。合同盖章后，即便没有法定代表人签字，甚至没有任何人签字，都视为该单位的行为。但我们又不可太迷信公章，要有防范假章的意识。律师对现阶段公章的格式要有大概的了解，看到公章要考虑是否是假章。一些人出于各种目的会刻制假章盖在合同上。但细心看，假章总会有些纰漏，律师要帮助当事人把好关，防止被别人拿假章欺骗。

涉及处分财产的合同，一定要注意签订合同的人是否有权处分，要查看该财产权属的文件，证明签订合同的人有处分权或者得到授权，才可以与其签订合同。甚至还需要了解是否还有其他权利人，如房屋的共有人等，只有在其他权利人均知情的情况下，才能够保证合同签订后不会被其他权利人找麻烦。

除了从法律上对合同主体把关外，律师还要从品德上考察合同签订者。再完美的合同，也不如诚实的人。选择一个诚实讲信用的合作者至关重要。一个诚实讲信用的合作者，不会在合同中设置许多陷阱，不会提出许多苛刻的条件。即使在合同履行过程中出现一些问题，双方也容易沟通。一些细小的违约行为,也容易得到对方的谅解,能够协商解决。一个品德有问题的合作者,在签订合同之初便有异心,即使将合同签订得再完美、再严格,他照样可能将你的委托人牵扯进无穷无尽的诉讼纠纷中。因此,一个有经验的律师在合同谈判的过程中就会对合作者的人品、商誉进行了解,为委托人提出建议,供其参考。

五、推敲合同内容

合同内容不可太简单,太简单说明对合同履行的细节考虑得太少,出现纠纷后往往会无约可依;但太烦琐国人又有些不适应。有些律师从网上下载些所谓的合同范本提供给委托人,委托人一看密密麻麻十几页,就告诉律师改得简单些。

合同的内容约定到什么程度,取决于合同履行是否烦琐。如果在合同履行过程中涉及的细节比较多,合同的约定就应当细致些;如果合同履行比较简单,合同的内容自然也应当简单。

合同如果有一定的背景,在合同前应当适当叙述。我们一般用"鉴于"二字开头,把合同的背景叙述清楚,让人了解什么样的事实与本次合同的签订有关。如果在签订本合同前已经有了不少文件,则不妨在背景介绍中将涉及的文件罗列出来。

合同内容的核心是双方的权利义务。权利是合同的主体能得到什么,义务是合同的主体必须为对方付出什么。不妨在起草合同前罗列一下,甲方的权利是什么,义务是什么;乙方的权利是什么,义务是什么。罗列清楚之后,我们就知道甲方希望得到什么,准备付出什么;乙方希望得到什么,准备付出什么。

从人的本性来讲,人都是希望付出得少,得到得多,因此在签订合同的过程中,努力争取多得到,少付出。甲方这样想,这样努力,乙方也这样想,也这样努力,双方都努力的结果就是大致的平衡。根据《民法典》第6条的规定,民事主体从事民事活动,应当遵循公平原则,合理确定各方的权利和义务。事实上,权利义务的公平,是各方争取博弈的结果。律师在起草审查合同过程中,尽管是受一方当事人委托起草合同,但不可一味地为委托人考虑,增加己方合同主体的权利,减少对方合同主体的义务。这样的合同,对方必然不会同意。因此,律师要学会站在一个比较公正的立场来起草合同,既要考虑甲方的利益,也要考虑乙方的利益,这样双方当事人达成一致意见的概率就更大些。

一些人起草合同,往往把一方的权利义务集中在一起叙述,一条为甲方的权利义务,另一条为乙方的权利义务。看似简单,其实不妥。权利义务的履行还需要约定履行的前后顺序,我们称为合同履行程序,即先干什么,后干什么。我们特别要注意通过履行程序来制约对方。就是要把各自的权利义务的履行时间进行前后排序,你履行一定的义务,我得到一定的权利,再去履行一定的义务,这样环环相扣,互相制约。这样约定的好处就是在合同中明确约定了履行的前后顺序,如果对方不按照合同约定的顺序履行,己方就可以行使后履行抗辩权。

在明确约定权利义务之后,另一个考虑的问题就是设计违约责任。设计违约责任的目的是制约对方,使其不敢违约,否则会承担不利的后果。在起草合同时,要和当事人商量,该合同在履行过程中最担心出现的纠纷是什么。针对最担心出现的纠纷,应当在合同中约定比较重的违约责任。也就是说,我们要区分重大违约和一般违约。一般违约行为,即使出现,也对整个合同履行没有多大的影响,可以笼统约定违约责任。但对于重大违约行为要特别约定违约责任,违约责任要大到足以使对方不敢违约。

合同的语言一定要意思表达明确,不可模棱两可。宁可多写几句,把事情叙述明白,也要减少歧义。特别要防止在订立合同时双方的理解就不一致。出现纠纷时,这方说是这个意思,那方说是另一个意思。因此,要使用规范的语言,使用专业化术语。有必要时,对某些容易产生歧义的术语要作出特别的解释。

不要相信口头承诺。一些当事人不同意律师把一些内容写进合同中去,会告诉律师当事人之间有口头承诺。如果是诚实的当事人,这些口头承诺会遵守。否则,事后出现纠纷,一方否认,法院将无法认定。

在合同中可以约定争议的解决方式,实际上就是约定是否同意通过仲裁委员会进行仲裁,而不通过法院起诉解决。这就涉及对当地仲裁委员会的信任问题。如果仲裁委员会信誉好,以往作出的裁决基本上是公正的,不妨约定仲裁。如果从来没有和仲裁委员会打过交道,不了解仲裁委员会,则最好不选择仲裁。仲裁是一裁终局的,如果仲裁裁决不公正,纠正的难度比较大。而通过法院诉讼解决,不服一审裁判时可以上诉,通过二审法院求得公正。

如果通过法院诉讼解决,在合同中还可以约定管辖法院。如果合同的当事人在同一个行政区划内,约定管辖意义不大。但如果当事人不在同一个行政区划内,当事人就希望出现纠纷后由自己所在地的法院管辖。最后约定由何处法院管辖,取决于合同双方的力量对比。甲方强势,甲方就极力主张将管辖约定在甲方所在地;乙方强势,乙方就极力主张将管辖约定在乙方所在地。双方力量平衡,达不成协议,也许就不约定法院管辖。

合同的成立和生效是不同的概念。大多数情况下,合同成立时就生效。但也可以单独约定合同生效的时间和条件。

一些当事人为了规避国家法律的管制,有时候会签订阴阳合同。即公开的是一个版本,私下里又有一个版本。律师参与合同的起草,要对当事人予以劝阻,避免这种情况的出现,要给当事人讲清楚法律对阴阳合同的处理办法。可以针对当事人所担心的问题,尽力通过合法的渠道予以保障,而非采取阴阳合同的形式。

六、督促认真履行合同

合同起草审查完毕并校对打印好后,交双方当事人再次审核,确保无误后,双方签字盖章。为了防止合同被篡改,最好在所有的合同上都盖上骑缝章。有合同附件的,也将附件与合同文本共同盖上骑缝章。

合同签订后,保存好合同的原件。同时复印合同副本,以备随时查阅。如果合同履行期限长,参与合同履行的人员都应当持有合同复印件,了解合同,熟悉合同,并严格按照合同的约定履行合同。要培养当事人的合同意识,即严格按照合同的约定来履行合同,不轻易变更合同。因为一些当事人在合同签订时什么条件都敢答应,但一旦签订合同,就将合同扔在一边,完全不把合同中的约定当回事,在履行中随意变更合同的约定。

在合同的履行中,应当有记录,完整记载合同履行的过程。一旦发生纠纷,可以完整再现合同的履行过程。如果在合同履行过程中,出现特殊情况,需要变更合同内容时,一定要形成书面材料,如签订补充合同或会议纪要等,将双方约定的补充内容完整记录下来,双方签字认可。

在合同履行过程中,多多少少会出现些问题。有纠纷其实是非常正常的,关键是解决纠纷的方式。如果双方都是诚信的,一定能互谅互让,进行充分沟通后解决纠纷。不要轻易提起诉讼,尽可能协调解决纠纷。一旦进入诉讼,双方的情谊就彻底消失,关系会恶化。一个诉讼缠身的人必然要面对因此给生活带来的各种负面影响,一个不断陷入诉讼的企业也一定不是一个和谐发展的企业。

第二十章　律师担任企业法律顾问

要　目

一、签订法律顾问合同

担任法律顾问，也是律师的主要工作之一。律师既可以担任政府机关的法律顾问，也可以担任事业单位的法律顾问，但实践中还是担任企业的法律顾问比较多。

一个年轻的新律师是很难被企业家们看中主动和其签订法律顾问合同的，但有一定从业经历的律师在诉讼过程中或日常交往中却常常能取得企业家的信任，主动提出和其签订顾问合同。当然，律师利用各种机会和条件接触企业家，取得其信任，主动推销自己，提出为其担任法律顾问，也是一种不错的办法。

在讨论是否聘请法律顾问的过程中，一个敏感的话题是法律顾问费。司法部对诉讼费有指导性意见，但法律顾问费的收取确实没有统一的标准。实践中决定法律顾问费时，要综合考虑企业的规模、事务的多少、律师可能耗费的时间以及律师的资历等多方面因素。企业规模大的，事务也比较多，往往会聘请大牌律师，律师顾问费自然就高，少则十几万元，多则上百万元。企业规模小的,事务也比较少,往往请普通律师,律师顾问费少则三五千元,多则五六万元。对一个企业来讲,我认为法律顾问往往是一个副总经理的角色,报酬也应当相当于副总经理的标准。老板们无形中会把律师的贡献和企业的副总经理比,从而确定律师的顾问费。

对于新律师来讲,不要太计较律师顾问费的多少,只要企业信任你,你就进入了这个企业,以后这个企业出现诉讼,就轻易不会聘请其他律师。在这个企业,律师还可以认识许多人,无形中又扩大了律师的影响。如果律师服务得不错,企业满意,隔一两年再提增加律师顾问费也是一种办法。

律师顾问费的收取,还有另一种形式,就是将该企业所有的诉讼都包含在内,律师不再另行收费。一般的法律顾问合同中,都有一个条款,即约定如果另有诉讼需另外签订委托代理合同,代理费按照应当交纳的数额的百分之七八十收取。但如果签订一个顾问费、代理费包干的顾问合同,则不管一年出现多少诉讼案件,律师均不再另行收费。

有些企业不愿意一次性支付律师顾问费,会提出能否作为工资逐月发放。这是错误的办法,相当于律师办私案。这样一来,律师在企业领的就是工资,等于律师以劳动者的身份与企业形成劳动关系。律师应当以律师事务所名义签订法律顾问合同,收取的顾问费也应当出具正式发票。

在就费用达成一致意见后,律师事务所与企业签订法律顾问合同。每个律师事务所都有固定的合同版本,可以再根据当事人的意思作些修改。一般企业对律师的服务方式没有特别要求,有事随叫随到就行。有些企业则要求律师每周或者每月固定时间去企业,有些大企业甚至要求律师事务所常年派律师进驻。

二、了解企业概况

在法律顾问合同签订后,律师的首要工作是了解这个企业。

首先,去看看这个企业的章程,就可以知道股东是谁,各自持有多少股份,出资方式如何。许多企业章程都是工商代办公司帮助起草的格式化的版本,但也要留意是否有股东们的特别约定。律师应当将章程复印留存在律师事务所,以后遇到事情可以随时查阅。要了解股东会的召开情况,是否按照章程的约定按时召开股东会。甚至要侧面了解股东之间的关系,是否和谐相处,有无矛盾。

其次,了解这个企业的经营范围,看看这个企业的产品。可以要求企业派人陪着律师到企业里到处走走,看看生产线。还需要了解企业的营销模式及营销渠道的建设。有了这种感觉,以后遇到事情,不用他人作更多的解释律师就会知道是怎么回事。

最后,了解企业的管理架构,设置了哪些部门,各自的权限是什么。到这些部门走走,认识认识部门经理,留下电话号码,嘱咐有问题可以随时打电话。

律师还需要了解这个企业的历史,了解该企业演变的过程,了解董事长和总经理的简历以及性格。只有这样全面的了解,以后律师提供法律意见时,才能够考虑到方方面面的关系,不是单就法律谈法律。

在了解企业之后,律师还需要到网上了解这个行业。大概知道这个行业的发展情况,未来的走向。律师要知道这个企业在行业中的地位,或者在某一区域内的排名。甚至要知道这个企业在同行业中的优势是什么,劣势又有哪些。

还需要下功夫的是查阅这个行业的法律、法规和规章。每个行业都有相应的法律体系。狭义的法律、法规层次的文件,律师很容易掌握。但五花八门的规章,律师就不容易一下子掌握了。不妨到网上书店查查,看是否有这类行业的法律文件汇编。买一本回来放在手头备用。如果没有,就需要律师细心在网上检索。真正负责任的律师应当修炼成这个行业法律的专家。企业遇到问题需要法律支持时,律师随口就可以讲出个七七八八。当然,顺口讲不出来,能马上翻开书或者打开电脑,找出相应的内容,也是非常不错的。律师如果没有这样的想法,单凭大学学的东西,凭法律职业资格考试背的东西,根本不足以应付企业遇到的各种问题,也一定做不好法律顾问。如果出了差错,造成企业的损失,下一年的合同就签不成了,甚至还要面临老板要求赔偿的可能。

还需要到网上看看其他律师对这类行业风险预防的总结,事先知道这类企业最怕的风险是什么,如何预防。企业聘请律师就是为了防范企业风险,特别是法律风险。律师不能慢慢地从实践中自己总结,应当从他人的经验中汲取教训,自己再归纳提升。

一个企业的纠纷主要来自以下几个方面:股东之间的纠纷,与客户的纠纷,与劳动者的纠纷,与政府部门的纠纷。律师应当有意识地研究这些纠纷产生的原因,尽可能避免这些纠纷的出现,减少企业的损失。

三、避免公司纠纷

一些公司成立时间早,依据当时《公司法》起草了企业章程。但《公司法》在2005年修订时做了较大的改动。这样一来,就需要依据修正后的《公司法》来修改企业章程。在现行《公司法》中,一些地方允许股东进行约定,如股东会的表决权可以不按出资比例,利润分红可以不按持股比例,法定代表人可以不是董事长,股东大会、董事会和经理的职权公司章程可以约定,股权的转让和继承可以约定,公司对外的投资和担保也可以约定。律师可以就公司章程的修改和企业的股东们沟通,根据股东的意愿提出修改的建议,再通过股东会决议实施。

一些公司的控制人不按照《公司法》或者章程的约定召开股东会,更不把章程当回事。律师应当逐渐向股东们灌输章程的概念,让股东树立章程观念,培养股东按照《公司法》和公司章程行使股东权利的意识。

通过查阅公司的验资报告及向公司财务了解情况,律师就可以知道股东的出资情况,接下来,律师需要检查所有股东是否出资到位,是否有抽逃出资的问题,避免因出资问题引发纠纷。

律师还应当查阅所有的股东会、董事会决议,看是否存在违反法律、行政法规的问题,是否存在召集程序、表决方式违法或者不符合章程约定的问题。律师介入之后,应当在企业召开股东会、董事会时提供法律服务,不仅从程序上把关,还要从股东会、董事会决议内容上把关,避免股东会、董事会决议出现无效或者撤销的情形,引发股东诉讼。

尽管与律师接触较多的是公司的董事长或者总经理,但律师应当知道自己受聘于公司,不是董事长或者总经理的私人法律顾问,而是公司的法律顾问。因此,律师在提出法律建议时,要从公司的角度考虑问题,要考虑到所有股东的利益。如果律师一味地听从董事长、总经理的安排,协助他们做出一些侵犯股东利益的事,必然会导致其他股东的怨恨,惹出其他麻烦。股东若行使查阅权,要求公司提供章程、股东会、董事会决议、财务会计报告等时,律师应当向公司讲清楚,这是公司的义务、股东的权利,不然会惹来诉讼。股东若提出要查阅公司的会计账簿,律师也要正确提供法律建议,说明除非有合理根据认为股东有不正当理由,一般不应当拒绝。

作为公司的法律顾问,律师应当在股东中间充当一个协调者,协调股东之间的各种矛盾,督促各方严格按照《公司法》和章程的约定来行使各自的权利,努力避免公司僵局的出现。

四、避免合同纠纷

我国的私营企业大部分为家族企业,股东之间都是亲属关系,一般情况下发生股东纠纷的比较少,律师也不需投入太多的精力。企业家们聘请律师更多是为了避免与客户交易中的合同纠纷。

律师进入企业后,首先应当去看看企业以往的合同,了解这个企业主要的合同是什么,在履行中出过什么问题,是否出现过诉讼。在这个过程中,律师一定可以发现一些以往合同中的问题。纠正这些问题,就是律师需要做的工作。

每个企业都会有些常用合同,企业会把这些合同变成格式化的文本,平时打印好,需要签订时,填上内容就可以盖章签字。这些合同,是律师进入企业后开始工作的重点。律师应仔细研究,认真完善,制定出相对完善的格式合同。同时,律师还需要对平常使用这些格式合同的员工进行培训,以合同为案例,进一步分析,告诉他们签订合同的基本知识。合同中空白的地方应当如何填写,更是培训的重点,避免因具体填写人的失误造成新的纠纷。在使用一段时间后,律师可以将企业负责签订合同的员工召集在一起开会,就合同使用中的问题听取大家的意见,并对履行合同过程中出现的问题释疑解难。最后,再根据大家的意见对格式合同进行修订。

一些企业的经营者还不习惯将所有的合同交由律师审查把关,他们仅将自己认为重要的合同或者他们自己把握不准的合同送交律师审查。事实上律师应当审查所有的合同,即使是最常用的合同、格式合同,也不妨让律师过一过眼。信息技术的进步,为律师审查合同提供了许多方便。企业只要将合同通过互联网传到律师的电脑或手机上,律师就可以随时随地审查合同。一个有经验的律师只要浏览一遍合同,就可以发现其中的重大问题。就这些问题，律师要与合同的起草者进行协商，提出修改的建议。负责起草合同的员工从律师的修改意见中可以掌握一些新知识，减少以后犯错误的概率，律师审查合同也会越来越轻松。具体的操作可以这样进行，由合同的起草人将合同传送律师并说明合同的起草背景，嘱咐律师审查的最后时限。律师审查后，和合同起草人沟通，进行修改。在合同签字盖章前，由掌管公章的职员和律师确认该合同是否经过律师的审查。一些重大的合同，经营者希望律师在合同审批单上签字，律师则需谨慎。万一出现问题导致企业的经济损失，企业可以持律师的签字主张律师事务所赔偿。

合同签订后，在履行过程中难免会出现一些纠纷，妥善处理纠纷也是律师服务的重要内容。纠纷的产生很多时候并不在于纠纷本身，而在于处理纠纷的方式。处理好了，纠纷就消除，双方继续合作；处理不好，纠纷就越来越大，最后到法院寻求法律解决。出现纠纷后，企业的管理者会征求律师的意见，探讨解决的方式。对于这些纠纷，律师更应当仔细研究，实事求是地给企业讲清楚存在的问题。对于本企业的过错行为，客观地指出，建议企业和平解决。

五、避免劳动纠纷

企业与员工关系的处理，也是法律顾问的工作内容之一。

律师进入企业之后，首先需要关注的问题是企业与员工是否签订劳动合同。如果签订了劳动合同，则要考虑是采用的劳动行政部门的格式合同，还是企业自行拟订的合同。企业自行拟订的合同文本中，往往会出现一些与《劳动法》《劳动合同法》相互矛盾的条款，律师要心中有数，适时建议纠正。如果没有签订劳动合同，律师则需要向企业的经营者讲清楚，即使没有书面的劳动合同，企业与员工的劳动关系也自用工之日就已经建立，如果工作满一年仍然不签订书面劳动合同，日后一旦发生纠纷，视为双方订立无固定期限劳动合同。而且劳动行政部门一旦检查，企业可能面临罚款。实践中，还存在一个问题，不是企业不与员工签订劳动合同，而是员工不与企业签订劳动合同。一些员工认为签订了劳动合同对他是束缚，能拖就拖，想方设法不与企业签订劳动合同。遇到这种情况，律师就需要提醒企业的人事部门，设法证明企业通知过员工要签订劳动合同。

其次,要了解企业是否给员工缴纳了社会保险。这是一个比较复杂的问题。有些员工原在国有企业工作,已经有社会保险;有些员工的社会保险在其他单位;有些员工则已经退休。所以在签订劳动合同时,这些问题都应当查清楚,并在劳动合同中予以记载。避免在出现纠纷后,员工以《劳动法》为依据要求企业补缴社会保险。

再次,在企业决定解除与个别员工的劳动关系时,更需要律师的参与。解除劳动合同在《劳动合同法》中有法定的情形和程序,律师一定要给企业讲清楚,建议企业严格按照法律办理解除手续。在解除的法定情形中,有些是非常明确的,如"被依法追究刑事责任的",有些则需要相应的措施,如"严重违反用人单位的规章制度"。这就需要企业有规章制度,且在规章制度中明确哪些属于情形严重可导致劳动合同解除的。律师要协助企业通过一定的程序为企业建章立制,并使所有的员工了解规章制度。

最后,律师还需要参与工伤的处理,这是企业法律顾问中比较麻烦的事。尽管每个企业都在抓安全怕出事,但事故还是不断涌现。一旦出事,律师就需要很快判断是否为工伤。是工伤,自然有一套程序和解决办法;不是工伤,则有另外的处理思路,律师一定要判断准确。如果企业有工伤保险,一切问题就可以交给社保部门去处理,企业仅有协助的义务。但如果企业没有工伤保险,则所有的责任都要由企业承担。律师要帮助企业决策是否是工伤,是否应当支付工伤保险待遇,具体的数额如何确定。有时候,即使不是工伤,只要事故与企业有关,出事的一方也会要求企业给予一定的补偿。律师要协助企业写好合同,避免以后的麻烦。

六、避免行政处罚

许多政府机构都有权对企业实施管理,有权对企业进行检查。检查完后,总会有些整改意见。不整改,便面临行政处罚。这个时候,经营者就会找律师,询问律师的意见。律师需要查阅该行政机关执法所依据的法律、法规,研究行政机关的执法是否符合法定程序,是否符合法定情形。

对于大部分律师来说,这些行政法律法规未必都很了解。《公司法》《合同法》《劳动法》之类的法律大部分律师都比较熟悉,即使不去翻书、查电脑，顺口也可以讲出个大概。但这些行政法律法规则未必，一些内容律师甚至可能完全没有接触过，临时让律师学习可能也会存在些困难。这时候，就需要律师去请教专家，找更专业的律师或者找大学的教授，甚至需要和政府法制部门的人进行沟通。

其实，咨询对律师是最难的事。问题五花八门，但律师的知识却是单一的。以有限的知识去应对无限的问题，难度可想而知。一些律师意识不到这中间的困难，面对咨询，常常信口开河。律师这时候需要承认自己知识的缺陷，承认自己不懂。只有承认不懂，才会下功夫去研究，才会向别人请教。

律师自己学习，再加上向别人请教，总可以弄清楚该行政处罚是否合法。若合法，律师只能建议企业和行政机关沟通，努力整改。如果存在问题，也需要律师和行政机关沟通，交流观点，努力改变其看法。按照《行政处罚法》的规定，行政机关在作出行政处罚决定之前，应当告知当事人作出行政处罚决定的事实、理由及依据，并告知当事人依法享有的权利。律师应当利用这个机会，充分表达自己的意见，维护企业的合法权益。

律师在进入企业之后，就应当逐渐熟悉与该企业相关的法律、法规以及规章。在了解企业的过程中，就要逐步进行比对，看企业在哪些方面存在问题，及早给企业提出意见，建议整改。

七、避免刑事犯罪

避免企业及企业高管触犯刑律也是法律顾问的工作内容之一。有些犯罪是无须律师提醒的，如故意杀人、抢劫、强奸等行为，正常人都知道这是犯罪行为。但对于有些犯罪，则未必每个人都知道自己的行为是在犯罪。因此，律师的适度提醒还是非常有必要的。

在改革开放的早期，许多企业家都是白手起家，找个工商注册代办公司，不需要资金就可以注册企业。或者借钱去验资，验完资就还回去。这些企业相当于给自己埋了个定时炸弹，随时都可以引爆，给企业家带来牢狱之灾。律师如果发现企业在注册时存在注册资本不实或者虚假出资、抽逃出资的问题，应当提出建议，完善账务，补充注册资本。只要注册资金到位，出资者确实投入了资金，保障了债权人的权益，早年注册时的“原罪”就可以得到谅解。

另一个需要注意的行为是借款。一些管理者不知道其中的利害,有朋友一时手头紧提出借款要求,碍于情面便答应。他不知道这种行为可能涉嫌挪用资金罪。特别是股东众多的公司,股东和股东之间难免有些矛盾。因此,律师要提醒管理者不可随意出借本企业的资金,避免有一天矛盾公开化后有股东举报挪用资金。

至于像贪污、职务侵占、行贿、受贿等行为,大家都知道是犯罪行为,律师的任务实际是帮助企业建立相关制度来制约这些行为,避免这些犯罪的出现。

在和客户的交往中,应该注意的一个犯罪是合同诈骗罪。一些人在签订合同后,只要履行出现问题,或者是收不到货,或者是钱退不回,第一个思路就是和公安机关的经侦大队沟通,请经侦大队作为犯罪案件立案侦查。经侦大队只要发现其中存在问题,如虚构主体、没有实际履行能力、和对方联系不上,就会先将人拘捕回来。给了钱,赔偿了损失,也许什么事也没有;不给钱,则移送检察院,将会面临合同诈骗罪的起诉。律师要对企业的业务人员进行培训,告诉他们实际生活中的潜规则,告诫其在合同签订和履行中要尽可能规范,避免授人以柄,给自己带来牢狱之灾。

在生产环节,企业担心的是出现重大安全责任事故。一旦出现,企业在经济上会遭受极大的损失,相关责任人员均面临刑事指控。律师能做的,应当是帮助企业建立安全管理规章制度,避免强令员工冒险作业的行为,保证安全生产设施或者安全生产条件符合国家规定,极力避免重大伤亡事故的发生。

在财务环节,许多经营者希望得到律师的帮助合理避税。这就需要律师懂税法、研究税法,在此基础上能指导企业合法交税。而这恰恰是一些律师的弱项,当企业家们求助于律师,希望律师能指点迷津时,许多律师顾左右而言他。在涉及税的问题上,律师不要简单地说教,教育企业不要偷税、漏税或不要抗税,而应该真正提出合理化的建议。

八、尽职尽心

对于企业来说,都希望作为法律顾问的律师能够尽职尽心。每个律师的专业水平有高低,但企业更关注律师对工作的态度。一个尽职尽心的律师即使专业水平略差,也会得到企业的肯定。

年轻律师业务较少,不妨多到法律顾问单位待一段时间,主动做一些工作。资深律师时间比较紧,但永远要把握一个原则,不能误事。律师永远在做一个选择,就是哪个事更重要,哪个事必须尽快完成。有些事,稍微迟一两天无关紧要,有些事即使误上一天,损失也无法弥补。律师在和企业沟通时,不妨问清楚委托事项的紧要程度。如果是非常要紧的事,就是放弃休息,也一定不要耽误。

一些律师工作时间概念非常强,上班是上班,下班是下班。企业在非工作时间打电话,满脸的不耐烦,或者干脆一离开办公室,就把手机关掉。许多企业是 24 小时生产的,随时都会有事情发生。有些企业家根本就没有上下班的概念,除睡觉外,永远在工作。因此,难免在工作时间之外召唤律师。律师应当理解,主动适应。

律师服务好,企业自然心中有数,也许会给律师些奖励。有些企业把律师作为内部职工看待,过年过节发福利都有律师的一份。但律师自己要站对位置,不要对企业有太多的要求。年轻律师没有汽车,为企业跑外调查要求企业派车,企业自然应当派车。但如果动辄就要求企业派车,甚至自己回老家探亲、出门旅游等也要求企业派车,时间长了,不免令人生厌。为企业出差,企业不会明确规定律师应当住什么级别的宾馆,要求律师自己掌握,但如果律师非五星级酒店不住,拿企业的钱挥霍,企业也一定会有看法。

企业聘请律师做法律顾问,就是为了帮企业避免法律风险,少打官司。因此,律师的专业水平也是很重要的。每个律师都是有所知,有所不知,不必避讳,不要不懂装懂。遇到不知的事情,律师如果能认真学习,将不知变成知,律师的学问自然长进。

做企业的法律顾问其实很难,做不同类型企业的顾问要求律师掌握的专业知识更多,但律师如果能够尽职尽心、不断学习、认真服务,一定会得到企业的信任。

第二十一章　给年轻律师的话

要　目

一、实践教学的反思

许多年来我们一直在强调实践教学，试图在大学本科期间就把学生培养成熟练的劳动者。法学专业作为实践性很强的学科，也特别强调实践教学，在各法学院系的人才培养方案中都规定了一定比例的实践教学内容。但毋庸置疑，我们的法学本科毕业生虽然可以通过法律职业资格考试，但毕业后一段时间内依然不会做律师，不会做检察官，不会做法官。甚至那些考取法律硕士（一种专门培养法律职业人才的专业学位），完成实践课程，获得专业学位的学生，依然不是一个合格的法律职业人。

作为法律系主任，我多年来一直致力于加强实践教学，但效果并不令人满意。问题出在什么地方？是应当继续加大实践教学的力度，还是需要另外寻找解决的办法？

我的思考是，有些技能的培养一定需要师徒式的教学方式。中国古代的职业教育是完全通过师徒式教学方式来进行的。一个十几岁的男孩选择进入商铺开始拜师学习，师父和徒弟生活、工作在一起，一般学徒期为3年，3年后或者留用，或者另谋出路。通过3年的学徒，基本能掌握从事该职业活动所需要的技能。但在现代教育制度进入中国后，师徒式的教学方式逐渐消失，取而代之的是现代课堂式教学方式。课堂式的教学方式最大的好处是效率提高，一个老师能教多少学生取决于教室的大小，师生比在师徒式教学中是无法想象的。但是，学生和老师的接触也变得非常有限，除课堂外，课后的接触非常短暂。从知识传授角度看，课堂式教学的效率非常高，一个老师可以教许多的学生。但学生是否掌握了所学的知识，老师当时并不知道，于是需要学期末的考试，以考试来检验学习的成果。对于某些技能，仅通过知识的传授学生根本掌握不了，一定需要学生自己动手。而且在动手的过程中，师父需要不断地现场纠正指导。有些学科可以通过在课堂教学之外加大实践教学的力度来解决这个问题，但法学专业却不同，因为学生永远不能去处理一个真实的案例。美术系的老师可以带着学生去写生，现场给学生示范如何写生，现场给学生纠正错误，但法律院系的老师却无法把课堂搬到法庭上。

正因如此，我们的法学专业毕业生，可以通过高等教育获取学位，也可以通过法律职业资格考试获得资格证书，但到了律师事务所开始实习时，却发现自己依然什么也不会，需要重新学习。

二、找一个好老师

在现有的法律教学体系内，学校无法在本科教学阶段把学生培养成一个法律职业的熟练工。事实上，大部分法学专业的本科生在本科教育阶段的主要任务是通过法律职业资格考试，因为只有通过了该考试，才有资格进入法律职业共同体。学生更关注的是法律职业资格考试的知识点，而不是职业技能。技能的学习只能从开始申请做律师，开始从事法律职业的时候开始。

实习律师首先必须确立一个观念，做律师是需要学习的。如果每个学生取得法律职业资格后就什么都知道，什么都会，什么都干得了，当然不需要学习。但有些人的心态却是，自己也知道不懂，但不愿意承认自己不懂，不懂装懂，因为不愿意公开承认不懂而拒绝学习，硬要去自己慢慢琢磨。自学其实是困难的事，比老师教要辛苦许多。

因此,我们需要在实习阶段找一个老律师作为师父。现在的律师实习制度规定,要求每个实习律师必须有一个指导律师,要求跟着指导律师实习。指导律师需要经验丰富,诲人不倦。经验丰富,要求指导老师经办过许多案件,有足够的能力来指导年轻律师;诲人不倦,要求指导老师有耐心,愿意把自己所学所思传授给年轻的一代。

年轻律师对老律师要有正确的认识。许多年龄偏大的老律师背景复杂,很多人没有上过大学,更不用说读过法学本科了。一些人也会拿出一个研究生文凭,其实大家都知道这些文凭是怎么回事。但老律师们毕竟经办了许多案子,经历了许多事情,三人行,必有我师,年轻律师需要学会从每一个老律师身上学一点东西,而不是拘泥于律师事务所指定的指导老师。

三、要有学徒的心态

古人讲天地君亲师,将老师置于比较高的地位。在师徒式的培养方式中,师父和徒弟的关系都是终生的。一个原因很明确,老师将本事教给你。俗语说,教会徒弟,饿死师父。师父给徒弟的不仅仅是本事,还有市场和客户。在律师行业中,也的确如此。年轻律师从老律师处得到的不仅仅是做律师的技能,还有市场和客户。老律师带着年轻律师去见客户,就等于把自己的客户介绍给了年轻律师。年轻律师在与客户的接触中,逐渐获得客户的信任,客户就会将一些容易的案件交到年轻律师的手中,老律师慢慢就退出来了。

年轻律师要有学徒的心态。古代学徒 3 年,先从端茶倒水扫地开始。据说第一年师父不教本事教做人,看你是否勤快,是否有灵气,是否有眼色。如果徒弟有灵气,做事勤快,做人有眼色,师父就会多教教;如果朽木不可雕,师父则少说说。因此,有无学徒心态,对于年轻律师很重要。如果认识不到这一点,认为当律师是靠我自己的本事考试通过的,我既然能通过考试,就能当得了律师,言语之中便常常流露出傲慢,行动之中便不断表现出懈怠。老师看在眼里,记在心里,交办的事慢慢就少了,该批评的自然不再批评,该指点的也不再指点,由其自生自灭。

四、多问、多写、多跑、多旁听

单有一个学徒的心态是远远不够的,知行合一,好学的心态还必须变成具体的行动。

师徒式的学习不同于课堂教学。课堂教学的核心是老师讲学生听,学生的发问只是在课堂上偶尔为之,不是常态。而师徒式教学则是学生问老师答,学生学到东西的多少取决于提出问题的多少。老师不会像在课堂上那样,系统地讲授知识的体系,而是根据学生提出的问题,碎片化地回答。这就需要学生眼中有问题,处处可以提出问题。学生学到的东西多与少,取决于所提问题的多与少。没有好奇心,找不到问题的学生一定不是好学生。能找到问题,说明自己知道自己的不足,说明在努力寻求解决的方案。自己解决不了,于是寻求老师的帮助。

律师的很多技能体现在文书上,体现在书面材料上,于是要求年轻律师要多写,如写起诉状,写答辩状,写证据目录,写质证意见,写代理词等。在学习写作这些文书的过程中,律师就学会了如何办案。在学校上作文课的时候,有老师批改作文。学校毕业,不再上课,就很少有人再给你改文章了。但在实习期间,写了法律文书,老律师要修改,这对于年轻律师来说是再好不过的学习机会。自己写了,以为不错,交给老师看,又发现许多问题。这些问题就是自己的不足,老师指出来,改正了,下次不再犯同样的错误,就会有长进。文书中包括了很多内容,有写作水平,有法理分析,有逻辑思辨。律师水平的高低,从文书的写作上就体现了大半。律师写东西,不能视为替老律师干活。视为替人干活,自然会有怨气,自然会有交差的心态,自然就会想蒙混过关。将写东西视为学习,视为案例教学,自然认真,自然会把自己的最高水平努力表现出来。文章是改出来的,水平也是这样一步一步提高的。

单坐在律师事务所的办公室写也是不行的,年轻律师还需要多跑。通过多跑,更快地熟悉诉讼的流程。多跑几次公安局、检察院、法院,就知道了门朝哪个方向开;多跑几次立案,就知道了立案的艰辛;多跑几次看守所,就知道了会见的艰难。每吃一次闭门羹,就长一点见识。吃一堑,就长一智。完全坐在办公室,不会培养出一个好律师。

尽可能跟着老律师去开庭。先在下面旁听,认真研究双方律师的表现,心里评价哪个律师好,哪个律师差。好的地方,自然是自己学习的榜样。差的地方,也是自己力争避免的缺陷。人们说,内行看门道,外行看热闹,到你能看出个门道来,就有长进了。老律师允许你作为代理人参加开庭更是好事。不要着急说话,先找到坐上法庭的感觉,做些简单的事,如念念起诉状、答辩状,再慢慢补充说些话。由不说话,到少说话,到多说话,直到老律师不说话,在一边陪着,由你主导全局。

五、修炼成专业律师

"万金油"律师就是什么案件都能做,无论是刑事还是民事,无论是诉讼还是非诉讼,只要当事人来,就说行,就敢签合同收钱。我们这代人大抵如此。自20世纪七八十年代律师业复兴以来,上过大学的没上过大学的,学过法律的没学过法律的,都涌入了这个行业。当时的形势就决定了大部分律师是"万金油",什么案件都能干,什么案件都敢干。但法律慢慢增多,纠纷慢慢复杂,自己懂的东西却没有随着年龄的增长而成比例增长,办案质量自然就差了许多。于是"万金油"律师将慢慢失去市场,专业律师的优势就逐渐体现出来。专业律师的优势在于对某些法律领域比较熟悉,对该领域的纠纷类型也比较熟悉,知道在该领域存在哪些问题,了解解决纠纷的途径。因此,从长远角度考虑,每个人都应当是专业律师,有自己熟悉的领域,可以提供高质量的法律服务。

但对于年轻律师而言,不要太早地将自己限制在一个狭窄的范围内。你喜欢刑事辩护,将来立志做一个优秀的刑事辩护律师,但不可在执业之初就拒绝一切刑事辩护以外的案件。专业化的好处是对该专业领域了解比较多,但也会限制了律师的思维。在刑事辩护过程中,有一些是纯粹的刑事问题,有许多则夹杂着民事、行政问题,律师如果不懂则影响办案的视野。因此,我的建议是在做律师前几年,来者不拒,什么案子都做一些。在这个过程中,逐步将自己专业化,对某些领域精细研究,努力成为某些领域的专业律师。

成为哪些领域的专业律师,取决于律师个人的志向,也与律师执业的地域有关。如果准备在基层县市执业,你的专业范围应该选择婚姻、合同、侵权等常见的纠纷,不能选择知识产权、证券等专业。当然,我并不认为代理知识产权纠纷的律师就比代理婚姻家庭纠纷的律师高贵,问题是在基层的市县没有那么多的知识产权纠纷让律师去做。

要成为一个行业的专业律师其实并不难。首先,熟悉这个行业所有的法律、法规和规章。做到这一点并不难。每个行业都有法律汇编之类的书，买来一本，闭门读上 1 个月，就能全部掌握。单掌握该行业的法律规定对于专业律师远远不够，任何一个行业都会有一些这个行业的专业知识需要律师了解，如你要成为一个建筑合同纠纷领域的专业律师，你就需要了解工程造价的知识。我说了解而不是掌握，就是说你只需要看懂造价鉴定就可以，这样的了解并不是非常困难的事。其次，在有了这些基础之后，还需要阅读案例。先读本所的案例，可以把本所经办过的该专业领域的案例通读一次，就相当于你办了这么多的案子。再读中国裁判文书网的裁判文书，从最高人民法院的读起，再读你所在省份高院的判决，直到你所在地的中级人民法院的判决。一定要先读故事，枯燥的知识很难给人留下深刻的印象，但精彩的故事在记忆中很难磨灭。在阅读的过程中，律师要注意留心每个案例的亮点，如最高人民法院公布案例的审判要旨。每一个案例的亮点，都包括了一条审判规则。律师将这些亮点汇聚起来，再进行归纳整理，将类似的亮点集中在一起。最终，你掌握亮点的多少就会成为你是否是专业律师的标志。当你面对一起纠纷时，你的脑海中就会浮现出这些亮点，它们会告诉你解决纠纷的思路。更高层次的阅读，是学会阅读该专业领域老律师的文章，从他们的经验中汲取营养。而最高的层次阅读，是学会阅读法学院教授们有关该专业的论文专著，这时候你就成为真正的专家了。你成了某一领域的专家，下次遇到同样的难题就少了许多查找资料的辛苦，就多了几分自信，就可以省出许多时间来拓展自己、营销自己。而“万金油”律师面对纠纷时需要耗费大量时间去查找这些亮点。找到了，其办案质量也不会差。但他们常常会找不到，便依靠些常见的法律规定去应对，效果就差了许多。

在我看来，人人都应该成为专业律师。即使你在小县城，每天应对的都是离婚、借贷等鸡毛蒜皮的事，但如果对这类纠纷非常熟悉，知道这类纠纷中每一个审判规则，你也是优秀的专业律师。我们的专业不要限制得太窄，从一个相近的专业开始，逐渐拓展，便有了一片广阔的天地。

六、先从诉讼学起

有些律师事务所更擅长非诉讼业务，于是律师就有了诉讼律师和非诉讼律师之分，年轻人就会纠结是做一个诉讼律师还是非诉讼律师。我的建议是先从诉讼学起。

代理诉讼是一个律师的看家本事。从有了律师这个职业起,在人们的概念中律师就是帮助别人打官司的。你向朋友介绍说我是一名律师,朋友遇到问题难免就会向你咨询,你回答说我不懂,我是一个不打官司的律师,难免令人疑惑。任何一个职业,都有基本的技能,诉讼就是律师这个职业的基本技能。律师不懂所谓的非诉业务技能,没有人会说这个人不是律师,但如果一个律师完全不懂诉讼技能,别人就会怀疑他是否是律师。学了诉讼,暂时不去做诉讼业务,多做些非诉业务,这可以理解。但进入这个行业,从来没有学过诉讼,也从来没有做过诉讼,便是一个缺陷。

没有任何代理诉讼的经历,就没有做诉讼律师的敏感,一些在诉讼律师看来容易产生纠纷的事情,便会被忽略。在企业改制之后,不断出现许多与改制相关的纠纷,诉讼律师发现许多的隐患都是在改制时候留下来的。

非诉讼律师事务所更热衷于做企业的法律顾问,但对于企业来说,他不会请一个只会非诉不会诉讼的律师,遇到诉讼同样也会把案子交给法律顾问来做。做不好案子,慢慢就会失去企业的信任。

我理解年轻人的苦衷。加入一个做非诉业务的律师事务所,加入一个非诉的团队,报酬相对比较高,可以马上解决生存问题。而跟着一个诉讼律师,报酬相对就低了许多。但通过法律职业资格考试只是取得了进入律师这个行业的资格,是否能做律师,仍然需要学习,只有完成这个阶段的学习,你才有能力做律师。有资格做律师和有能力做律师是不同的概念。现在法律规定的律师实习期为1年,如果你在这1年中踏踏实实跟着老师做了许多案子,进步会很大。但如果三天打鱼,两天晒网,没有经手几个案件,就学不了多少本事。正常情况下,需要三五年的时间,才能由菜鸟变成熟手。

懂了这个道理,便沉下心来学习,前途自然一片光明。

七、没有简单的案件

永远要有这样的心态,没有简单的案件。

即使是老律师,接触一个案件,猛一看简单,就不再用心思考,也往往会忽略许多问题。确实有事实清楚、证据确实充分、法律关系简单明确的案件,但律师依然需要用心去思考,把该想的问题都想到,该说的话都说出来。律师先入为主认为这个案件简单,主观上就容易疏忽,行动上便容易迟缓,很多时候就容易误事,犯一些低级错误。

金子是埋在沙里的,发现金子要用力去淘。同样的道理,案子中有问题,律师要找到别人没有找到的点,也需要用心去思考。思考的时间是不能省略的,你沉下心来坐在律师事务所的办公桌边,看了 1 个小时的卷,就会有 1 个小时的收获。天道酬勤,古话一点也不假。你敷衍了事、浮皮潦草,不愿意认真阅卷,不愿意认真思考。靠着点小聪明耍嘴皮子,可以哄外行,但一定哄不了圈内的人,可以哄一时,但不能哄一世。

应当始终抱有这样的信念,没有简单的案件。在这样的信念指引下,面对任何一起案件,不管标的大小,不管代理费多少,都想着自己能否琢磨出一些别人没有想出来的道理。有了这样的信念,自然心平气和,心无旁骛,老老实实坐下来思考,于是就常常会有意想不到的收获。金子是人费劲淘出来的,新意是人努力想出来的。

什么是好律师,就是能想出别人想不出的思路的律师。一个案子,别人说多半会输,你说可能能赢,最后赢了,别人就佩服你,你就是好律师。一个案子,别人想了一条理由,你想了三条理由,一条理由可能对方就可以轻易驳倒,但三条理由对方就无话可说。你把一个案件所有该想的理由都想遍,所有对当事人有利的理由都讲出来,你就是好律师。

八、学会营销自己

年轻律师没有自己的案子可做,其实是正常的。当律师没有几天,没有多少人知道你是律师。即使有人逐渐知道你当了律师,又有多少人对你信任,敢把案子交给你去办?我们在街头打出租车,是不会选择司机的,司机年老年少、男的女的,都无所谓。但打官司找律师不是这样。找个好律师,官司赢的可能性就大了许多。找了年轻的律师,自己都心中胆怯。特别是一些案件输赢对当事人影响极大,直接关系到当事人整个家庭的生存,自然不会轻易找年轻初出道的律师。医院的年轻医生毕业后也不可以直接出门诊,要在病房里跟着老主任磨炼多年,才可以出门诊独立面对病人。

知道了这些道理,就不再心急。沉下心来修炼自己的同时,逐渐营销自己。

在所有的场合让别人知道你是律师。但不必刻意卖弄,只需在不经意间流露你的身份。学会从法律的角度聊天,无意中把聊天的话题转移到法律上来。即使开玩笑,都有法律的气息。时时刻刻暗示别人,你是位律师。

逐渐让人知道你是好律师。单单让人知道你是律师远远不够,还需要让社会知道你是一个好律师。知道你是律师,亲戚朋友、同学老乡,免不了打个电话咨询。认真对待每个咨询,不要想着咨询要收费,咨询收费是老律师的排场。通过咨询,让社会逐渐认识到你是一个好律师。认真对待老律师交办的案件,给了你案子,等于把当事人也转交给了你。如何让当事人满意,甚至认为你比老律师还强,以后有事就会来找你。认真对待你自己的客户,你能让职业生涯中第一个主动找你的客户成为终生的客户,你就可能成大器。知道你在做律师,见见你,找不到感觉,就转身找其他律师去了。尽管和你是朋友,但也不愿意将自己的案件交给一个不信赖的人。大家认为你是好律师,不仅自己以后有事会找你,朋友同学有事也会介绍他们来找你。如果认为你不是好律师,在朋友同学面前随口说一声,就打消了别人找你的念头。

年轻人有时间,不妨写些文章,开个博客,开个公众号,常发微信朋友圈,即使是普法的内容,也会让人知道你在认真学习。如果你立志成为某些领域的专业律师,写本该专业领域的书,即使是汇编,也证明你确实懂了许多,确实是专家。有时间要参加一些社会活动、一些公益活动,学会在公众场合抛头露面。也要练练演讲的功夫,主动给一些单位培训员工,做些普法的事。这些事做多了,做久了,知道你做律师的人就多了,知道你是好律师的人也就多了,你的年龄也逐渐大了,不是毛头小伙子,不是青涩小姑娘,委托你的人自然就多了。

九、一定要讲职业伦理

凡做事,先做人,这是普通百姓都知道的道理。

人是群居的动物。每个人都生活在一定的群中,家庭有家庭的群,社会有社会的群,不同的群有不同的处事原则。在家庭的群中,与父母是一个群,有处事的原则,即父慈母爱子孝。夫妻是一个群,有处事的原则,即举案齐眉。兄弟姐妹是一个群,儒家说兄道友弟道恭。到社会,也有不同的群,有同学群,有战友群,有同事群,不同的群有不同的处事原则。

当律师以后,也会有不同的群,有不同的处事原则。共同实习的年轻律师,会形成一个群,大家如何相处,要有一定的处事原则。年轻律师和老律师之间,又会形成一个群,年轻律师和老律师如何相处,也有一定的处事原则。律师和当事人之间,也会形成一个群,如何相处,一样有一定的处事原则。

不同的群,有不同的处事原则,这就是伦理道德。处在不同的群,按照不同的处事原则来做人行事,就是在讲伦理道德。完全没有处事原则的,是禽兽,不足与人语。是人,终会有一些处事的原则。但多数人是在某些群讲原则,在某些群不讲原则,或者把这个群的原则用到那个群,把不同群中的原则用错了地方。

人们常说,善有善报,恶有恶报,不是不报,时候未到。从伦理角度讲,做事讲原则,在不同的群里按照不同的原则来做人处事,这就是善。长期秉持善的理念做人做事,受到善待的人就会给予善的回报。做事不讲原则,常以恶的心态处事做人,受到恶待的人就会报复。老律师们在经办过许多的案例后,对此应当有更深的感悟。每次大的社会变革时期,都是善恶相报的集中体现。

懂得了这些道理,就知道律师做事一定要懂规矩,有原则。从国家角度,给律师定了规矩,律师一定要遵守。不遵守这些规矩,轻则通报批评、限制执业,重则吊销执照。如果律师被追究刑事责任,一定是做律师的失败,是会被人嘲笑的。与当事人相处,律师要有原则,否则闹事退钱,举报维权,律师的名声就打了折扣。

在本书的最后,我讲律师的职业道德,其实想表达的观点是,律师的技能与职业道德相比,职业道德是第一位的,技能是第二位的。不讲道德,而只追求技能的律师,会被社会贬为讼棍。从邓析开始,我国古代的讼师名声一直不好,一直属于被政府打击的对象。现代律师尽管不同于古代的讼师,但提高整个律师职业的形象和地位,仍然是每个律师的任务。

图书在版编目(CIP)数据

实习律师指南 / 薛晓蔚著. -- 3 版. -- 北京 : 法律出版社, 2020(2024.4 重印)
ISBN 978-7-5197-4823-4

Ⅰ. ①实… Ⅱ. ①薛… Ⅲ. ①律师业务-中国-指南 Ⅳ. ①D926.5-62

中国版本图书馆 CIP 数据核字(2020)第 143404 号

实习律师指南(第三版)
SHIXI LÜSHI ZHINAN(DI-SAN BAN)

薛晓蔚 著

责任编辑 肖 越 赵明霞
装帧设计 乔智炜

出版发行 法律出版社
编辑统筹 法商出版分社
责任校对 王晓萍
责任印制 胡晓雅
经　　销 新华书店

开本 710 毫米×1000 毫米 1/16
印张 18.75 **字数** 262 千
版本 2020 年 8 月第 3 版
印次 2024 年 4 月第 9 次印刷
印刷 北京金康利印刷有限公司

地址:北京市丰台区莲花池西里 7 号(100073)
网址:www.lawpress.com.cn
投稿邮箱:info@lawpress.com.cn
举报盗版邮箱:jbwq@lawpress.com.cn
销售电话:010-83938349
客服电话:010-83938350
咨询电话:010-63939796

书号:ISBN 978-7-5197-4823-4
定价:68.00 元